# O Essencial da Golden Dawn

## Uma Introdução à Alta Magia

Chic Cicero e Sandra Tabatha Cicero

# O Essencial da

# Golden Dawn

## Uma Introdução à Alta Magia

*Tradução:*
Marcos Malvezzi Leal
Martha Malvezzi Leal

MADRAS®

Publicado originalmente em inglês sob o título *The Essencial Golden Dawn – An Introduction to High Magic*, por Llewellyn Publications Woodbury, MN55125, USA, www.llewellyn.com


*Editor*:
Wagner Veneziani Costa (*in memoriam*)

*Produção e Capa*:
Equipe Técnica Madras

*Tradução*:
Marcos Malvezzi Leal
Martha Malvezzi Leal

*Revisão*:
Arlete Genari
Silvia Massimini Felix
Denise R. Camargo

**Dados Internacionais de Catalogação na Publicação (CIP)**
**(Câmara Brasileira do Livro, SP, Brasil)**

Cicero, Chic
O essencial da Golden Dawn : uma introdução à alta magia / Chic Cícero, Sandra Tabatha Cicero ; [tradução Marcos Malvezzi]. -- 2. ed. -- São Paulo : Madras Editora, 2025.

Título original: The essential Golden Dawn
ISBN 978-65-5620-110-8

1. Magia 2. Ordem Hermética da Aurora Dourada
I. Cicero, Sandra Tabatha. II. Título.

25-293922.0 CDD-133.4

**Índices para catálogo sistemático:**
1. Magia : Ocultismo 133.4
Maria Alice Ferreira - Bibliotecária - CRB-8/7964



**MADRAS EDITORA LTDA.**
Rua Paulo Gonçalves, 88 – Santana
CEP: 02403-020 – São Paulo/SP
Tel.: (11) 2281-5555 – (11) 98128-7754
**www.madras.com.br**

As fotos de S. L. MacGregor Mathers, dr. W.W. Westcott, dr. W.R. Woodman e Arthur Edward Waite são cortesia de R. A. Gilbert. A foto de Florence Farr é cortesia de Josephine Johnson. As fotos de Anna Kingsford e Paul Foster Case são cortesia de Mary K. Greer. A foto de William Butler Yeats é cortesia do organizador de *Yeats Annual 7*, professor Warwick Gould, e do patrimônio de W. B. Yeats. A foto de Dion Fortune é cortesia dos Arquivos HOGD. Desenhos © Sandra Tabatha Cicero. Citações de *The Complete Golden Dawn System of Magic* usadas sob permissão de New Falcon Publications. Citações de *Ritual Magic of the Golden Dawn*, de Francis king's, usadas sob permissão de Inner Traditions.

# Índice

# Ilustrações

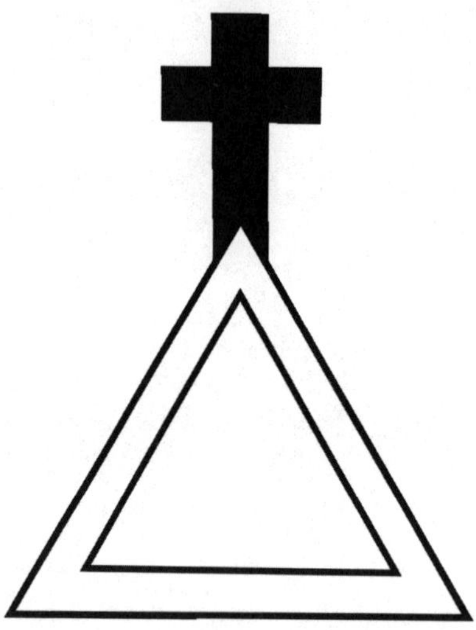

*Cruz e Triângulo*

# A Cruz e o Triângulo: o Símbolo da Golden Dawn

"Sobre o Altar há um Triângulo Branco à Imagem da Luz Imortal, da Luz Trina, que se movia nas Trevas e formou o Mundo de Trevas e a partir de Trevas... A Cruz Vermelha acima do Triângulo Branco é a Imagem Daquele Que foi revelado na Luz."

— *Da Cerimônia do Neófito*

"A Cruz e o Triângulo juntos representam a Luz e a Vida."

— *Da Cerimônia do Zelador*

"Os Símbolos sobre o Altar representam as Forças e a Manifestação da Luz Divina, concentradas no Triângulo Branco das três Supernais, como a síntese... A Cruz Vermelha de Tiphareth... é aqui colocada acima do Triângulo Branco não para dominá-lo, mas para manifestá-lo na Ordem Externa; como se o Crucificado, erguendo o símbolo do autossacrifício, tocasse e colocasse em ação a Tríade Divina da Luz."

— *Do Documento Z-1:* O Entrante do Limiar

"Até sobre o altar do Templo estão símbolos que indicam a ascensão da Luz. Uma cruz de cavalaria, de cor vermelha, com seis quadrados simbolizando a harmonia e o equilíbrio, é colocada acima de um triângulo branco — o emblema da Golden Dawn. Eles formam o símbolo da Sephiroth Supernal, que é a vida e a raiz dinâmicas de todas as coisas; e no homem constituem a tríade das faculdades espirituais, que é, intrinsecamente, a essência pura da mente. Assim, o triângulo é um emblema adequado da Luz. E a colocação da Cruz sobre o Triângulo não sugere dominação do espírito sagrado, mas seu equilíbrio e harmonia no coração do homem."

— *Israel Regardie:* Introdução à Golden Dawn

# INTRODUÇÃO

Nenhuma organização causou maior impacto na Magia Cerimonial ocidental do que a Ordem Hermética da Golden Dawn, uma fraternidade de Magia fundada em Londres, em 1888, por um grupo de cabalistas, rosa-cruzes, maçons e teosofistas. É difícil encontrar uma Ordem de Magia nos Estados Unidos que não tenha uma forte influência dos ensinamentos da Golden Dawn. A Ordem não era rica, tampouco atraiu um grande número de pessoas. Não obstante, quase todas as áreas de estudo da Golden Dawn permearam e foram absorvidas pela Magia e pela crença esotérica ocidentais modernas. Os rituais e exercícios-padrão da Golden Dawn, como o Ritual do Banimento Menor do Pentagrama e o Exercício do Pilar do Meio, foram de fato cooptados por inúmeras fraternidades da Magia, círculos wicca e até mesmo grupos da Nova Era.

Na verdade, nossa declaração inicial necessita de um pequeno esclarecimento. A Ordem fundada em 1888 foi, de fato, chamada por seus fundadores de Ordem Esotérica da Golden Dawn no Exterior. As primeiras referências públicas à Ordem a denominaram *Estudantes* Herméticos da Golden Dawn. Em um projeto das *Regras de Constituição* da Ordem, submetido à aprovação em 20 de março de 1902, ela foi referida como *Sociedade* Hermética da Golden Dawn. Com frequência, ela era chamada apenas de Ordem da Golden Dawn. O nome Ordem Hermética da Golden Dawn só se tornou a designação mais comum da Ordem quando Israel Regardie publicou seus livros grandiosos: *The Tree of Life* e *A Golden Dawn*.*

A Golden Dawn não foi criada para ser uma religião, embora imagens religiosas e conceitos espirituais desempenhem um papel

* N.E.: Sugerimos a leitura de *A Golden Dawn*, de Israel Regardie, da Madras Editora.

importante em seu trabalho. A Ordem foi criada por seus fundadores para ser uma sociedade hermética de homens e mulheres — uma fraternidade de magos e ocultistas — que se dedicavam à evolução filosófica, espiritual e psíquica da humanidade. Também tinha o objetivo de ser uma escola e um repositório de conhecimento esotérico, em que os estudantes aprendiam, com afinco, os princípios da ciência oculta e os vários elementos da filosofia ocidental e de Magia prática, antes de proceder ao verdadeiro trabalho de Magia.

Os estudantes dessa escola procuravam experiências espirituais elevadas, evolução interior e iluminação por meio de uma série de ritos iniciáticos — cada grau atingido levava a pessoa a áreas mais rigorosas de estudo da Magia e da Filosofia. Empenhados, os estudantes se preparavam por meio do estudo e da meditação para passar de um grau para o seguinte. Eles aprendiam o alfabeto hebraico e memorizavam um complexo sistema de correspondência por símbolos (números, cores, planetas, deidades, pedras preciosas, signos astrológicos, princípios alquímicos, etc.). A persistência e a determinação nesses estudos levavam os estudantes motivados a se tornarem praticantes dedicados das artes mágicas ensinadas pela Ordem.

A Golden Dawn foi criada pelo dr. William Wynn Westcott,* juiz investigador londrino e proeminente maçom, que elaborou o conceito de uma Ordem esotérica para ambos os sexos após se deparar com um intrigante manuscrito, escrito em cifras, que continha o esboço de uma série de ritos de iniciação semelhantes aos da Maçonaria. Com o auxílio de outros dois rosa-cruzes maçons, que ajudaram a desenvolver as traduções de Westcott dos rituais, o Templo Ísis-Urânia nº 3 em Londres foi inaugurado em fevereiro de 1888, e assim nascia a Golden Dawn.

Em seu período mais ativo, de 1888 a 1903, outros templos da Ordem foram fundados, incluindo os de Weston-super-Mare, Bradford, Edimburgo e Paris. Nesse período, cerca de 350 pessoas, um terço das quais mulheres, foram iniciadas na Ordem Esotérica da Golden Dawn. Apenas um terço dos estudantes avançou além dos graus da Ordem Externa para se tornar membro da Rosae Rubeae et Aureae Crucis, a Ordem Interna da Golden Dawn, na qual os iniciados realizavam rituais e exercícios de Magia prática como parte rotineira de seu trabalho na

* N.E.: Sugerimos a leitura de *Uma Introdução ao Estudo da Cabala*, de William Wynn Westcott, Madras Editora.

Ordem. Poucos desses estudantes foram além do Grau de Zelator Adeptus Minor. (Esses índices não incluem as ramificações posteriores, ou ordens dissidentes, a Stella Matutina e a Alpha et Omega, as duas Ordens que levariam adiante as tradições da Golden Dawn depois que a Ordem original deixou de existir, em 1903. Os requisitos por elas exigidos para promoção a graus mais altos eram um pouco diferentes da original.) Uma terceira dissidência, Rito Independente e Retificado, retirou toda a Magia de seu currículo e se tornou apenas uma fraternidade mística.

Hoje, um século inteiro após a Ordem Esotérica da Golden Dawn se ramificar em três grupos, o interesse pela Magia da Golden Dawn nunca foi tão grande. Isso se deve em grande parte aos esforços de Israel Regardie, que decidiu remover o véu do segredo e dissipar a neblina da superstição do tema da Magia, que até então era um tabu. O desejo de Regardie era corrigir a má reputação da Magia de uma primitiva pseudociência para uma ciência altamente disciplinada da mente — uma divisão da Psicologia moderna. Seu prolífero livro, *A Golden Dawn*, bem como suas outras obras, foi fundamental nesse sentido. Estudantes herméticos das mais variadas áreas finalmente tinham acesso aos ensinamentos da Ordem e à disciplina espiritual que eles representavam. Desde então, inúmeros aspirantes se beneficiaram com esse conhecimento. Hoje, qualquer um pode ser um mago praticante da Golden Dawn, sem pertencer a uma Ordem ou grupo de Magia. É por essa razão que nós podemos aludir ao "sistema" ou à "tradição" da Golden Dawn sem nos referirmos à "Ordem".

As seguintes perguntas podem ser feitas: o que há de valor nesses ensinamentos da era vitoriana que continua atraindo as pessoas hoje? Por que o sistema de Magia da Golden Dawn é tão valorizado, tão imitado e copiado e tão procurado por novas gerações de buscadores espirituais?

Boa parte do sistema da Golden Dawn não era original; muitos de seus componentes foram encontrados em diferentes escritos esotéricos do milênio passado. Entretanto, a genialidade dos fundadores da Ordem os levou a sintetizar um sistema lógico e coerente de Magia prática e crescimento espiritual — um sistema que juntasse os fragmentos espalhados da Tradição Esotérica Ocidental, dispersos muito tempo atrás por causa da perseguição religiosa; um sistema trabalhável que era equilibrado em sua estrutura, eloquente em princípio e profundo em seu conhecimento, e que, em sua totalidade, era maior que a soma de suas partes, uma fraternidade de homens e mulheres cujas realizações coletivas como Ordem eram maiores que as deficiências de qualquer membro individual.

É fato comprovado que muitas pessoas que praticaram com devoção e sinceridade os vários aspectos do sistema da Golden Dawn chegaram à conclusão de que o sistema é eficaz e realiza aquilo a que se propõe realizar. Além disso, o sistema da Golden Dawn não é uma relíquia de uma era passada — longe disso. O conhecimento antigo abraçado por ela é perene e duradouro, a menos que nesta era de egoísmo e de ganância material a sabedoria espiritual e o crescimento pessoal sejam considerados ultrapassados. Assim como outras escolas de conhecimento, os ensinamentos da Golden Dawn cresceram, evoluíram e se adaptaram para satisfazer as necessidades dos estudantes de hoje, enquanto ao mesmo tempo novas informações continuam sendo descobertas por arqueólogos, estudiosos, psicólogos e magos do século XXI, permanecendo em firme aliança com os princípios básicos e o *éthos* do sistema.

O sistema da Golden Dawn é uma tradição vital que continua enriquecendo as práticas de Magia e a vida espiritual de muitos praticantes.

Para os leitores já familiarizados com a Golden Dawn, pouco do que dissemos aqui foi surpresa. Entretanto, embora vários livros tenham sido escritos a respeito da Ordem nesses últimos anos, e a maior parte da história da Golden Dawn, as cerimônias de iniciação, o trabalho ritual e os ensinamentos sejam já há algum tempo acessíveis ao público, ainda existe um número incrível de pessoas que pouco ou nada sabem sobre ela. Considerando quanto material da Golden Dawn foi assimilado por outros grupos, é mais surpreendente ainda que muitas pessoas em busca de novas formas de espiritualidade hoje em dia tenham uma ideia deturpada do que é a Golden Dawn e o que ela representa. Nos últimos anos, os exploradores da boa-fé e as informações pretensiosas e incorretas postadas na internet só contribuíram para agravar o problema. Também não ajuda o fato de que, no mundo apressado de hoje, no qual o tempo é uma raridade, muita gente quer uma espiritualidade feita sob encomenda, como *fast-food* — rápida, pré-embalada e sem trabalho.

O resultado é que algumas pessoas sem compreensão da disciplina ou do treinamento exigido de um mago da Golden Dawn procuram a iniciação pelos motivos errados. Alguns curiosos ouviram dizer apenas que a Golden Dawn é um poderoso sistema de Magia, mas pouco sabem além disso. Alguns são atraídos para ela porque pensam "que a Ordem os tornará magos poderosos"; "que os ajudará a conseguir amigos e influenciar pessoas"; "que os ensinará a lançar feitiços contra os vizinhos desagradáveis"; ou "os ajudará a ganhar na loteria". Surpreendentemente, existem até almas confusas que chegam à bizarra conclusão de que "após realizar alguns dos rituais da *Bíblia Satânica,* de Anton LaVey, é hora de se juntar à Golden Dawn"! É um triste comentário a respeito das noções erradas que ainda existem concernentes à Tradição Esotérica Ocidental em geral e à Golden Dawn, de modo específico. Um grande número de pessoas na comunidade mágica ainda não tem ideia do que seja a Golden Dawn e da abrangência de seus ensinamentos. Além do mais, elas não têm nenhum entendimento dos princípios, padrões e *éthos* exigidos dos magos da Golden Dawn.

*O Essencial da Golden Dawn* procura lidar com esse problema. Muitos livros escritos acerca da Ordem simplesmente não levam em consideração a necessidade de o iniciante ter acesso a uma linguagem não complicada e de um jargão simples. Só o tamanho de algumas obras, como o texto essencial de Israel Regardie — *A Golden Dawn*, é suficiente para amedrontar os iniciantes e afastá-los. Além disso, alguns textos são escritos apenas sob um ponto de vista histórico, enquanto outros só se preocupam com os ensinamentos de Magia da Ordem. Poucas obras abordam as duas questões. Ao escrever este livro, tivemos como objetivo fornecer um guia introdutório básico e simples do sistema da Golden Dawn, incluindo tanto a perspectiva histórica quanto a mágica.

Embora estejamos avançando pelos diversos graus da Golden Dawn e completando os estudos e rituais exigidos, este trabalho costuma ser descrito como "o equivalente a um Ph.D. em Magia". Então, como é possível expor as complexidades do sistema da Golden Dawn a iniciantes, em termos simples, sem acabar escrevendo um tomo de quase 30 quilos? Assumindo essa tarefa, nossa abordagem leva em consideração o seguinte ponto:

Antes que qualquer pessoa possa decidir se o sistema de Magia da Golden Dawn é ou não o caminho ao qual deseja dedicar a maior parte de seu tempo e energia, ela precisa ter informações sobre o sistema. Essa informação tem de ser concisa e precisa. Portanto, incluímos no texto:

1) Uma introdução às raízes históricas e aos princípios do Hermeticismo, também conhecido como Tradição Esotérica Ocidental. Isso é crucial para o entendimento da Ordem Hermética da Golden Dawn.

2) Uma história breve e precisa da Golden Dawn, incluindo curtas biografias de seus membros mais proeminentes. A Ordem da Golden Dawn original teve uma história pitoresca, que incluiu pontos altos e baixos — períodos de verdadeira genialidade e também de embaraços. Em uma época de adoração excessiva a heróis e de uma história revisionista desenfreada, com o objetivo de criar grupos dissidentes da linhagem da Golden Dawn, inexistentes outrora, tentaremos não abordar as fraquezas dos fundadores originais da Ordem. Como estudantes espirituais, devemos aprender com esses grandes professores que nos antecederam, inclusive aprender com seus erros.

3) Uma introdução aos princípios e leis da Magia. O sistema da Golden Dawn é conhecido hoje como o principal sistema de Magia do mundo ocidental. Por isso, é importante que o iniciante tenha um entendimento claro do que é Magia e como ela opera, bem como do tipo específico de alta Magia enfatizado nos ensinamentos da Golden Dawn.

4) Um exame da estrutura do sistema da Golden Dawn, incluindo seus diferentes graus. Uma explicação da hierarquia do sistema da Ordem, incluindo curtas descrições dos oficiais que a coordenam, mantêm e cumprem certos deveres cerimoniais dentro do Templo. Uma breve descrição das correspondências e efeitos que cada cerimônia de iniciação da Golden Dawn visa transmitir.

5) Trabalho básico ritual. Uma pequena seleção de rituais e exercícios que o iniciante pode fazer para se acostumar com o sistema de Magia da Golden Dawn. Isso inclui uma explicação dos passos

básicos envolvidos no ritual da Ordem, para que o iniciante possa criar e realizar rituais simples no estilo da Golden Dawn.

6) Uma breve pesquisa sobre os principais componentes dos ensinamentos teóricos e práticos da Ordem, incluindo Cabala, Astrologia, adivinhação, Alquimia espiritual, *skrying* e trabalho astral, além de Magia enochiana.*

7) A psicologia da iniciação. Um sucinto exame dos efeitos espirituais, alquímicos e psicológicos do processo iniciático da Golden Dawn. Os princípios básicos e o *éthos* que fazem parte do sistema da Golden Dawn. A filosofia existente por trás do sistema.

8) Apêndices contendo os seguintes itens: uma linha do tempo com os principais acontecimentos históricos da Golden Dawn e uma seleção de lemas dos membros originais da Ordem. Também estão incluídos um glossário, uma bibliografia e um índice remissivo.

Este livro é dedicado ao leitor iniciante que precisa de uma visão geral do sistema da Golden Dawn para um entendimento mais completo — entendimento que é essencial para fazer escolhas sensatas quanto ao próprio caminho espiritual. Se, após apreciar este livro, o leitor se sentir atraído pelo sistema e desejar aprender mais, será aconselhável procurar outros livros desse assunto. Uma boa maneira de começar é o curso de estudos recomendado em nosso livro *Self-Initiation Into the Golden Dawn Tradition.*

O sistema da Golden Dawn é complexo em sua inteireza, mas não há nenhuma razão pela qual os iniciantes devam se assustar quando tudo de que precisam é de uma informação sucinta e confiável que os ajude a responder às suas perguntas: o que é Hermeticismo? Como a Magia opera? Quem iniciou a Golden Dawn? Como se desenvolveram os ensinamentos da Ordem? O que faz esse sistema de Magia diferente das outras tradições? O que acontece durante o processo de iniciação? O sistema de Magia da Golden Dawn é o caminho espiritual que eu gostaria de seguir?

Para os estudantes sinceros, *O Essencial da Golden Dawn* pode responder a algumas dessas perguntas.

---

* N.E.: Sugerimos a leitura de *Magia Enochiana para Iniciantes*, de Donald Tyson, Madras Editora.

Capítulo 1

# Hermeticismo e a Tradição Esotérica Ocidental

Nossa experiência revela que muitos indivíduos que buscam admissão em uma Ordem Hermética não sabem o que é Hermeticismo. Para que qualquer pessoa possa determinar se deseja ou não seguir o caminho hermético, ela precisa ter um entendimento claro das origens e dos princípios básicos do Hermeticismo. A obtenção desse conhecimento nem sempre é algo pronto e acabado, pois tanto no passado quanto no presente o caminho hermético sempre foi uma tradição sincrética que toma emprestado elementos de outras tradições, que estão em harmonia com ele. No entanto, é possível definir certas características básicas do caminho hermético examinando aspectos da tradição que são compartilhados com outras tradições. Podemos determinar o que elas têm em comum e áreas nas quais são distintas.

## Hermetismo: a origem do Hermeticismo

A Ordem Hermética da Golden Dawn deriva seu nome em parte da Tradição Hermética do *Hermeticismo*, cujo nome, por sua vez, se origina da encarnação viva da divindade grega Hermes — o deus da comunicação. Hermes foi identificado com Thoth,* o deus egípcio

* N.E.: Sugerimos a leitura de *Thoth — O Arquiteto do Universo*, de Ralph Ellis, Madras Editora.

da sabedoria e Magia; e assim Hermes-Thoth ficou conhecido como o deus patrono de todas as atividades intelectuais e científicas, incluindo Astrologia, Astronomia, Arquitetura, Alquimia, Matemática, Medicina, Escrita, Biologia, Agricultura, comércio, adivinhação e de modo especial a Magia prática (ver figura 1). Hermes também foi considerado o maior de todos os filósofos. Ele entendia a natureza secreta do Universo e a física espiritual que o governava. Acima de tudo, Hermes foi considerado o grande professor da humanidade — ensinando a homens e mulheres, através das eras, as tecnologias e o conhecimento espiritual que melhorariam a vida humana.

No século II, a figura de Hermes, complementada com a figura do caduceu com as duas serpentes enroscadas, tornou-se o símbolo do personagem Hermes Mercúrio Trismegisto, ou Hermes, o Três Vezes Grande, um tipo de avatar ou incorporação viva do deus Hermes-Thoth. Acreditava-se que Hermes Trismegisto fora um antigo sacerdote e mago egípcio que escrevera 42 livros acerca da sabedoria esotérica — coleção conhecida como literatura hermética ou *Hermetica*.

As raízes da Tradição Hermética remontam à Antiguidade — o período helenístico no início da Era Comum. Foi um período em que as grandes culturas da Grécia e do Egito (antigamente chamadas de *Khem*) se juntaram no caldeirão da civilização, que foi criada quando Alexandre, o Grande,* conquistou o mundo mediterrâneo, culminando no capitólio cultural de Alexandria. A sabedoria espiritual oriunda de uma pletora de diferentes religiões, filosofias, tradições e culturas fluiu para essa cidade cosmopolitana, onde se fundiu com uma nova síntese de filosofia, crença espiritual e prática de Magia, que mais tarde seria conhecida como Hermetismo (a fonte antiga do Hermeticismo moderno). Embora essa nova fusão de crenças tenha sido atribuída ao deus egípcio da sabedoria encarnado em forma humana e fosse ostensivamente egípcia, ela abrangeu não apenas as reservas eternas e exuberantes da religião, da Magia e da filosofia *Khemeticas*, mas também muitas facetas da filosofia grega clássica e do paganismo grego, em especial os ensinamentos do platonismo, neoplatonismo, estoicismo, neopitagorismo e teurgia ou alta Magia de Jâmblico. A essa

* N.E.: Sugerimos a leitura de *O Gênio de Alexandre, o Grande*, de N.G.L. Hammand, Madras Editora.

mistura foram acrescentados os ensinamentos mágicos e a hierarquia angelical do Judaísmo, o dualismo cósmico do Zoroastrismo persa e as muitas formas de Cristianismo e Gnosticismo. Esses foram os ingredientes básicos do antigo Hermetismo.

## Influências sobre o Hermetismo

O Hermetismo tomou emprestado e adaptou ideias de muitos caminhos espirituais e culturas que coexistiam na sofisticada cidade de Alexandria. Alguns deles foram mencionados nas páginas anteriores, mas outros são muito numerosos para o propósito deste livro. No entanto, uma breve descrição das principais influências sobre o desenvolvimento do Hermetismo se faz necessária:

### *Religião e Magia egípcias**

Para os antigos egípcios (3100-1000 a.C.), havia pouca distinção entre Religião e Magia. Se existia alguma diferença, ela devia estar na imediação das práticas de Magia em oposição às religiosas. Nestas, um adorador fazia um pedido a uma divindade por meio de um intermediário ou sacerdote, enquanto um mago invocava a divindade diretamente. Mas, com frequência, os sacerdotes e os magos eram a mesma pessoa.

Segundo o antigo historiador grego Heródoto, os egípcios eram "excessivamente religiosos; mais que qualquer outra nação do mundo."[1] A religião egípcia era uma combinação complexa, bela e frequentemente mal-entendida do monoteísmo abstrato e do politeísmo concreto. De acordo com alguns egiptólogos, os habitantes da terra de Khem acreditavam no conceito de uma divindade criadora que era eterna, onipotente, autoexistente e incompreensível para seus adoradores humanos.

---

* N.E.: Sugerimos a leitura de *A Magia Egípcia*, de E.A. Wallis Budge, Madras Editora.

1. Heródoto, *Histories, Book II* (Grã-Bretanha: Wordsworth Editions Ltd., 1996), 37. Heródoto (484-430[?] a.C) viajou grandes distâncias no mundo antigo. Sua obra *Histórias* foi a primeira grande história narrativa produzida no mundo arcaico.

> Os textos egípcios são repletos de apartes e notas explicativas: acréscimos ou especulações de escribas curiosos... As questões difíceis, e talvez insolúveis, que confundiram a teologia cristã, são encontradas na literatura do antigo Egito; as alegações rivais dos conceitos imanentes e transcendentes de Deus, por exemplo; o paradoxo do Criador não criado; a origem do mal; os lados masculino e feminino do divino; ou se Deus existe no tempo. Tais questões já preocupavam as mentes dos homens dois mil anos antes de Cristo.[2]

Essa divindade desconhecível era, às vezes, referida pela palavra *neter*, cujo significado sugerido inclui as ideias de "deus", "divino", "força" e "renovação". O politeísmo do Egito se manifestava na grande quantidade de divindades superiores, celestiais, terrestres, locais e inferiores. Essas divindades eram consideradas os vários aspectos, atributos ou extensões de neter manifestando-se em formas que podiam ser visualizadas e compreendidas pela mente humana, amadas pelo coração humano e adoradas por um povo profundamente religioso.

> Os egípcios viveram antes do nascimento da filosofia como modo independente de pensamento. Eles usavam seus mitos para transmitir suas visões das obras da natureza e as indescritíveis e supremas realidades da alma... Os deuses egípcios* estão mais próximos dos arquétipos da mente inconsciente do que os gregos e, em certo sentido, são também mais intelectuais, pois são ideias expressas.[3]

Os egípcios reconheciam a validade de diversas explicações dos fenômenos naturais e uma cornucópia de deuses, mitos e lendas que para o pensamento moderno podem parecer confusos e contraditórios. Essa variedade não era vista como teologias opostas, mas como expressões alternativas da realidade, cada uma enfatizando um aspecto específico de uma força da natureza.[4]

---

2. Clark, R.T. Rundle, *Myth and Symbol in Ancient Egypt* (London: Thames and Hudson, Ltd., 1995), 29-30.

* N.E.: Sugerimos a leitura de *Deusas e Deuses Egípcios*, de Normandi Ellis, Madras Editora.

3. *Ib.*, 12.

4. Silverman, David P., *Ancient Egypt* (New York: Oxford University Press, 1997), 118.

*Figura 1: Hermes Thoth*

Três princípios podem ser identificados na religião egípcia: (1) a crença comum em um monoteísmo solar na forma de um Criador ou "Deus Supremo", cujo poder era simbolizado de modo especial pelos raios de sol criadores de vida; (2) uma crença no poder regenerativo da natureza, que era simbolizado nas águas criadoras de vida do rio Nilo e expresso na adoração politeísta de inúmeros deuses e deusas férteis, assim como animais sagrados; e (3) o reconhecimento de uma divindade que é humana e também divina, cuja vida tanto no mundo físico quanto no espiritual além da morte espelha a vida humana perfeita.

A crença em Osíris como deus/homem foi estabelecida logo no início da história egípcia. Ele era uma divindade diferente de todas as outras, pois era um deus acessível com quem as pessoas podiam ter uma forte empatia — elas podiam se identificar com ele, embora fosse parte divino. Os egípcios acreditavam que Osíris caminhara sobre a Terra; e comeu e bebeu como os humanos fazem. E, como eles, sofreu e morreu — mas foi trazido de volta à vida com a ajuda dos outros deuses. Por isso ele se tornou o amado deus da ressurreição e da vida eterna, pois deixou um exemplo que o resto da humanidade podia seguir. Os egípcios pensavam que os deuses poderiam ser persuadidos a fazer para os mortais comuns aquilo que fizeram por Osíris. Muitas cerimônias religiosas e de Magia tinham o objetivo de assegurar que, depois da morte, a pessoa ressuscitaria e herdaria a vida eterna, como aconteceu a Osíris.

Os egípcios também estavam entre os primeiros povos a desenvolver o conceito da alma humana; e uma grande parte de sua religião era dedicada ao bem-estar dos falecidos na vida após a morte. Acreditava-se que um ser humano era composto de várias partes, incluindo *khat* (corpo físico), *ka* (corpo astral), *ba* (alma), *khu* (espírito), *sekhem* (força vital), *khaibit* (sombra) e *ren* (nome). A *ba*, ou alma, era considerada o trono da vida em um ser humano. A palavra *ba* implica algo nobre, sublime ou poderoso. Após a morte, a alma estava livre para deixar a sepultura e ascender ao céu. Porém, o espírito e o corpo astral poderiam ficar presos na tumba; por isso, recorria-se a fórmulas mágicas para impedir que isso acontecesse.*

* N.E.: Sugerimos a leitura de *O Livro dos Mortos do Antigo Egito*, de E. A. Wallis Budge, Madras Editora.

Havia dois tipos de magos no Egito. Os treinados sacerdotes--magos dos templos e os magos "leigos", que eram independentes de qualquer instituição. A maioria deles, contudo, pertencia à classe sacerdotal. Havia centenas de templos dedicados a várias divindades, e seus sacerdotes tinham diferentes funções. Alguns tinham a responsabilidade de tomar conta da estátua do deus (providenciando alimento, vestes, etc.). A purificação também era uma prática essencial — os sacerdotes se banhavam quatro vezes ao dia, raspavam a cabeça e usavam apenas certos tipos de roupas.

O sumo sacerdote era conhecido como o *sacerdote-sem* ou "primeiro profeta do deus". Abaixo dele havia toda uma classe de sacerdotes conhecidos como *horologistas*, cujo dever era determinar com precisão as horas do dia e da noite. Tratava-se de uma função crucial porque vários ritos tinham de começar em horas específicas. Os sacerdotes anotavam as posições do sol e das estrelas para definir o momento em que os rituais deveriam começar. Também havia sacerdotes astrólogos que cuidavam de um calendário-horóscopo que explicava como os seres humanos deveriam se comportar em determinados dias.

Todavia, os sacerdotes-magos não faziam parte de nenhum desses grupos descritos anteriormente. Eles eram encontrados em uma parte do Templo conhecida como a Casa da Vida, que continha a biblioteca do Templo. O leigo comum ia à Casa da Vida se tivesse um problema e precisasse de um encantamento ou amuleto mágico. O sacerdote entregava amuletos mágicos para proteção, interpretava sonhos, proferia um encantamento para curar doenças, etc. Os sacerdotes-magos guardavam seus livros secretos com muito cuidado; eles eram considerados indivíduos muito poderosos e importantes.

Um aspecto da Magia egípcia que permaneceu essencial à Tradição Hermética foi a importância atribuída a nomes divinos e palavras de poder. Como demonstrado na história de Ísis, assumindo controle sobre Rá, os egípcios acreditavam que saber o nome secreto de uma divindade conferia um grande poder ao mago que tivesse esse conhecimento. (Isso se revelaria mais tarde nos "nomes bárbaros" greco-egípcios de Magia).

## *Filosofia grega clássica*

Se os habitantes de Khem podem ser descritos como o povo mais religioso do mundo antigo, os helenos (gregos) foram com certeza o povo mais filosófico. De 600 a 200 a.C., novas ideias circulavam na Grécia e nas cidades gregas ao longo da costa da Ásia Menor. Foi nessa região que os filósofos helênicos deram início a uma tendência que questionava a realidade dos deuses tradicionais e, ao mesmo tempo, abraçavam teorias de materialismo e racionalismo. Uma ideia que começou a tomar força nos círculos eruditos foi a de que "todas as coisas vêm da Coisa Única". Embora existissem diversas teorias quanto à essência dessa "Coisa Única", muitos filósofos concordavam que tudo no Cosmos foi criado do mesmo material — uma substância básica que permeava o Universo e da qual os elementos emergiam. O filósofo Anaximandro denominou essa substância *apeíron*, ou "o ilimitado."[5]

Pitágoras — místico, mago e também filósofo — alegou que a essência de todas as coisas é o número e que, como seu centro, a realidade é matemática por natureza — "Tudo é número".[6] Como Pitágoras recebeu o crédito por definir o significado dos números na música e no mundo objetivo, ele é geralmente considerado, pelo mundo não mágico, um antigo matemático. Para seus seguidores, no entanto, Pitágoras era um mago e um líder espiritual; e entre seus estudantes havia homens e mulheres.

Diferentemente de outros filósofos da época, Pitágoras acreditava na existência da alma humana. Também ensinava a reencarnação e uma forma de regressão às vidas passadas. A organização fundada por Pitágoras era mais uma fraternidade religiosa para o desenvolvimento moral da sociedade que uma verdadeira escola de filosofia. Os membros do grupo tinham de manter segredo e lealdade rígidos. Pitágoras ensinava a seus seguidores que os princípios filosóficos podiam ser empregados para a purificação espiritual e que a alma humana podia ascender ao céu para se unir ao divino. Além disso, ele explicava que certos símbolos derivados da Matemática tinham uma importância mística.

---

5. Isso nos traz à mente o conceito cabalístico de *Ain Soph*: "o ilimitado".

6. Essa ideia também é refletida na Cabala, que considera os números emanações divinas na forma de *Sephiroth*. Ver capítulo 6.

Apaixonado pelas qualidades sagradas dos números, Pitágoras usava figuras derivadas numericamente como símbolos sagrados para seus seguidores — incluindo o pentagrama e a tetraktys (ver figura 2), um diagrama em que o número quatro é exaltado, mas que também mostra a importância dos dez primeiros números por meio do desdobramento da Mônada, Díada, Tríade e Tétrade (números 1, 2, 3 e 4, respectivamente). Esses dez números receberam atribuições específicas e eram considerados a evolução progressiva da unidade, que incluía os conceitos de dualidade, multiplicação e síntese. É difícil afirmar se essa filosofia influenciou os primeiros ensinamentos cabalísticos ou se Pitágoras foi influenciado por uma antiga tradição hebraica.

*Figura 2: A tetraktys*

Outros filósofos da mesma época ensinavam uma forma de monoteísmo que sugeria que Deus existia em todos os lugares, em todos os tempos, na matéria e na natureza. Enquanto alguns afirmavam que a realidade da natureza era estática, outros adotavam a visão de que ela mudava constantemente.

Empédocles foi o primeiro a abraçar a ideia dos quatro elementos na natureza — fogo, água, ar e terra. Ele também defendeu a noção de que o Universo era composto por dois mundos — um espiritual e bom; outro material e mau. Empédocles acreditava que os seres humanos tinham duas almas — a *psique* ou Alma Inferior, que é finita; e a *daimon* ou Alma Superior, que é imortal.

O filósofo Anaxágoras afirmava que a mente divina ou *noûs* era a substância e o poder por trás do Universo físico. Essa mente criou o Universo por meio de um movimento giratório no centro do Cosmos.

Alguns dos intelectuais gregos de épocas posteriores se voltaram contra o extremo materialismo e racionalismo que dominavam os ensinamentos de filósofos mais antigos. Eles desenvolveram uma forma própria de Misticismo racional, possivelmente para reverter a deterioração moral que resultava quando as pessoas paravam de acreditar nos deuses tradicionais. A principal doutrina de Sócrates era que o indivíduo deveria se orientar por uma voz interior. Mas, de todos os filósofos gregos clássicos, foi o aluno de Sócrates, Platão, quem exerceu o efeito mais significativo sobre a Tradição Hermética.

Platão ensinava que um mundo de ideias ou arquétipos existia antes da criação do mundo físico. Em outras palavras, todas as ideias de tudo no Universo existia em um mundo sobrenatural invisível — e todas as coisas criadas no mundo físico são meras cópias defeituosas e inferiores dos originais divinos. A filosofia de Platão, portanto, desenvolveu um acentuado dualismo entre o maculado mundo físico e o mundo perfeito das ideias. Ele acreditava que esses dois mundos eram ligados por uma substância caótica indescritível, chamada de *matéria*, a qual evoluíra por meio de processos naturais nos quatro elementos. Mas para que os dois mundos interagissem e formassem o mundo manifesto o *demiurgo* ou "deus criador" foi moldado e criou o Universo. Essa ideia seria posteriormente incorporada nos ensinamentos gnósticos.

Outra teoria de Platão era que a alma do indivíduo continua viva após a morte e é julgada para receber ou o êxtase ou a punição eternos, em um lugar chamado *Tártaro*, onde suas transgressões seriam perdoadas com o passar do tempo. (As crenças de Platão em torno dessa temática foram adotadas pelos primeiros cristãos.) Segundo Platão, a alma era dividida em três partes: a porção imortal, chamada *logos*, localizada na cabeça e considerada idêntica ao intelecto; *thumus* ou vontade, localizada no coração; *epitimia* ou desejo, que se encontrava no abdome.

Platão acreditava em uma Alma do Mundo e na ideia de que a alma humana individual era capaz de recuperar o conhecimento oriundo do mundo divino de ideias, onde ela surgiu — desde que a alma possa se lembrar do conhecimento que esqueceu no instante de sua encarnação física. Ele também pensava que as estrelas e os planetas eram simplesmente seres superiores.

Várias das crenças de Platão foram emprestadas ou adaptadas por outros grupos, incluindo os neoplatônicos, os gnósticos e os primeiros cristãos. A semelhança de alguns de seus ensinamentos com a doutrina da Cabala é inegável. E as hipóteses de Platão formam a pedra angular não só da Tradição Hermética, mas de toda a filosofia ocidental.

### *As religiões gregas de mistérios*

As religiões de mistérios se desenvolveram e prosperaram na época de Alexandre, o Grande, quando grande parte do mundo conhecido, incluindo Egito e Pérsia, tornava-se helenizada. As religiões de mistérios se tornaram populares na medida em que as pessoas se cansavam da degeneração moral resultante do materialismo frio e do racionalismo abstrato dos filósofos. As pessoas queriam e precisavam acreditar nos deuses novamente — não apenas em uma veneração passiva, sancionada pelo Estado, aos deuses tradicionais, mas em uma participação religiosa ativa que tocaria de maneira profunda a vida emocional dos adoradores. As religiões de mistérios satisfaziam essa necessidade. Coincidindo com o culto popular às divindades, havia cerimônias iniciáticas secretas frequentadas por uns poucos privilegiados. A palavra grega *mysteria*, ou "mistérios", implicava ritos privados ou secretos que não deviam se tornar públicos.

As divindades invocadas e veneradas por essas religiões variavam. Os Mistérios de Samotrácia, possivelmente os mais antigos desses cultos, giravam em torno dos *Kabiri*, ou *Cabiri*, "grandes deuses". Os Mistérios Órficos foram fundados pelo herói grego Orfeu. Esses ritos se concentravam no deus Dioniso-Phanes, criador do Céu e da Terra e portador da Luz. Os Mistérios de Ísis e Osíris eram encenados no Egito, além do culto a Serápis, na Alexandria. Havia também os Mistérios de Cibele e de Átis, divindades importadas da Ásia Menor, cujos mitos eram parecidos com os das divindades babilônicas Ishtar e Tammuz. Entretanto, o mais famoso dos Mistérios, o de Elêusis, era centrado em Atenas, que se concentrava nas divindades de Deméter, Perséfone e Hades. Mais tarde, o culto a Mitra, deus persa do Sol, chegava aos postos avançados do Império Romano.*

Não se pode determinar com certeza a experiência exata por que passavam os iniciados dessas religiões de mistérios, pois eles as respeitavam tanto que, na maioria dos casos, se recusavam a revelar os segredos aos não iniciados. Ao que parece, ninguém jamais quebrou o voto de segredo feito a esses ritos. Consequentemente, há poucas informações registradas deles. Mesmo os iniciados que mais tarde se converteram ao Cristianismo se recusavam a quebrar o juramento de silêncio, tamanho era o poder das religiões de mistérios. O pouco que se sabe é que quase todas abordavam a ideia de morte e ressurreição (a morte de um Kabir nas mãos de outros três Kabiri, para depois voltar à vida; o esquartejamento de Osíris pelo maligno Set e sua ressurreição graças a Ísis; as muitas mortes e ressurreições de Dioniso; e a descida de Perséfone ao submundo de Hades).

A representação desses mitos serviam para promover no iniciado um sentido de renascimento espiritual para uma vida maior — o triunfo sobre a morte por meio da conquista da vida eterna. O objetivo era tirar os seres humanos de suas condições mundanas e conduzi-los a um renascimento divino — uma percepção direta da essência espiritual da humanidade. Esses ritos secretos emergiam da crença segundo a qual a sabedoria divina superior e a verdadeira experiência espiritual só podiam ser alcançadas por aqueles indivíduos que eram purificados por meio de certas disciplinas. Eles tentavam revelar os segredos do Universo por meio de um êxtase espiritual ou com uma série meticulosa de iniciações elaboradas para produzir uma percepção espiritual acelerada.

A purificação tinha um papel importante nesses ritos, juntamente com procissões, representações de certos mitos, sacrifícios de animal, oferendas, jejuns e uma descida real ou simbólica ao submundo, bem

* N.E.: Sugerimos a leitura de *Os Mistérios de Ísis*, de Traci Regula; *Os Ritos e Mistérios de Elêusis*, de Dudley Wright; e *Os Mistérios de Mitra*, de Franz Cumont, todos da Madras Editora.

como o retorno desse mesmo submundo. O iniciado tinha uma participação ativa nesses dramas, muito provavelmente experimentando uma simbólica morte e um renascimento.

O tema básico dos mistérios (o iniciado experimentar uma espécie de ressurreição da morte) teria, mais tarde, um destaque especial em vários círculos herméticos, estendendo sua influência aos alquimistas e aos rosa-cruzes. Também se evidencia nos rituais de iniciação da Golden Dawn.

Segundo os gregos, existiam três tipos de conhecimento: *mathesis,* ou conhecimento que podia ser aprendido, *gnose,* ou conhecimento que podia ser adquirido por meio da meditação ou percepção intuitiva, e *pathesis,* ou conhecimento que era sentido. As religiões de mistérios tentavam transmitir a iluminação pelos três tipos, mas principalmente pelo terceiro, dando ao iniciado a oportunidade de uma experiência pessoal direta dos ensinamentos superiores. Elas prometiam uma espécie transcendente de experiência ou êxtase espiritual, ausente nas formas mais populares de culto promovido pelo Estado.

O Cristianismo, em seus primeiros dias, era considerado por muitos apenas mais um culto grego de mistérios, com semelhantes objetivos, mitologia, terminologia e adaptações filosóficas. Um dos motivos por que o Cristianismo se tornou tão bem-sucedido era o fato de ser uma religião aberta a todos, inclusive escravos e mulheres, enquanto alguns dos outros cultos de mistérios, como o Mitraísmo, eram restritos aos homens ou a indivíduos de status. Só muito mais tarde uma das ramificações do Cristianismo se tornaria uma enorme força política capaz de esmagar aqueles que eram considerados rivais.

### *Estoicismo*

Uma das escolas mais importantes de filosofia helenística, em termos de relevância para a tradição hermética, foi o estoicismo. Alguns dos estoicos mais conhecidos são Zenão e Eratóstene. Os estoicos acreditavam que o objetivo de todo o conhecimento era proporcionar à humanidade um modo de conduta caracterizado pela tranquilidade da mente e segurança do valor moral. Também acreditavam em uma forma extrema de materialismo e enfatizavam a pesquisa científica.

Eles descartavam toda e qualquer forma de realidade além da física. Só a razão era o modelo para a existência humana, e a percepção era a única base para o conhecimento. Para a mente estoica, o Universo manifesto exemplificava a virtude; portanto, eram enfatizadas as virtudes do crescimento moral, da boa conduta, do dever e da justiça. Considerava-se que a virtude trazia a felicidade; por esse motivo, os estoicos procuravam a virtude não por razões espirituais, mas sim práticas.

Embora achassem que o Universo foi criado por um noûs universal, ou Alma do Mundo, os estoicos consideravam essa força algo completamente material e mundano. Além disso, eles sentiam que todos os mitos religiosos eram alegorias cujo intuito seria o de transmitir verdades filosóficas. Eles acreditavam que o logos (sob o nome mitológico de Zeus) se transformara nos elementos do mundo material, mas isso foi um processo natural, não espiritual.

A filosofia estoica costumava ser fatalista e cética. Os seguidores do Estoicismo acreditavam na predestinação e na reencarnação. Entretanto, achavam que em cada encarnação o indivíduo viveria sua vida de novo, exatamente como nas existências anteriores.

Uma de suas grandes contribuições à Magia foi sua crença nas simpatias cósmicas ou na ideia de que todas as coisas no Cosmos são interligadas de uma maneira lógica e ordeira.[7] Além disso, a reverência prestada pelos estoicos à lógica e à mente racional ajudou a imbuir a Tradição Hermética de um saudável ceticismo que possibilitava testar a validade dos experimentos mágicos e apenas aceitar todos os resultados sem questionamento.

## *Gnosticismo**

O Gnosticismo foi uma combinação da crença cristã com as religiões gregas de mistério. Todavia, como no Mitraísmo, as surpreendentes semelhanças com o Cristianismo fizeram com que fosse considerado heresia por aqueles que detinham o poder; e as

7. Essa foi uma noção precursora da Lei das Correspondências de Levi. Ver capítulo 3.

* N.E.: Sugerimos a leitura de *A Igreja Gnóstica*, de A. Krumm-Heller, e *A Biblioteca de Nag Hammadi*, de James M. Robinson, ambos da Madras Editora.

heresias rivais, parecidas com o Cristianismo, eram perseguidas com mais ferocidade do que a maioria das religiões pagãs. O movimento gnóstico prosperou na região a oeste do Mediterrâneo, na época do nascimento de Cristo e por muitos séculos depois.

Como dissemos antes, gnose significa conhecimento, especificamente aquele obtido por percepção intuitiva. Os gnósticos buscavam o conhecimento de Deus por meio da revelação direta. Esse conhecimento era "secreto", pois só podia ser obtido como resultado de percepções específicas. Também estava além da fé e da razão — a essência do Universo apenas se revelava diretamente (e, portanto, de forma secreta) àqueles que se esforçavam de maneira ativa para transcender suas existências mundanas. A interpretação individual das verdades espirituais era encorajada e, de fato, considerada uma forma de iluminação. A habilidade em "canalizar" novas revelações do Cristo era vista como um sinal de iniciação religiosa. A revelação era um processo contínuo, e não um dogma estabelecido com rigidez.

O Gnosticismo tinha muitas facções; não era um único sistema de crenças nem um movimento unificado. A quantidade de seitas gnósticas era tão grande quanto a de seitas cristãs. O Cristianismo, em seus primórdios, também compreendia vários grupos com diferentes crenças. Mas as diversas seitas gnósticas podem, de modo geral, ser agrupadas sob duas ramificações: o primeiro tipo, mais "judeu", é chamado gnosticismo setiano (o nome se origina de Set, o filho de Adão); e a forma mais "cristianizada", conhecida como gnosticismo valentiniano, é chamada assim por causa de seu principal expoente, Valentino.

A doutrina básica dos gnósticos afirmava que o espírito humano representava a essência divina presa na matéria — que o espírito humano (pneuma) era uma centelha de Deus aprisionada em um mundo material maléfico com o qual Deus não tinha nenhuma relação. O mundo foi na verdade criado pelo Demiourgos, ou demiurgo (uma ideia emprestada de Platão), um deus criador inferior que às vezes era mau, às vezes simplesmente ignorante. Assim, os gnósticos acreditavam em um dualismo fundamental entre o homem (o deus aprisionado) e o mundo físico (que era sua prisão). A condição humana era definida como sendo parte angelical e parte animal.

A visão de mundo dos gnósticos compreendia inúmeros níveis de existência entre o reino divino e pleno de Luz de Deus e o mundo escuro da humanidade aprisionada na matéria densa. O opaco mundo físico era governado por muitos *archons,* ou entidades intermediárias rebeldes, que eram representados pelos poderes zodiacais e planetários. A *gnose*, portanto, era o conhecimento do modo como a alma poderia escapar desse maléfico mundo da matéria, avançar pelas esferas dos incontroláveis *archons* e retornar à sua morada original de Luz.

Os gnósticos eram devotos do Deus transcendente, e não do maldoso deus criador. Eles acreditavam que o Deus transcendente intercedia no mundo imperfeito oferecendo a seus seguidores um meio pelo qual a *gnose* poderia ser obtida por intermédio de um redentor ou salvador. Em algumas seitas gnósticas o nome desse redentor era Sofia — a "sabedoria" de Deus; em outras seitas era seu irmão (ou consorte) Cristo; e em outras era conhecido apenas como *Logos* ou "palavra". O objetivo do salvador era promover a separação dessa mistura de matéria física e Luz divina. O salvador também servia como exemplo a ser seguido pela alma individual em busca do retorno ao mudo da Luz.

Um importante texto gnóstico chamado *Pristis Sophia*, ou "Sabedoria da Fé", conta a história de Sofia, que outrora fora um ser celestial, mas, em virtude de um misto de ambição e decepção, caíra em um abismo entre o mundo da matéria densa e o da Luz divina (refletindo a condição humana). Por meio do arrependimento e da fé, e ajudada por Jesus, o Salvador, ela aos poucos ascende, passando pelos dez *éons*, até atingir sua posição anterior na Luz. Temos aqui outro caso de morte e renascimento simbólicos, como os que se apresentavam nas religiões gregas de mistérios. Uma diferença significativa é que no Gnosticismo o mistério principal é o da transcendência do Cristo como o salvador.

De modo geral, a visão gnóstica segundo a qual a humanidade está aprisionada na matéria não é tão diferente da adotada pela maioria das religiões contemporâneas, que ensinam que o mundo material é uma ilusão, enquanto o mundo espiritual é o reino da verdade.

A composição geral dos gnósticos era sincrética. Ela tomou emprestado elementos de outras tradições, incluindo o dualismo zoroástrico, Luz *versus* Trevas, a crença oriental na reencarnação, a astrologia babilônica e a reverência pelos nomes secretos e palavras de poder (bárbaros), usados nos mistérios pagãos. Mas o que de fato distinguia o Gnosticismo era sua convicção na crença de que a verdade espiritual era altamente pessoal. Esse é um dos principais dogmas do Gnosticismo, ainda muito valorizado pelos herméticos nos dias de hoje.

## *Neoplatonismo*

De todas as primeiras influências exercidas sobre a tradição hermética estudadas até agora, nenhuma foi mais importante que o neoplatonismo. Os platônicos helênicos posteriores reverenciavam o antigo filósofo clássico como um escritor divinamente inspirado. Os ensinamentos de Plotino (204-270 d.C.) dominaram a filosofia grega até o século VI d.C. Plotino criticava o movimento gnóstico, pois o considerava uma depreciação dos ensinamentos de Platão. Embora muitas ideias promulgadas pelos neoplatônicos tivessem uma certa semelhança com as gnósticas, uma significativa exceção era que não se encontrava nos ensinamentos de Plotino e seus seguidores a figura de um demiurgo que criara e governara uma prisão de matéria.

Plotino conseguiu combinar a abordagem racional e lógica da natureza do Universo — adotada pelos filósofos clássicos — com a experiência mística. Ele interpretou as teorias de Platão à luz do Misticismo helenístico, tentando explicar a experiência espiritual em vez de apenas satisfazer a curiosidade intelectual. Plotino acreditava que Deus estava inteiramente fora da compreensão humana.

Os ensinamentos de Plotino compreendiam a teoria de que um Deus (*protos theos* — o "primeiro deus") cria várias emanações (*hipóstases*), a partir de si mesmo, sem sofrer nenhuma diminuição; e que o intelecto divino (*noûs*) é a principal criação de Deus. Todas essas emanações eram consideradas graus da Luz-energia, independentes de tempo e espaço. O intelecto, na visão de Plotino, não era uma fria abstração filosófica, mas um estado vital e jubiloso de perfeição com dois objetivos: o primeiro é retornar à divindade; e o outro é buscar a unidade e a bondade. Para atingir o segundo objetivo, o intelecto divide-se em várias vidas individuais ou pontos focais de energia criativa, que correspondem às formas arquetípicas e aos conceitos de Platão. Plotino também fez uma distinção entre a experiência espiritual obtida por meio da contemplação de Deus e a experiência da união suprema (ou unidade) e o intelecto divino.

Segundo Plotino, existe um nível inferior divino conhecido como a alma (*psique*), que tenta manifestar as ideias nascidas no intelecto. No decorrer desse processo, o mundo natural começou a existir. O próprio mundo natural é composto por uma entidade concentrada conhecida como a Alma do Mundo (*pantos psique*), à qual os seres humanos são relacionados por meio do intelecto, mas não criada pela própria natureza (a humanidade está na natureza, mas não veio *da* natureza). A composição psicológica da humanidade corresponde a esse Universo maior: o corpo físico corresponde ao mundo físico da matéria, a alma ou consciência ordinária está relacionada à Alma do Mundo e as faculdades perceptivas superiores se conformam com o intelecto divino. Plotino, porém, acreditava que, na maioria dos seres humanos, os poderes intelectuais superiores estavam adormecidos, e é dever do indivíduo despertá-los. Uma das metas do neoplatônico era a unificação dos três segmentos do indivíduo, um processo que previa o objetivo da Psicologia moderna vários séculos atrás.

O método para despertar o intelecto, conjeturava Plotino, era a constante interação no mundo natural por meio da reencarnação — algo que levava várias vidas até ser alcançado. O indivíduo não se lembra das encarnações passadas porque a porção eterna da consciência é o Eu Superior, que se encontra no nível do intelecto divino. O eu inferior ou a personalidade é um mero reflexo do Superior. Mas a alma ou a psique do indivíduo é incorruptível. Assim, no momento da morte, as experiências terrestres do eu inferior são absorvidas pelo Eu Superior antes de ele se refletir novamente em uma encarnação.

Plotino não defendia práticas espirituais ou mágicas porque acreditava que o indivíduo alcançava a iluminação por meio de reflexões filosóficas. Contudo, ele estabeleceu o conceito da existência dos estados alterados de consciência. Ele sentia que o objetivo final da existência humana deveria ser um retorno ao divino.

*Figura 3: Jâmblico*

Outro neoplatônico que acreditava muito nas práticas da alta Magia da teurgia foi Jâmblico, que tinha grande interesse pelos mistérios egípcios (ver figura 3). Suas obras foram muito importantes para o posterior desenvolvimento da Magia cerimonial na tradição hermética.

Uma prática explorada por ele era a invocação de uma divindade ou espírito para uma estátua. Outro método era invocar a divindade para entrar em uma pessoa, resultando na completa identificação com a divindade, a fim de despertar o Eu Superior. O objetivo dessas técnicas mágicas neoplatônicas era o crescimento espiritual ou a obtenção de respostas às perguntas espirituais a respeito da natureza do Universo.

Em épocas posteriores, os magos neoplatônicos e neopitagóricos utilizavam os Oráculos Caldeus de Zoroastro, que datavam do século II d.C., em suas práticas de Magia. (Embora os Oráculos só existam hoje em forma fragmentária, eles são citados com frequência nos rituais da Golden Dawn.)

## Hermetismo

Os primeiros hermetistas não eram tão visíveis nem tão organizados quanto outras escolas filosóficas e espirituais da época. Provavelmente, os antigos hermetistas se reuniam e estudavam em silêncio, em pequenos grupos, sob a orientação de um professor, como fazem os modernos hermeticistas hoje. É quase certo que eles passavam boa parte do tempo em santuários ou perto deles; e devem ter participado também de celebrações pagãs. Muitos deviam ser egípcios de nascimento, embora aprendessem os modos e as filosofias da Grécia.

Os ensinamentos que eles estudavam deviam ser semelhantes aos contidos nos livros atribuídos a Hermes Trismegisto ou Hermes, o Três Vezes Grande. O vocabulário usado pelos hermetistas para descrever os reinos celestes era quase idêntico ao usado pelos neoplatônicos. Há, porém, nos escritos herméticos, um zelo religioso, uma paixão culminando em um senso de união completa com Deus, que raramente é encontrado nos escritos dos filósofos gregos. Essa intensidade de fervor espiritual pode ter se originado dos egípcios, que eram "religiosos além do excesso", adotando as ideias da filosofia grega para criar o Hermetismo.

Os princípios e valores apregoados pelos hermetistas podem ser encontrados nos textos atribuídos a Hermes Trismegisto, que os expôs exaltando os cultos de mistério e a santidade da "terra sagrada" do Egito. O Caminho de Hermes defendia fortemente ideias de misericórdia, pureza e moralidade. Os seguidores de Hermes, o Três Vezes Grande, nunca criticavam a religião comum e a moralidade das outras pessoas, mas, quanto mais *gnose* eles adquiriam, mais tentavam incutir um sentido de profunda percepção consciente e profundidade espiritual nas crenças daqueles à sua volta.[8]

É importante lembrar que o Hermetismo não era um sistema talhado em pedra, mas sim um caminho de evolução espiritual com muitos níveis de ascensão. Não existia um sistema único de teologia ou doutrina hermética, e há grandes diferenças entre os ensinamentos contidos nos vários livros de Trismegisto. No entanto, os ensinamentos herméticos exibem certa semelhança generalizada, cuja óbvia ocorrência é o resultado de uma instrução sistemática e de um ambiente comum compartilhado. Para o hermetista, a obtenção da gnose não era um fim em si, mas um mero começo:

> Veja você, meu filho, quantos são os corpos através dos quais nós temos de passar, quantos são os coros de daimones e quão vasto é o sistema do curso das estrelas [entre as quais se encontra o nosso Caminho] que nos conduzem ao Deus Uno e Único. Pois não há outra praia até o Bem; Ele não tem fronteiras; Ele é sem-fim; e Ele é em Si sem começo, embora para nós pareça existir um — a Gnose. Portanto, para Ele, a Gnose não é o começo; é, isto sim, [por meio da Gnose] para nós, o início de se conhecer. Apeguemo-nos, então, ao começo e apressemo-nos na passagem de tudo [o que devemos passar]. É muito difícil deixar para trás as coisas com as quais nos acostumamos, que encontram nosso olhar por todos os lados, e nos voltarmos para o Velho [Caminho].[9]

No mundo helenístico, cada vez mais multicultural e polinizado, tornava-se sempre mais difícil distinguir entre gnósticos, neoplatônicos e hermetistas. Entretanto, para a compreensão do Hermetismo

---

8. "Gnostic and Hermetic Ethics", de Jean-Pierre Mahe. *Gnosis and Hermeticism: From Antiquity to Modern Times*, Van Den Broek e Hanegraaf, 21-36.
9. Trecho do *Corpus Hermeticum*, traduzido em 1906 por G. R. S. Mead em *Thrice Greatest Hermes* (London: Stuart & J. M. Watkins, 1964 — reimpressão).

(e a forma posterior Hermeticismo), é importante observar tanto as diferenças quanto as semelhanças.

## Um resumo das influências importantes exercidas sobre o Hermetismo em seus primórdios

A influência do antigo no caminho hermético não pode ser subestimada. Não só a religião Khemética determinou o padrão para as fórmulas mágicas, técnicas rituais, invocação, usando nomes de poder, devoção aos deuses e o modelo de um sacerdócio treinado de magos, mas também os egípcios formularam alguns dos primeiros conceitos acerca dos elementos componentes da alma humana.

Os filósofos gregos clássicos abriram caminhos totalmente novos para se observar o Universo e o lugar da humanidade nele. Eles apresentaram explicações racionais e abstratas de fenômenos naturais que dependiam menos das mitologias e dos deuses tradicionais e mais da ideia de que tudo no Universo é criado a partir de uma única fonte ou essência. Eram exploradas em profundidade visões acerca dos quatro elementos, do significado mítico dos números, da evolução da alma humana e de um mundo divino de ideias ou arquétipos. A influência dos grandes filósofos se estenderia não só ao princípio do Hermetismo, mas também aos valores, à ideologia e ao pensamento de toda a civilização ocidental.

As religiões gregas de mistérios ofereciam o que os filósofos clássicos tinham descartado — uma relação profundamente pessoal entre os veneradores humanos e suas divindades adoradas. Insatisfeitos com a religião pública estagnada, exotérica, da época, os veneradores sentiam-se atraídos pelos rituais significativos e ritos secretos que passavam um sentido de crescimento espiritual. Essas religiões também proporcionavam aos seus seguidores a sensação de fazer parte de uma comunidade ou irmandade de pessoas com uma mentalidade parecida.

A filosofia helenística do Estoicismo enfatizava a virtude e a conduta moral, bem como uma abordagem racional e científica às perguntas maiores a respeito da origem e natureza do Universo. Eles exaltavam a crença nas simpatias cósmicas e a ideia de que os mitos dos deuses eram alegorias de verdades filosóficas. Todas essas ideias se tornariam importantes para o caminho hermético, particularmente a arte hermética da Alquimia. Entretanto, em sua total negação de qualquer coisa espiritual, os estoicos levavam essas ideias ao extremo, em favor de uma materialidade estrita e, com frequência, fatalista. Nisso, eles se distanciavam dos hermetistas.

O vocabulário e os conceitos básicos usados pelos neoplatônicos para descrever sua filosofia eram, em muitos aspectos, quase idênticos aos empregados pelos hermetistas. O conceito hermético do Deus transcendente era semelhante ao apregoado pelos filósofos neoplatônicos. O Hermetismo, porém, era uma doutrina mais religiosa que filosófica. Com exceção de Jâmblico e seus seguidores, o neoplatonismo não promovia, de modo especial, práticas espirituais ou mágicas. Consequentemente, o Deus Hermético é menos abstrato e mais pessoal que o *protos theos* dos neoplatônicos.

Às vezes é fácil confundir Gnosticismo com Hermetismo. Ambos os grupos utilizavam terminologia platônica e acreditavam na existência de um Deus transcendente, bem como em divindades inferiores celestiais e terrestres. Tanto os gnósticos quanto os hermetistas davam grande ênfase ao conhecimento espiritual, obtido por meio de revelação divina (*gnose*), e à exaltação final da alma, por meio da união com sua fonte (Deus). Para os hermetistas, porém, a *gnose* era um meio para a salvação; não o resultado final em si, mas apenas o começo. Ambos os sistemas ensinavam que a libertação da alma das amarras do mundo material resultava em sua salvação. Parece, contudo, que os hermetistas enfatizavam a importância de receber um treinamento metódico na "arte de Hermes", que era seguido pela experiência mística de iniciação nos mistérios herméticos. Em contraste, os gnósticos não tinham tanto interesse pelo treinamento intelectual como um caminho para a *gnose*, mas sim por receber o dom da *gnose* como resultado direto da salvação e iluminação.[10] Além disso, os hermetistas acreditam que Deus, embora incognoscível em essência, podia ser compreendido pela mente humana por intermédio da meditação e da reflexão filosófica. Os gnósticos tinham muito menos fé no *noûs* ou na mente da humanidade.[11]

10. "Gnosticism and Hermetism in Antiquity: Two Roads to Salvation", de Roelof Van Den Broek. *Gnosis and Hermeticism: From Antiquity to Modern Times*, Van Den Broek e Hanegraaf, 1-20.
11. *Ib*.

*Figura 4: Hermes Trismegisto*

Por fim, diferentemente dos gnósticos, que achavam que o Cosmos era uma criação maligna de um deus criador malévolo, os hermetistas acreditavam que o Universo era a criação milagrosa (e basicamente boa) de Deus. Eles não tinham o conceito do demiurgo. O corpo humano não era visto como uma prisão material da alma, mas sim como uma imagem do poder criativo de Deus.

Os gnósticos e hermetistas tinham metas espirituais semelhantes, mas se empenhavam em alcançá-las por caminhos muito diferentes.

> O caminho hermético implicava instrução na natureza do Cosmo e do homem. Nesse processo de instrução, eram usados todos os tipos de conhecimento humano, teorias de espaço e movimento, a ciência da Astronomia e Astrologia, Medicina, e também, às vezes, práticas mágicas. Mas o propósito de tudo isso era tornar o mundo transparente para Deus. O caminho hermético levava, enfim, à iniciação no mistério divino, ao conhecimento de Deus, ao próprio Deus como fonte do ser.[12]

## A literatura hermética

Dizia-se que os textos herméticos, ou *Hermetica*, tinham sido escritos pelo lendário sacerdote e mago Hermes Mercúrio Trismegisto, o homônimo da deidade greco-egípcia Hermes-Thoth. Embora os livros herméticos não fossem muito diferentes de outros textos contemporâneos de filosofia mágica, essas obras se tornaram extremamente importantes por causa do alto valor que lhe fora atribuído pelos pensadores e magos da Renascença. Também eram julgados aceitáveis pela Igreja cristã durante quase 1.500 anos — algo bastante incomum para livros escritos por um iniciado egípcio que tinha o nome de um deus pagão. E, por causa dessa notável aceitação, os livros tiveram uma função importante na cultura ocidental.

Existiam, na verdade, duas classes de literatura hermética, obviamente não escritas pela mesma pessoa, mas por várias. A primeira, mais popular e prática, que remonta aos séculos III a I a.C., aborda práticas como Astrologia, Alquimia, as propriedades secretas das plantas e pedras preciosas (que se desenvolveriam depois no sistema de correspondências ocultas), Magia, Medicina e a confecção de talismãs. A segunda, chamada do tipo "culta", que data dos séculos II e III d.C., é

12. *Ib.*, 12.

composta de vários livros sobre filosofia religiosa. Os mais importantes desses livros são o *Corpus Hermeticum* e o *Asclépio*. Esses livros, bem como *A Tábua de Esmeralda* e *Divino Pimandro*, descrevem a criação do Universo, os princípios cósmicos, a alma e a natureza da humanidade e de outros seres espirituais, o desejo do homem de conhecer Deus e o meio de se alcançar o renascimento espiritual. Os dois tipos de hermetismo, porém, o "popular" e o "culto" (ou mágico e filosófico), têm a mesma raiz filosófica, e essas classificações entre as duas são apenas uma distinção moderna, inventada por causa das sensibilidades às vezes delicadas dos estudiosos modernos. Tal distinção não teria o menor sentido na Antiguidade, como não tem, de fato, para os magos modernos.

Há também outros textos atribuídos ao *Hermetica*, incluindo alguns encontrados na Biblioteca Gnóstica descoberta em Nag Hammadi em 1945, e muitos dos papiros mágicos greco-egípcios que datam dos séculos II a V d.C. As partes astrológicas, mágicas e alquímicas das obras herméticas formavam a base do que posteriormente seria conhecido como Magia cerimonial ocidental. Listas de correspondências ocultas, invocações de divindades e rituais para invocar espíritos eram todos encontrados no *Hermetica*. Os livros mais filosóficos ("cultos") chegam até a oferecer uma posição racional para a realização de experimentos em Magia ritual. A maior Magia prática contida nesses textos, porém, tinha a ver com o aperfeiçoamento da humanidade — o reconhecimento da centelha divina na alma humana e o meio pelo qual essa centelha podia retornar ao divino.

Originárias do Egito sob a forma de um corpo de conhecimento advindo de uma única fonte respeitada (Hermes Trismegisto), essas duas correntes de literatura hermética, assim como suas culturas primas do Egito e da Grécia, surgiram juntas.

## Cristianismo e Hermetismo

No século V d.C., uma ramificação do Cristianismo já havia consolidado seu poder. O motivo pelo qual a Igreja não tentou erradicar a literatura hermética, como fizera com outros livros pagãos, era que muitas das ideias adotadas em seus livros eram semelhantes aos princípios cristãos. Estudiosos bizantinos preservaram muitos livros de *Hermetica*, na Idade Média. Pensando que os livros herméticos eram muito mais antigos do que de fato eram, autoridades cristãs julgavam serem eles a obra de um antigo pagão iluminado, que previra a vinda das "verdades" cristãs. Se a Igreja soubesse que os livros haviam sido escritos por um pensador pagão helenista não tão antigo, influenciado por ideias gnósticas e neoplatônicas, ela com certeza teria taxado os textos de heréticos e os teria atirado na fogueira.

Muitos pagãos, por sua livre vontade ou não, estavam se tornando cristãos. Quando um hermetista se convertia ao Cristianismo, a transferência de aliança de uma teologia pagã para uma cristã não era fácil. Certamente, ele manteria boa parte de seu já enraizado modo de pensar, sentir e interagir com o divino. Embora os hermetistas fossem, com certeza, apenas uma pequena minoria dentro da grande comunidade cristã, sem dúvida eles devem ter influenciado seus colegas. E é evidente que se apegavam àqueles aspectos do pensamento cristão que mais condiziam com os princípios herméticos. Os professores herméticos tinham paixão pelas questões espirituais e, com toda a certeza, deviam se dedicar com o mesmo fervor à sua nova religião. Tais indivíduos provavelmente seriam líderes espirituais nos mosteiros cristãos do Egito no século IV, além de figuras de destaque nas discussões de teologia em Alexandria.

Segundo Walter Scott, em sua introdução a *Hermetica*:

> Não se pode supor que a Igreja cristã tenha assumido este ou aquele dogma teológico já pronto dos hermetistas ou de quaisquer outros pagãos. Entretanto, ela adquiriu deles muita coisa; por um lado, os próprios homens... Alguns talvez tenham resistido, sem abrir mão do Paganismo... Mas a maioria deve ter se convertido ao Cristianismo. E o que isso significava? Em alguns sentidos, a mudança não seria grande. O hermetista, ao se tornar cristão, não teria muito que desaprender. Se tentássemos resumir o ensinamento hermetista em uma frase, creio que nenhuma serviria melhor a esse propósito que esta: "Bem-aventurados os puros de coração, pois verão a Deus." Pelo menos nesse aspecto, o hermetista nada teria a aprender com o catequista cristão. Ele já estava acostumado a buscar união com Deus...[13]

## Hermes Trismegisto na Renascença

Quando o Cristianismo se tornou a força política dominante, as filosofias rivais, incluindo o Hermetismo, foram esmagadas. De vez

13. Scott, Walter. *Hermetica: The Ancient Greek and Latin Writings Which Contain Religious or Philosophic Teachings Ascribed to Hermes Trismegistus* (Melksham, Wiltshire, Great Britain: Solo Press, 1993), 44.

em quando, diferentes seitas gnósticas apareciam por algum tempo, e a literatura hermética continuou sendo aceita, pelo menos até certo ponto, pela hierarquia religiosa institucional. Os primeiros pais da Igreja chegaram até a sancionar os livros inspiradores de Hermes. Assim, quando o clima social da Idade das Trevas cedeu lugar à Renascença, as obras de Hermes já se encontravam em uma boa posição e eram acessíveis aos estudiosos religiosos ou humanistas que ansiavam por um retorno à sabedoria do mundo antigo. Além do renovado interesse pela Antiguidade, o célebre nome de Hermes Trismegisto ganhou nova reverência.

Para o filósofo-mago renascentista, Hermes Trismegisto fora um indivíduo real que, assim como Zoroastro e Moisés, devia ser considerado um dos grandes professores — o *prisci theologi* que antecipara os ensinamentos de Cristo.

Em 1460, um monge levou um manuscrito do *Corpus Hermeticum* a Cosimo de Médici, um dos mais poderosos e influentes nobres do norte da Itália — para não dizermos um ávido filósofo. Três anos depois, De Médici encomendou a tradução do livro a Marsílio Ficino, também filósofo, estudioso e mago. As obras de Hermes Trismegisto foram consideradas tão importantes que Ficino teve de suspender a tradução de obras inteiras de Platão até terminar a do *Corpus Hermeticum*.

Como resultado desse erro fortuito na datação dos textos, somado a uma interpretação nova e positiva da Magia natural elaborada por Ficino, o tema da Magia, antes relegado à escuridão subterrânea pela Igreja, conquistou novamente a luz do dia como tema cultural para uma discussão estudiosa, filosófica.

O elemento final e talvez mais importante da Tradição Hermética foi acrescido por Pico della Mirandola (1463-1494), um humanista e estudante da Academia Platônica de Ficino em Florença. Mirandola foi o primeiro proeminente estudioso cristão a adotar a Cabala judaica, colocando-a à frente da Tradição Hermética, mudando-a para sempre. O trabalho de Mirandola e daqueles que o seguiram transformou o antigo Hermetismo no moderno Hermeticismo pelo mesmo processo sincrético que produzira seu ancestral. Desde o fim do século XV, a Tradição Hermética — o moderno Hermeticismo — inclui os ensinamentos do antigo Hermetismo, da Alquimia, da Astrologia, do Cristianismo, do Neoclassicismo, da Magia natural dos estudiosos renascentistas, da Filosofia oculta e da Cabala. No âmago dessa tradição, encontra-se a tentativa de unir diferentes tradições ocidentais, em um esforço para descobrir a matriz única somando todas elas. A visão de mundo adotada pelos hermeticistas da Renascença era, em essência, mágica e passou a ser considerada uma tradição esotérica (oculta, ou visando a um grupo restrito e pequeno), oposta à ordem exotérica (externa) das massas.

## Adições posteriores ao Hermeticismo

Durante dois séculos, a alta reputação de Hermes Trismegisto como um dos *prisci theologi* permaneceu imaculada. Entretanto, em 1614, um estudioso chamado Isaac Casaubon confirmou que o autor de *Hermetica* vivera na era pós-cristã, e não durante o passado remoto do antigo Egito. Mas a explicação de Casaubon foi ignorada, pois vários pensadores místicos do século XVII, como Robert Fludd* e Athanasius Kircher, continuavam venerando o Três Vezes Grande. O século XVII foi praticamente uma idade de ouro hermética.

Essa idade de ouro trouxe um novo elemento à Tradição Hermética — a Rosacruz, um caminho esotérico que enfatizava a Alquimia, a Cabala, o Misticismo cristão, a Teosofia cristã (a interpretação multifacetada das Escrituras) e a transformação espiritual por meio da consciência do Cristo. No século XVIII, elementos da Franco-Maçonaria, em particular a estrutura ritual maçônica, foram inseridos no caminho hermético.

A revivificação oculta do século XIX, encabeçada por homens como Eliphas Levi,** produziu um interesse cada vez maior pela Tradição Hermética. Quando a Ordem Hermética da Golden Dawn foi fundada em 1888, o nome de Hermes foi mais uma vez invocado para descrever um sistema de ocultismo ocidental que combinava as muitas linhas da Tradição Hermética em um corpo unificado de ensinamentos de cunho prático e filosófico, cujo intuito era melhorar a saúde espiritual da humanidade. Consequentemente, o Hermeticismo começou a desfrutar de uma segunda renascença, séculos depois da primeira. A Tradição Esotérica Ocidental — a Magia e o Misticismo do Ocidente — estava chegando à maturidade.

---

* N.E.: Sugerimos a leitura de *Robert Fludd*, coletânea de William Huffman, Madras Editora.
** N.E.: Ver também: *Dogma* e *Ritual de Alta Magia* e *As Chaves do Grande Mistério*, de Eliphas Levi, Madras Editora.

## Princípios herméticos da Golden Dawn

Nascido de uma mistura das mais variadas crenças espirituais, filosofias, culturas e práticas, o Hermeticismo desafia quase todas as tentativas de inseri-lo em um sistema estrito de doutrinas e dogmas. Ele não pode ser descrito como um específico sistema espiritual ou escola de pensamento. Como tradição viva de princípios filosóficos e prática de Magia, a Tradição Esotérica Ocidental é como um antigo rio de sabedoria cujas águas continuam a nutrir grandes extensões de terra ao mesmo tempo em que se ramifica em vários afluentes. Esse grande rio de pensamento espiritual tem alimentado continuamente vários riachos menores, dos quais a Golden Dawn é uma forma.

A essência do Hermeticismo adotado pela Golden Dawn é regida pelos seguintes princípios:

- Seu interesse primário é pelas tradições espirituais da civilização ocidental. Isso inclui as religiões de mistérios do antigo Egito, as greco-egípcias e as romanas, o Neopaganismo, o Neoplatonismo, a Teurgia de Jâmblico, a Cabala, o Gnosticismo, a Rosacruz e o Cristianismo místico.
- Sustenta uma crença tanto no Macrocosmo como no Microcosmo — uma crença em um Criador e na Criação — e tenta compreender ambos.
- É essencialmente monoteísta, embora conceba uma Unidade Divina ou Divindade última, que se emana por meio de uma miríade de formas, aspectos, características e manifestações. Em outras palavras, o Deus transcendente, que é a inefável Fonte de Tudo, apresenta-se à humanidade nas formas de vários deuses e deusas para a nossa melhor compreensão e desenvolvimento. Assim, embora o sistema possa parecer externamente politeísta, todas as divindades são consideradas diferentes faces e ricas expressões da Unidade Divina última. Apesar de o Cosmo parecer diverso, em seu nível mais fundamental, Tudo é Um.
- Afirma que a Divindade Última é ao mesmo tempo imanente (presente em tudo) e transcendente (além de tudo), e que o Universo é divino. Ensina tolerância com todos os caminhos espirituais.
- Afirma que a humanidade está em um "estado caído", por exemplo, nós nos separamos do divino (pela involução) e

procuramos o "Caminho do Retorno" para a unidade com o divino (pela evolução). O Caminho do Retorno requer aspiração e disciplina. Não pode ser alcançado sem muito esforço e dedicação. E, apesar de muitos textos antigos e sagrados conterem valiosas, profundas e preciosas chaves que oferecem orientação no Caminho do Retorno, nenhum deles é considerado infalível ou livre de erros. Embora os professores espirituais possam dar orientação, cada aspirante individual deve trilhar sozinho o caminho de volta até o divino.

- Ensina que, como parte da disciplina necessária para retornar ao divino, os seres humanos precisam aprender a compreender os reinos invisíveis que se escondem por trás do Universo manifesto. Para esse fim, adota as práticas de espiritualidade esotérica, o Misticismo e as artes mágicas. Munido com o conhecimento obtido das práticas esotéricas, a maior aspiração do hermeticista é alcançar a união com o divino, frequentemente chamada de a meta da Grande Obra.

Pode-se dizer que a figura de Hermes tem estado presente nas três grandes revoluções da história religiosa do Ocidente — por volta da época do nascimento de Cristo, durante a Renascença e a Reforma, e no fim do século passado (até o presente). Entretanto, Hermes Trismegisto não é mais visto como o arauto de uma ou outra fé específica. A Tradição Hermética de hoje exalta, acima de tudo, a ideia gnóstica de que a revelação pessoal direta e a experiência são essenciais para o crescimento espiritual.

A principal contribuição de Hermes Três Vezes Grande foi ensinar aos seres humanos a respeito de nossa natureza espiritual e nosso lugar dentro do Universo divino. Nossa verdadeira missão é perceber que cada um de nós é uma porção do espírito divino que habita nosso corpo físico. Nós somos os veículos por meio dos quais a divindade experimenta o mundo criado da matéria. Devemos nos tornar mais que humanos, permitir ao espírito divino em nós ver e experimentar o mundo físico da melhor maneira possível, sendo verdadeiros com nossa natureza divina interior sem culpa, sem perversão ou obsessão e sem prejudicar os outros. E, acima de tudo, precisamos tentar ativamente retornar ao divino. Essa é a meta da Grande Obra: é a "busca pela Quintessência, a Pedra Filosofal. Verdadeira Sabedoria. Perfeita Felicidade, o *Summum Bonum*."[14]

---

14. Ver: Regardie Israel. *The Golden Dawn*, Llewellyn Publications, 2002.

Capítulo 2

# Uma Breve História da Golden Dawn

Ninguém pode afirmar que conhece o sistema da Golden Dawn sem ter a devida compreensão da rica história da Ordem. Informações errôneas a respeito da Golden Dawn existem em abundância. Se considerarmos o estudo desse sistema como algo equivalente a um diploma universitário em Magia, então é de vital importância termos uma noção clara das pessoas e dos eventos que a formaram.

A história da Golden Dawn, assim como de qualquer valoroso empreendimento humano, é repleta de altos e baixos — com conquistas e falhas humanas. Não precisamos encobrir ou disfarçar as faltas de algumas pessoas que contribuíram para a vívida história da Ordem. Se o fizéssemos, seria em detrimento da verdade. Tampouco devemos colocar as pessoas em altos pedestais e venerá-las como se fossem gurus infalíveis. Não são, e não foram. Se apresentássemos os criadores da Golden Dawn de uma maneira exageradamente rebuscada, estaríamos prestando a eles e aos estudantes da atualidade um grave desserviço. Precisamos aprender com seu sucesso, bem como com seus erros. Como se afirma em um de seus rituais: "Só o bem é poderoso, e só a verdade prevalecerá".[15] Como magos e buscadores espirituais, nós não precisamos temer a verdade como ela é.

15. Da Cerimônia do Portal. Ver: Regardie, *The Golden Dawn*, Llewellyn Publications, 2002.

O valor de estudar a vida e a época dos fundadores da Golden Dawn e de seus membros originais está em sua humanidade, na aspiração que esses indivíduos tinham, procurando respostas às perguntas espirituais, suas inovações mágicas, e em seu puro gênio criativo. Os arquitetos do sistema da Golden Dawn não eram semideuses, mas, sim, indivíduos talentosos, inteligentes e criativos que se uniram para elaborar um sistema único de ensinamentos mágicos e ritos iniciatórios, cujo valor foi se comprovando com o passar do tempo e cuja influência é sentida por qualquer pessoa que estude a Tradição Esotérica Ocidental.

Apesar das faltas de alguns de seus membros fundadores, as realizações da Golden Dawn têm beneficiado muitas pessoas, o que podemos comprovar ao ver como grande parte de seu sistema é utilizado por outros grupos de Magia. Ensinamentos e rituais criados originalmente pela Golden Dawn são hoje temas-padrão em muitas organizações esotéricas. Isso ocorre porque os ensinamentos são válidos e úteis. E para aqueles cujo primeiro amor é a tradição da Golden Dawn, não há dúvida quanto ao seu valor. Quando os magos que seguem a Golden Dawn compreendem de fato a história da Ordem, eles são menos propensos a cair na armadilha do egotismo, do culto ao herói, dos conflitos acerca de linhagem e de táticas cultistas de controle e manipulação — os açoites das Ordens esotéricas e das religiões. Eles se tornam, isso sim, mais inclinados a se concentrar no que é realmente importante na Ordem: crescimento espiritual, a busca pela Luz, a Grande Obra.

Desde o princípio, a Golden Dawn nunca se viu como uma organização para grandes números de pessoas. Como sociedade secreta, todos os aspectos da Ordem, desde seus ensinamentos e cerimônias até a identidade de seus membros, deviam permanecer ocultos, não sendo revelados a quem não fosse iniciado. O propósito da Ordem, em termos simples, era fornecer a um número seleto de candidatos os ensinamentos da Tradição Esotérica Ocidental, oferecer-lhes um curso completo de treinamento mágico nas artes teúrgicas e equipá-los com as ferramentas necessárias para o crescimento espiritual e a iluminação. Nesse sentido, a Golden Dawn não era única — existiam outros grupos defendendo as mesmas metas, tanto naquela época quanto agora. Em comparação com grupos posteriores, como, por exemplo, o *Paul Foster Case's Builders of the Adytum* (B.O.T.A.),[16] a afiliação à Golden Dawn original era pequena. Nenhum outro grupo, porém, antes ou agora, teve tamanho impacto em quase todas as facetas do Ocultismo ocidental e da prática de Magia. Contudo, esse impacto não seria sentido, e a moderna renascença da Magia Hermética não teria ocorrido como ocorreu, se os rituais e o currículo da Golden Dawn não fossem disponibilizados para um público maior por meio da publicação de Israel Regardie da obra *The Golden Dawn*.[17]

Além disso, a publicação dos documentos administrativos, dos decretos, dos regulamentos e de cartas relacionadas à Ordem e escritas por proeminentes historiadores da Golden Dawn, como Ellic Howe (*The Magicians of the Golden Dawn*) e R. A. Gilbert (*The Golden Dawn: Twilight of the Magicians*, *The Golden Dawn Companion* e *The Golden Dawn Scrapbook*), ajudou a compreender as personalidades, os pensamentos, os motivos, os conflitos e as aspirações dos membros fundadores da Ordem original. Tendo um acesso irrestrito a coleções particulares, esses autores nos proporcionaram um rico conhecimento a respeito daqueles homens e mulheres que estabeleceram a Golden Dawn como a principal fraternidade de Magia do Ocidente.

## Os anos anteriores à Golden Dawn

A estrutura política e intelectual da Igreja Católica, invencível na Idade Média, não conseguiu resistir aos golpes desferidos contra ela pela Renascença e pela Reforma Protestante. A era do Iluminismo, um movimento intelectual ocorrido no fim do século XVII e no século XVIII na Europa, foi uma reação contra a insanidade religiosa dos séculos anteriores. Suas raízes remontam ao humanismo da Renascença, que promovia o interesse acadêmico por textos e valores clássicos. O pensamento iluminista se resumia na celebração da razão, a faculdade pela qual os seres humanos avançam sua própria existência e compreendem o Cosmos. Conhecimento, liberdade e felicidade eram considerados os objetivos de um ser humano racional ou pensante.

16. B.O.T.A., 5105 North Figueroa Street, Los Angeles, CA 90042, B.O.T.A. tem também um site na internet: www.bota.org

17. Com a publicação desse livro, boa parte do currículo da Golden Dawn, de Neófito a Zelator Adeptus Minor, tornou-se acessível para um vasto público de buscadores espirituais.

No fim, até a própria religião se tornou alvo do escrutínio da razão na Inglaterra e na França. O resultado foi o Deísmo, uma religião racional, porém não institucional, com muito poucas premissas, as quais, acreditava-se, eram manifestas a todos os seres racionais: em especial, a existência de um Deus, frequentemente visto como o Arquiteto do Universo, que não se interessa pelo mundo, não assume controle algum da vida dos seres humanos e não exerce influência sobre os fenômenos naturais.

O Iluminismo afetou a religião também em outros aspectos. Por exemplo, o literalismo bíblico, a base do Cristianismo fundamentalista, desenvolveu-se como resultado da chamada Idade da Razão, em que a sabedoria simbólica e alegórica da Bíblia foi descartada, à medida que a ideia da "Bíblia como fato histórico" se sobrepôs à ideia da "Bíblia como livro-texto sobrenatural de ensinamentos dos Mistérios."[18]

Ironicamente, o racionalismo extremo do século XVIII foi rebatido por um interesse renovado pela Franco-Maçonaria, por Misticismo e pelo sociedades secretas. Houve também numerosas tentativas de recriar uma versão viável dos ritos iniciáticos das antigas religiões de mistérios. Entre estas, surgiram as Ordens inspiradas na Cabala, tais como o Rito dos Eleitos Cohens, de Martinez de Pasqually, de origem francesa, instituída em 1754; a Ordem Martinista de Louis Claude de St. Martin (1743-1803); e as Ordens quase maçônicas, como o Rito Egípcio da Franco-Maçonaria, criado pelo conde Allesandro Cagliostro (1743-1795).

Por fim, o Iluminismo se tornou vítima dos próprios excessos frios e distantes, embora seu otimismo pelo progresso geral da raça humana tenha sobrevivido. A reação contra a "razão cega" veio na forma do Romantismo, um movimento cultural do fim do século XVIII. O Romantismo era caracterizado pela ênfase na expressão individual, de emoção e imaginação, e por um renovado interesse na natureza, no pessoal, no espontâneo, no visionário e no transcendental. A Magia, as religiões antigas e os temas metafísicos estavam mais uma vez atraindo atenção.

---

18. Ver o livro de David Dungan, *A History of the Synoptic Problem: The Canon, the Text, the Composition, and the Interpretation of the Gospels* (New York: Doubleday, 1999), 284-286.

O momento era propício para visionários como Emmanuel Swedenborg* (1688-1772), um cientista, filósofo e místico cristão sueco, que afirmava ser capaz de acessar planos superiores de existência e se comunicar com espíritos e anjos. Ele também alegava ter contato com os espíritos dos mortos, incluindo santos, reis, poetas, papas e personalidades bíblicas. Swedenborg dedicou muito tempo e energia à interpretação da Bíblia e a descrever o que tinha visto e experienciado nos reinos espirituais.

Novos métodos de cura também estavam sendo testados. O médico alemão Anton Mesmer (1734-1815) desenvolveu a teoria do magnetismo animal, segundo a qual um "fluido" sutil, universal, existe em todos os corpos. Esse fluido invisível agia de acordo com as leis do magnetismo e podia ser manipulado com o uso de objetos magnetizados para curar doenças. O sistema terapêutico de Mesmer, chamado mesmerismo, foi o precursor da prática moderna do hipnotismo.

Em meados dos anos de 1800, a Europa vivia um crescente interesse pelo Ocultismo, em geral, e pela Tradição Hermética, de modo mais específico. Esse interesse era notório na Inglaterra e mais ainda na França. O movimento era encabeçado por indivíduos como o ex-clérigo católico e prolífico autor Alphonse Louis Constant, mais conhecido como Eliphas Levi (1810-1875). Levi foi um astuto cabalista que tinha conhecimentos das ciências ocultas. Em 1854, ele escreveu *Dogma e Ritual de Alta Magia*, que se tornaria a pedra angular da Tradição Mágica Ocidental. Ele foi o primeiro a apontar para uma correlação entre as 22 cartas dos Arcanos Maiores do Tarô e as 22 letras do alfabeto hebraico[19] — uma teoria que se tornaria parte importante dos ensinamentos da Golden Dawn.[20] Os escritos de Levi sobre a Cabala, a criação de talismãs e a ideia da Luz Astral foram amplamente adotados pelos fundadores da Golden Dawn.

---

* N.E.: Sugerimos a leitura de *Cagliostro — O Grande Mestre da Magia*, do dr. Marc Haven, e *Emmanuel Swedenborg*, coletânea de Michael Stanley, Madras Editora.

19. As correspondências do sistema de Tarô de Levi foram seguidas por Paul Christian, Gerard Encausse ("Papus") e Oswald Wirth.

20. Diz-se que, em 1861, Levi se encontrou com um inglês chamado Kenneth McKenzie, membro da Societas Rosicruciana in Anglia (S.R.I.A.). McKenzie teve um papel fundamental na criação dos Manuscritos Cifrados da Golden Dawn, que se basearam no Tarô e em outros ensinamentos esotéricos.

Outro indivíduo que teve uma influência significativa sobre a revivificação oculta do século XIX foi Frederick Hockley (1808-1885), um espiritualista, maçom e rosa-cruz que realizou e registrou, em um período de seis anos, de experimentos com comunicação com espíritos e clarividência, usando os métodos da bola de cristal e espelhos mágicos. O "vidente rosa-cruz" transcreveu muitas obras não publicadas de Cabala, Alquimia e Magia. Suas experiências com a prática de *skrying* foram todas registradas com detalhes em um diário que ocupou cerca de 30 volumes. Os companheiros de Hockley, na Sociedade Rosacruz na Inglaterra,[21] principalmente os membros com uma mentalidade mais ocultista, deviam, com certeza, ter acesso à sua obra.

Foi uma época de descobertas, com a Inglaterra explorando cada vez mais os distantes recônditos do mundo. Havia muita curiosidade em torno das tradições arcaicas dos celtas e do Misticismo do Extremo Oriente. Havia também muito interesse no antigo Egito, instigado em grande parte por *sir* E. A. Wallis Budge, curador do Departamento de Antiguidades Egípcias e Assírias do Museu Britânico. Em 1883, Budge começou a trabalhar para o museu e, durante toda aquela década, ele adquiriu para a instituição numerosos manuscritos valiosos, tabuinhas cuneiformes e papiros egípcios, incluindo uma versão incrivelmente bem preservada do *Livro dos Mortos*.[22]

A maioria dos estudos do oculto na época era de cunho teórico. Mas havia uma inegável mudança no ar em relação às crenças espirituais. Muitas pessoas estavam insatisfeitas com o *status quo* das religiões ortodoxas. Tinham fome de algo novo e estimulante. O movimento espiritualista evoluiu para saciar essa fome.

O Espiritualismo foi estabelecido como forma alternativa de crença religiosa na América no fim dos anos de 1840. Foi fundado, em 1848, pelas irmãs Fox (Margaretta, Leah e Kate), filhas de um fazendeiro metodista. A família vivia perturbada com batidas e ruídos fortes inexplicáveis à noite. Uma das irmãs, por fim, começou

---

21. Societas Rosicruciana in Anglia.
22. Muitas das descobertas importantes do antigo Egito foram surrupiadas, para desespero dos egípcios. Há um relato interessante das explorações de Budge no livro de Leo Deuel, *Testaments of Time: The Search for Lost Manuscripts and Records* (New York: Alfred A. Knopf, 1965), 114-131.

a se comunicar com o fantasma barulhento por meio de um código simples e soube da morte prematura da aparição. Pouco depois disso, as irmãs Fox começaram a fazer demonstrações públicas de sua habilidade para conversar com os espíritos.

O próprio Espiritualismo havia sido influenciado pelas experiências anteriores de Emmanuel Swedenborg, que também alegava ser capaz de se comunicar com os mortos. Além disso, sofreu a influência do trabalho de Anton Mesmer e seus seguidores, que descobriram a condição conhecida como transe hipnótico ou estado sonambúlico, semelhante ao estado de transe dos médiuns espiritualistas.

O foco do Espiritualismo era a comunicação com os mortos. Uma pessoa falecida, que precisa antes comprovar sua identidade fornecendo informações de sua vida, supostamente falava por meio de um médium para trazer notícias aos vivos. Às vezes, isso era acompanhado por certas manifestações físicas, como batidas na mesa, levitação, psicometria,[23] movimentos de objetos em volta do médium, escrita espiritual e a materialização do espírito do morto.

O Espiritualismo causou grande furor e atraiu muitos seguidores logo que surgiu porque oferecia uma experiência direta e pessoal com o espiritual. Em 1860, o Espiritualismo estava bem estabelecido na Grã-Bretanha. Em 1875, havia milhões de pessoas que afirmavam estar envolvidas no movimento espiritual.[24] Era algo dinâmico e excitante, principalmente quando comparado com as rotinas mais comedidas das Igrejas ortodoxas. As limitações do Espiritualismo, porém, eram muitas. Ele parecia oferecer contato apenas com os níveis mais baixos no mundo espiritual — as carcaças e os espíritos dos mortos. (Os magos têm um ditado acerca do Espiritualismo — "Só porque uma pessoa morreu, não significa que se tornou mais sábia.") O Espiritualismo não tinha sofisticação intelectual nem uma tradição que o sustentasse. Havia também um perigo de excessiva sugestionabilidade do médium e da completa negação de sua vontade durante o estado de transe. Além disso, havia um número assustador de médiuns que eram fraudes.

23. A habilidade para descobrir informações a respeito das pessoas ou eventos associados a um objeto por meio do toque.

24. Blavatsky, H.P. compilado por Lina Psaltis, *Dynamics of the Psychic World* (Wheaton, Ill.: Theosophical Publishing House, 1967), 32.

Nas décadas de 1860 e 1870, aumentou o interesse pela Franco-Maçonaria, uma fraternidade mundial de homens, supostamente fundada na época da construção do Templo do Rei Salomão.[25] A Maçonaria ensinava a moralidade básica e o desenvolvimento com base em princípios por meio de símbolos. Para ser admitido na fraternidade, o indivíduo devia acreditar em Deus como Arquiteto Divino do Cosmos. A iniciação aos vários graus da Maçonaria envolvia um sistema elaborado de Rituais simbólicos. Os Ritos maçônicos incluíam senhas secretas, sinais, batidas e apertos de mão (tudo, por sua vez, exercendo uma influência direta na estrutura das cerimônias de iniciação da Golden Dawn).[26] Por causa do influxo de homens que queriam se tornar maçons, muitas novas Lojas foram formadas nas últimas décadas do século XIX.

Em 1875, uma organização conhecida como Sociedade Teosófica foi fundada na cidade de Nova York por um grupo de espiritualistas, cabalistas, maçons e rosa-cruzes, e liderada por Madame Helena Petrovna Blavatsky e o coronel Henry Olcott. Nascida na Rússia, Blavatsky (HPB) era descrita como uma personalidade extravagante, audaz e atraente, e uma das figuras mais influentes da revivificação do Ocultismo no século XIX.

*Teosofia* significa "sabedoria divina" — de *theos*, "deus", e *sophia*, "sabedoria". O objetivo da Sociedade Teosófica era estabelecer a ideia de uma irmandade universal da humanidade, "um conceito enraizado no fato natural de que, desde o átomo até uma estrela, de homem a anjo, todos são de origem divina."[27] A sociedade ressaltava a existência de uma doutrina secreta ou um ensinamento esotérico que, desde incontáveis eras, era do conhecimento de certos adeptos enlevados, que habitavam planos superiores de existência. Blavatsky alegava ter uma comunicação direta com os professores espirituais incorpóreos.

25. Embora a tradição maçônica afirme que a fraternidade é antiga, há pouca evidência substancial de sua existência antes de 1717 d.C. Hamill, John. *The History of English Freemasonry* (England: Lewis Masonic Books, 1994), 44-45.
26. Até a frase "So mote it be" (inglês arcaico para "assim seja") entrou para o vocabulário da Golden Dawn, oriunda da Franco-Maçonaria.
27. Blavatsky, 33.

Muitas pessoas cultas, na América e na Grã-Bretanha, receberam de braços abertos a Teosofia porque ela proporcionava uma alternativa estimulante e vital à religião vitoriana sufocante das massas. Além disso, ela oferecia uma alternativa à ciência material, que se ocupava em destruir todas as ideias espirituais e sobrenaturais do Universo. A Teosofia satisfazia o intelecto das pessoas que estavam em busca de uma nova espécie de espiritualidade. Em vez de parentes mortos, os teosofistas procuravam o conselho de Mestres iluminados — seres espirituais superiores. A Teosofia também tinha a intrigante alegação de representar uma tradição secreta arcaica. Seu objetivo era trazer o conhecimento esotérico dos antigos para o mundo moderno e promover o estudo de religiões comparadas, das leis da natureza e das faculdades espirituais da humanidade. Além de defender a ideia do amor fraterno, os teosofistas popularizaram a noção de um ensinamento esotérico de sabedoria que era comum a toda a humanidade e em todas as eras.

É interessante observar que não havia um único representante da Tradição Mística Oriental entre os fundadores da Sociedade Teosófica. Nesse estágio inicial, Madame Blavatsky identificava seus contatos interiores ou Chefes Secretos como mestres não físicos de uma ordem egípcia que seguia o trabalho de Zoroastro e Salomão. Em outras palavras, a Sociedade Teosófica foi fundada como uma sociedade esotérica ocidental. Os Mestres Ocidentais de Blavatsky chamavam-se Serapis Bey, Polydorus Isurenus e John King.

Anos mais tardes, Blavatsky e Olcott se converteram ao Budismo. A Sociedade Teosófica, então, adquiriu uma orientação oriental. Blavatsky trocou seus Chefes Secretos ocidentais por três Mestres orientais: Koot Hoomi, Morya e Djwahl Khul. Se HPB e Olcott não tivessem se tornado budistas e mudado o enfoque da Sociedade Teosófica, talvez a Golden Dawn nunca tivesse se desenvolvido. Mas, como a Teosofia agora recorria à sabedoria espiritual do Oriente, ainda havia a necessidade de uma organização que enfatizasse a Tradição Esotérica Ocidental.[28]

28. Ciente da existência da Golden Dawn, em 1889, Blavatsky criou um novo órgão, a Seção Esotérica da Sociedade Teosófica, em uma tentativa de deter a migração de ocultistas práticos da Sociedade Teosófica para a Golden Dawn e para impedir uma cisão total entre os proponentes da espiritualidade oriental e da ocidental.

Outra figura importante que influenciou a criação da Golden Dawn foi Anna Kingsford. Com seu parceiro espiritual, Edward Maitland, a sra. Kingsford reviveu as ideias de um Cristianismo esotérico. Tanto Kingsford quanto Maitland eram místicos dos quais se dizia que tinham frequentes visões espirituais. Eles chamavam seu trabalho de Panteísmo Cristão, o qual explorava a Bíblia em termos de simbolismo esotérico, Cabala, e as mitologias egípcia e greco-romana. A doutrina de ambos possuía semelhanças com algumas ideias neoplatônicas, gnósticas e alquímicas.

No início da década de 1880, Kingsford e Maitland formaram a Sociedade Hermética, com o propósito expresso de promover a filosofia esotérica ocidental. A Sociedade Hermética atraiu pessoas como Samuel Liddell Mathers e o dr. W. Wynn Westcott, que davam palestras aos membros da sociedade. Não há dúvida de que Anna Kingsford impressionou Mathers e Westcott com a ideia de que homens e mulheres deveriam trabalhar juntos na busca espiritual, assim como fazia a Sociedade Teosófica. Segundo R. A. Gilbert, esses dois proeminentes membros da Sociedade Hermética:

> ... seguiram o caminho ocidental da Sociedade enquanto ainda mantinham os traços de sua origem, a Sociedade Teosófica, que consideravam de valor. Na condição de maçons, eles reconheciam o valor da forma da obrigação imposta aos membros de não revelar determinados ensinamentos e de prometer "jamais divulgar certos sinais e senhas usados pelos membros da Sociedade para reconhecimento mútuo". Como rosa-cruzes, eles reconheciam o valor dos mestres ocultos sobre-humanos, cuja existência — real ou imaginária — poderia ser extremamente útil para os líderes de uma Ordem, fossem eles chamados de Mahatmas ou de Chefes Secretos. E, como homens, reconheciam que estava na hora de se plantar algo mais esplêndido que a Teosofia. A Golden Dawn estava prestes a nascer.[29]

29. R. A. Gilbert, *The Golden Dawn: Twilight of the Magicians* (Great Britain, The Aquarian Press, 1983), 23.

*Eliphas Levi*

*Madame Blavatsky*

*dr. W. Wynn Westcott*

*Anna Kingsford*

## Os fundadores da Golden Dawn

Em 1888, três cabalistas, maçons e rosa-cruzes fundaram a Ordem Esotérica da Golden Dawn para dar prosseguimento ao trabalho que fora abandonado pela Sociedade Teosófica. Os criadores da Golden Dawn pretendiam que a Ordem servisse como guardiã da Tradição Esotérica Ocidental, mantendo intacto o seu conhecimento e, ao mesmo tempo, preparando e ensinando àqueles indivíduos chamados para o caminho iniciático dos mistérios.

O fundador primário da Golden Dawn foi o dr. William Wynn Westcott. Médico legista londrino, interessado em Ocultismo, Westcott foi Mestre Maçom e secretário-geral da Societas Rosicruciana in Anglia ou Sociedade Rosacruz na Inglaterra (também chamada de S.R.I.A. ou Soc. Ros.). Westcott tinha interesse por muitas variedades de Maçonaria que prosperavam fora da arte convencional. Ele tinha uma participação ativa em muitas ordens esotéricas que proliferavam na Grã-Bretanha naquela época. Entretanto, muitos desses grupos eram sociedades de estudo teórico que não se interessavam pelo trabalho com Magia. Westcott queria algo mais — um grupo que não só estudasse e pesquisasse o conhecimento esotérico do Ocidente, mas que também colocasse esse conhecimento no uso prático da Magia.

De acordo com todos os registros, Westcott era um homem gentil, amistoso. Em sua esfera de influência, ele era benquisto e amplamente respeitado. Nos círculos esotéricos, Westcott era estimado por seus conhecimentos em Cabala, Alquimia e filosofia hermética. Ele publicou um volume impressionante de trabalho, tanto em Medicina quanto na área hermética. Muitos textos esotéricos famosos foram traduzidos por esse ocultista incansável, incluindo o famoso texto cabalístico *Sepher Yetzirah* (1887) e o tratado de Eliphas Levi sobre o Tarô, *The Magical Ritual of the Sanctum Regnum* (1896). Westcott editou uma série de textos herméticos e gnósticos e os publicou como volumes separados em sua *Coletânea Hermética.*[30] Também imprimiu uma série de documentos para a S.R.I.A., incluindo *Números: seu poder oculto e virtude mística; Uma introdução ao estudo da Cabala; e Os rosa-cruzes: passado e presente, em casa e no exterior.*

30. Publicada no Brasil pela Madras Editora, a *Coletânea Hermética* foi usada para suplementar os ensinamentos da Golden Dawn.

Em 1888, Westcott, auxiliado por Samuel Liddell Mathers e pelo dr. William Robert Woodman, fundou a Ordem Esotérica da Golden Dawn. A Ordem, porém, foi certamente ideia da genialidade de Westcott. Segundo Ellic Howe: "Embora Westcott afirmasse que eles eram "coiguais"... foi ele quem dirigiu a G. D. em seus anos iniciais. A Golden Dawn era seu *hobby*, sua filha e, em grande parte, sua criação".[31]

> ... Foi Westcott, não Mathers, que encontrou os manuscritos cifrados, e foi Westcott quem percebeu o que poderia ser construído em cima deles, transformou essa visão em realidade, criando a Ordem Hermética da Golden Dawn e inventando uma apropriada "sucessão apostólica" para assegurar sua respeitabilidade... Também está claro, em seus cadernos, que o conhecimento esotérico de Westcott era, no mínimo, tão profundo quanto o de Mathers — uma questão nunca abordada na época, mas frequentemente sugerida nos últimos anos, para detrimento de Westcott, por protagonistas de Mathers. O que pode ser verificado também é que o próprio Mathers nunca duvidou de que, nessa área, Westcott era seu equivalente.[32]

O outro colega de Westcott nessa aventura foi o dr. William Robert Woodman, um médico aposentado e horticultor. Woodman era um maçom bem conhecido e admirado, e um membro líder da Societas Rosicruciana in Anglia. Foi coeditor do diário da sociedade, *The Rosicrucian*. Quando Robert Wentworth Little, fundador da Soc. Ros., morreu em abril de 1878, Woodman se tornou Supremo Mago da sociedade e assumiu também o *The Rosicrucian*. Sob a direção de Woodman, a S.R.I.A. expandiu-se de Londres para o resto da Inglaterra e começou a exportar sua influência para a Austrália e América, ganhando rápida aceitação como principal Sociedade Rosa-cruz do mundo. A ele se atribuiu a inserção de uma forte ênfase cabalística aos estudos da Soc. Ros.

Assim como Mathers, Woodman foi convidado por Westcott para se tornar um dos líderes de sua nova Ordem em 1887. Woodman era um excelente cabalista que, sem dúvida, teve um papel de destaque

31. Ellic Howe, *The Magicians of the Golden Dawn* (New York, Samuel Weiser, Inc., 1972), 34.
32. "From Cipher to Enigma: The Role of William Wynn Westcott in the Creation of the Hermetic Order of the Golden Dawn". Publicado na obra de Carroll "Poke" Runyon, *Secrets of the Golden Dawn Cypher Manuscript* (Siverado, CA: C.H.S. Publications, 1997), 209-211.

no desenvolvimento dos estudos cabalísticos da Golden Dawn. Contudo, ele morreu em 1891, antes que a Ordem estivesse plenamente desenvolvida.

Dos três membros fundadores da Golden Dawn, o verdadeiro mago da Ordem foi Samuel Liddell "MacGregor"[33] Mathers. Assim como os outros, ele foi um maçom de alta patente e membro do Alto Conselho da S.R.I.A. Para as transações da Sociedade, ele contribuiu com ensaios sobre "A divindade nas letras hebraicas", "Símbolos rosa-cruzes" e "Antigos rosa-cruzes e seus emblemas zodiacais". Entre os três fundadores, Mathers tem sido ao mesmo tempo o mais vilificado e o mais endeusado. Os dois extremos são enganosos, pois Mathers não era vilão nem um deus sobre-humano. Ele foi, entretanto, um dos personagens mais vivos na história da Golden Dawn, exibindo muitos dos pontos positivos e negativos normalmente associados com aqueles que possuem um gênio para a Magia e grande criatividade.

Ex-boxeador profissional, Mathers era considerado um homem atraente — alto e esguio e com uma cicatriz de um duelo de esgrima. Quase todos que o conheciam ficavam fascinados com ele, e as descrições que dele se faziam eram as mais variadas.

> Tanto os amigos quanto os inimigos de Mathers reconheciam seu nível de cultura, mesmo que não admirassem tal coisa. A. E. Waite o descrevia como um "um cômico Blaskstone de conhecimento do Ocultismo", e se lembrava de como ele se empenhava em suas buscas pelo Ocultismo no Museu Britânico, o dia todo e todos os dias, absorvendo conhecimento em vez de deixá-lo escorrer, pois Waite considerava que Mathers "não tinha o menor senso crítico". Opinião semelhante era a de W. B. Yeats, que dizia que Mathers tinha "muito conhecimento, mas pouco discernimento; muita imaginação e um gosto imperfeito". Contrário a tal julgamento, J. W. Brodie-Innes falava de "sua magnífica cultura em estranhas trilhas de conhecimento" e dizia: "Não sou capaz de falar de seu discernimento, pois está muito além do meu", e Brodie-Innes era um estudioso.[34]

---

33. A afirmação de Mathers de que ele teria ancestrais das Terras Altas da Escócia (Highlands) era fictícia. Gilbert, R. A. *The Golden Dawn Scrapbook* (York Beach, Maine: Samuel Weiser, Inc., 1997), 112.
34. Gilbert, 29-30.

S. L. MacGregor Mathers

dr. W. R. Woodman

Florence Farr

Moina Mathers

Uma de suas obras publicadas é *The Tarot: Its Occult Significance, Use in Fortune Telling, and Method of Play* (1888), um exame do Tarô de Marselha. Ele também é conhecido por suas traduções de uma série de grimórios, incluindo: *A Magia Sagrada, de AbraMelin, o Mago,** *The Key of Solomon the King* e *The Grimoire of Armadel*. Além disso, Mathers traduziu a *Kabbala Denudata*, de Knorr von Rosenroth, do latim para o inglês, em uma versão própria: *A Kabbalah Revelada*.

Mathers era um ritualista talentoso e, apesar do fato de ter vivido frequentemente na pobreza, produziu alguns dos melhores ensinamentos na Tradição Esotérica Ocidental. Entretanto, ele era capaz também de ser um tirano excêntrico. Havia poucos magos práticos de seu nível. Dos três Chefes fundadores, foi Mathers — o Chefe primário da Ordem Interna — que converteu a Golden Dawn em uma Ordem iniciática verdadeiramente mágica, elevando-a para muito acima das sociedades de estudos ocultos da época.

## O Manuscrito Cifrado

Uma história da Golden Dawn não seria completa sem alguma referência ao Manuscrito Cifrado — o documento enigmático no qual se baseiam os rituais e palestras da Golden Dawn. Segundo Westcott, em 1887, o reverendo A. F. A. Woodford lhe deu cerca de 60 páginas de um manuscrito em código. Woodford era um maçom idoso que, pelo que se comentava, recebera o manuscrito de um "comerciante de curiosidades". O manuscrito, que parecia velho, foi rapidamente decifrado por Westcott usando o código encontrado no livro do abade Johann Trithemius (Tritêmio), *Polygraphiae*. Tratava-se de uma série de diretrizes rituais de uma Ordem oculta exposta em linhas gerais. Westcott transcreveu as diretrizes em rituais completos.[35] Pouco depois que os rituais de grau de Neófito para Philosophus foram completados, Westcott convidou Mathers e Woodman para serem Chefes ao lado dele em sua nova Ordem.

*N.E.: Sugerimos a leitura de *Santo Anjo Guardião — A Magia Sagrada de AbraMelin, o Mago,* de A. C. Godoy, *e A kabbalah Revelada*, de Knorr von Rosenroth, ambos da Madras Editora.

35. A maioria crê que Mathers foi o responsável por escrever as cerimônias iniciáticas da Golden Dawn; contudo, R. A. Gilbert sugere que foi Westcott, não Mathers, que desenvolveu os rituais a partir do Manuscrito Cifrado. Ver o artigo de R. A. Gilbert "From Cipher to Enigma: The role of William Wynn Westcott in the Creation of the Hermetic Order of the Golden Dawn", em *Secrets of the Golden Dawn Cypher Manuscript*, de Ruyon.

Ainda há muita dúvida quanto à origem do Manuscrito Cifrado. Algumas pessoas acham que Westcott os criou. Outras creem que eles foram escritos por lorde Edward Bulwer-Lytton, o autor de uma obra de ficção do Ocultismo chamada *Zanoni, A Strange Story*, ou por Frederick Hockley, o famoso "vidente" rosa-cruz e transcritor de manuscritos ocultos. Diversas outras teorias surgiram para explicar a possível fonte do Manuscrito Cifrado, incluindo uma Loja Maçônica judaica em Frankfurt chamada *Loge zur aufgehenden Morgenröthe*, "a Loja da Luz do Alvorecer" ou "Loja da Luz Matutina que se Aproxima" (com uma filial supostamente fundada em Londres), e um "Colégio Cabalístico" em Londres dirigido por um influente cabalista chamado Johann Friedrich Falk. Suspeitava-se que ambos os grupos estivessem ligados ao enigmático segundo Templo Hermanoubis da Golden Dawn. Não há evidência, porém, para essas teorias. Na verdade, a Loja Morgenröthe de Frankfurt, que muitos ocultistas modernos acreditam ter fechado em 1850, ainda existe.[36]

A verdade quanto ao Manuscrito Cifrado é provavelmente esta: parece certo que ele foi escrito por Kenneth Mackenzie, autor de *The Royal Masonic Encyclopedia* e um membro líder da S.R.I.A. Mackenzie conhecera Eliphas Levi e era amigo de Frederick Holland, outro maçom de alto grau. O grande historiador da Golden Dawn, R. A. Gilbert, desconfiava que o real Templo Hermanoubis era um protótipo da Golden Dawn fundado em 1883 por Holland.[37] Esse grupo era conhecido como a "Sociedade do Oito". Mackenzie escreveu as diretrizes rituais do Manuscrito Cifrado para a ordem de Holland, um grupo que nunca se manifestou abertamente, ou talvez para a Sat B'hai, uma Ordem que admitia homens e mulheres. Westcott adquiriu os documentos depois da morte de Mackenzie.

Com uma bagagem maçônica de peso, Westcott conhecia a noção de organização por meio de hierarquia. As Lojas Maçônicas não podiam existir sem uma carta legítima da Grande Loja. Westcott, portanto, deve

36. Segundo R. A. Gilbert, a Loja Morgenröthe ainda existe. A história da Loja foi escrita (em alemão) e é encontrável. Portanto, é possível determinar quais são as atividades da Loja desde sua inauguração em 1807 até hoje. E uma das coisas que não aparece nas minutas é uma possível ligação dela com a fundação da Golden Dawn na Inglaterra.

37. Ver o artigo de R. A. Gilbert "From Cipher to Enigma: The role of William Wynn Westcott in the Creation of the Hermetic Order of the Golden Dawn", em *Secrets of the Golden Dawn Cypher Manuscript*, de Ruyon. Segundo Gilbert, Kenneth Mackenzie, John Yarker e Francis Irwin eram todos membros da "Sociedade do Oito".

ter sentido a necessidade de apresentar evidência de que a Golden Dawn não fora criada do ar — que tinha uma história escrita para substanciá-la. Ele precisava de um *pedigree* para provar que a G.D. tinha uma legítima sucessão hierárquica derivada de alguma distante autoridade. Como essa autoridade hierárquica não existia, Westcott inventou uma. Por quê? Provavelmente foi o único modo de atrair maçons, rosa-cruzes e outros ocultistas sérios para a sua nova Ordem.

Um documento adicional, escrito em código, foi inserido no manuscrito — talvez pelo próprio Westcott. Era uma carta contendo as credenciais e o endereço de uma mulher na Alemanha chamada Fraulein Sprengel (posteriormente, Anna Sprengel), que adotava o título de Sóror *Sapiens Dominabitur Astris*, que significa: "A pessoa sábia será guiada pelas estrelas". Westcott afirmava ter escrito para Fraulein Sprengel e ter sido informado de que ela era uma adepta de uma Ordem oculta — Die Goldene Dammerung ou o Alvorecer Dourado (*Golden Dawn*). Por meio de uma série de cartas, ela autorizou Westcott a assinar em nome dela qualquer documento que fosse necessário. Na primavera de 1888, Westcott apresentou uma Carta de Autorização para o Templo Ísis-Urânia Nº 3 da Ordem da Golden Dawn em Londres.[38]

Ainda que o Manuscrito Cifrado seja genuíno, é fato que Westcott inventou a história de Fraulein Sprengel e suas cartas. R. A. Gilbert explica que *Sapiens Dominabitur Astris* era o lema mágico de Anna Kingsford, a fundadora da Sociedade Hermética, que deve ter sido, sem querer, o modelo para a Fraulein fictícia de Westcott. Kingsford morreu em 1888. Transformando Fraulein Sprengel em uma oficial de alta patente em uma obscura Ordem alemã, Westcott tornou-a digna de crédito, uma fonte fidedigna e inalcançável. E quando a mítica Sóror S.D.A. serviu a seus propósitos, ela convenientemente morreu.

No fim de 1888, o Templo Ísis-Urânia em Londres tinha 32 membros: 9 mulheres e 23 homens. Naquele mesmo ano, mais dois templos foram estabelecidos: o Templo de Osíris nº 4, em Weston-super-Mare, e o Templo de Hórus nº 5, em Bradford. O Templo de Amon-Rá nº 6

38. O templo fictício da Sóror DAS na Alemanha era conhecido como Licht, Liebe und Leben (Luz, Amor e Vida) (templo Nº 1 na ordem de sucessão de Westcott). O segundo templo era supostamente chamado Hermanibus, em Londres. De acordo com a história fantasiosa de Westcott, esse templo foi autorizado para o uso de dois ingleses, mas nunca sequer foi construído.

em Edimburgo, Escócia, só seria fundado em 1893. O Templo de Osíris foi ativo até 1895, mas o Templo de Hórus em Bradford prosperou até 1900-1902, quando começou a se afastar dos ensinamentos da G.D. e a adotar um enfoque mais maçônico e rosacruciano.

## Alguns antigos membros proeminentes

Quem eram os magos que faziam parte dessa fraternidade mágica? Os membros da Ordem da Golden Dawn eram, quase todos, respeitáveis homens e mulheres de classe média, que tinham interesse pelo Ocultismo. Alguns eram de uma classe social mais alta, e havia vários médicos e escritores. Muitos membros da Ordem também pertenciam a outros grupos esotéricos, como, por exemplo, a Sociedade Teosófica. Muitos eram maçons. Vários membros da Golden Dawn escreveram numerosos livros sobre uma variedade de temas, desde os diversos aspectos do Ocultismo até poesia, ficção, biografia, medicina e entomologia. Eram pessoas inteligentes, criativas e normais, que tinham sede de conhecimento espiritual. Tentavam entender a mecânica oculta do Universo por meio do estudo da Magia. Em suma, não eram como os praticantes atuais da Golden Dawn. Alguns dos membros mais notáveis foram:

### *Moina Mathers*

A companheira de Samuel Mathers tinha o nome de Mina Bérgson, quando solteira. Nasceu em Genebra, Suíça, filha de pais judeus ortodoxos. Ela estudou para se tornar artista na Escola de Arte Slade, em Londres. Seu irmão, Henri Bérgson, foi um famoso filósofo francês, ganhador de um prêmio Nobel. Mina conheceu Samuel Liddell Mathers em 1887, casou-se com ele em 1890 e mudou de nome para algo mais céltico, "Moina". Em 1888, ela foi a primeira pessoa a ser iniciada pelos três Chefes no Templo Ísis-Urânia da recém-formada Ordem da Golden Dawn. Moina era uma artista de sucesso, uma talentosa clarividente e uma pioneira na arte de colagem. Seus quadros de divindades egípcias, decorações de paredes e outras obras artísticas serviram para adornar o Templo de Ísis-Urânia e embelezar os ensinamentos da Ordem. Por toda a sua vida, ela teve uma dedicação completa a Mathers.

*William Butler Yeats*

*A. E. Waite*

*Aleister Crowley*

*Dion Fortune (com Thomas Penry Evan, à esquerda)*

### *William Butler Yeats*

Yeats foi um marco na renascença literária da Irlanda e um dos maiores poetas do século XX. Em 1923, ganhou o prêmio Nobel de Literatura. Yeats tinha uma verdadeira paixão por temas místicos e ocultos — ajudou a fundar a Sociedade Hermética de Dublin e foi membro da Seção Esotérica da Sociedade Teosófica.[39] Iniciado no grau de Neófito em 1890, a associação de Yeats com a Golden Dawn e uma de suas derivadas durou mais de 20 anos. Fervoroso defensor da prática de Magia, Yeats reafirmava que, depois de sua poesia, a Golden Dawn era a meta mais importante de sua vida: "Se eu não tivesse feito da Magia um estudo constante, não teria escrito uma única palavra de meu livro de Blake, tampouco a condessa Kathleen teria existido. A vida mística é o centro de tudo o que faço, de tudo o que penso e de tudo o que escrevo".[40]

### *Florence Farr*

A sra. Florence Emery (como era conhecida na Golden Dawn até seu divórcio em 1894) foi iniciada no Templo Ísis-Urânia em 1890. Farr foi uma atriz famosa dos palcos britânicos. Descrita como estonteantemente bela, ela interpretava papéis principais nas peças de George Bernard Shaw e William Butler Yeats, que competiam pela atenção dela. Sua experiência com arte dramática e o palco, combinada com sua voz melodiosa, fazia dela uma ritualista natural e talentosa. Farr dava aulas semanais de Tarô e Magia Enochiana e escreveu vários livros sobre temas esotéricos.

Não é o nosso propósito aqui dar uma biografia completa dos primeiros magos da Golden Dawn. Entretanto, alguns membros notáveis precisam ser mencionados:

- **Annie Horniman:** Construiu e fundou o famoso Abbey Theater da Irlanda e era considerada uma força propulsora por trás da revivificação literária naquele país.
- **Reverendo William Alexander Ayton**: Clérigo (vigário de Chacombe em Oxfordshire) e alquimista praticante.

---

39. Ver nota 14 neste capítulo.
40. Yeats, Letters, citado em Graf, *W. B. Yeats — Twentieth Century Magus* (York Beach, Maine: Samuel Weiser, 2000), 13.

- **William Horton**: Um proeminente artista gráfico no movimento Art Nouveau.
- **Arthur Edward Waite**: Místico cristão, estudioso, ocultista e prolífico autor, que escreveu vários livros de Maçonaria, Rosa-cruz, Cabala e outros temas esotéricos.
- **Dr. Edward Berridge**: Renomado médico homeopata que defendia a filosofia sexual e os valores utópicos de Thomas Lake Harris.
- **William Peck**: O astrônomo da cidade de Edimburgo, Escócia.
- **Maud Gonne**: Ativista irlandesa e uma dentre os fundadores do Sinn Féin. Gonne foi uma atriz famosa nos palcos irlandeses.[41]
- **Arthur Machen**: Autor de obras de ficção do oculto e de contos, Machen é considerado um precursor da ficção científica gótica do século XX.
- **Algernon Blackwood**: Autor de contos de mistério, histórias de fantasmas e do sobrenatural.
- **Constance Wilde**: Esposa do dramaturgo Oscar Wilde.
- **Aleister Crowley**:* O autointitulado "Profeta da Nova Era" e "Aquele que é Ungido com Luz, o único professor para a raça humana". Depois de dois anos na Golden Dawn, Crowley saiu para formar uma nova Ordem oculta baseada em seus ensinamentos de Thelema.
- **Dion Fortune:** Autora de ficção do Ocultismo e de vários textos importantes de Magia, Fortune acabou fundando seu próprio grupo de ocultismo, a Sociedade da Luz Interior.
- **Paul Foster Case:** Autor de vários livros de Tarô, Cabala e Rosa-cruz, Case formou seu próprio grupo, os Construtores do Ádito (B.O.T.A.).

41. No Abbey Theater, em Dublin, Gonne interpretou a heroína da primeira peça de W. B. Yeats, *Cathleen ni Houlihan* (1892), um papel que foi baseado nela mesma. Yeats se apaixonou por Gonne, mas ela recusou suas várias propostas de casamento. Em 1903, ela se casou com um colega ativista irlandês, o major John MacBride. Seu filho, Sean MacBride, tornou-se ministro das relações exteriores da Irlanda e ganhou o Prêmio Nobel da Paz em 1974.

* N.E.: Sugerimos a leitura de *A Magia de Aleister Crowley*, de Lon Milo DuQuette, Madras Editora.

*Paul Foster Case* *Israel Regardie*

# A R.R. et A.C.

Em seus primeiros anos, de 1888 a 1891, a Golden Dawn foi basicamente uma escola teórica que realizava as cerimônias de iniciação da Ordem Externa e ensinava a seus membros a base da Cabala, da Astrologia, do simbolismo alquímico, da Geomancia e do Tarô. A Ordem não ensinava outra prática de Magia além do Ritual Menor do Pentagrama. Quase no fim de 1891, o Templo Ísis-Urânia tinha mais de 80 Iniciados, enquanto outros templos tinham pouco mais de 20 membros.

O dr. Woodman morreu em dezembro de 1891 e ninguém foi escolhido para ocupar seu lugar. Por volta dessa época, Mathers completou um ritual magnífico para o ⑤=⑥ (o grau do Adeptus Minor — Adepto Menor), o primeiro grau da Segunda Ordem Interna da Ordo Roseae Rubeae et Aureae Crucis, também chamada de R.R. et A.C., ou a "Ordem da Rosa de Rubi e da Cruz de Ouro". Com a criação de uma Segunda Ordem funcional, Mathers realizou uma reestruturação da Ordem e se tornou seu Chefe primário.

O ritual ⑤=⑥ baseava-se na lenda do Rosenkreutz cristão (ou C.R.C.) e na descoberta acidental de sua câmara mortuária, 120 anos depois de sua morte. A história, conforme descrita no *Fama Fraternitatis*,[42] é a seguinte: o grande professor espiritual e fundador da Fraternidade Rosa-cruz, Christian Rosenkreutz, morreu e foi enterrado em segredo. Anos mais tarde, membros da Ordem encontraram por acaso a tumba, que estava escondida atrás de uma obra de alvenaria. A tumba encontrada era uma sala com sete lados, inscrita com um elaborado simbolismo. Cada uma das paredes tinha 2,40 metros de altura por 1,50 metro de largura. No centro da câmara havia um altar circular sobre um sarcófago, onde se encontrava o corpo perfeitamente preservado de C.R.C.

Para o ritual 5=6, MacGregor e Moina Mathers criaram uma versão completa e elaborada da tumba de C.R.C., conhecida como Câmara dos Adeptos, que continha um forte elemento rosa-cruz inserido na Ordem Interna da Golden Dawn. Moina era uma artista de sucesso, uma clarividente talentosa e a vidente pessoal de MacGregor. Suas experiências visionárias podem ter exercido forte influência sobre seu marido, quando ele escreveu os rituais da Segunda Ordem, bem como o Trabalho de Grau. Moina pintou a maior parte das decorações das paredes, formas divinas e elementos do Templo para o templo-mãe, Ísis-Urânia, em Londres. Uma vez que o *Fama* não dava muitos detalhes acerca do simbolismo da câmara, o casal usou sua criatividade para produzir esse impressionante ambiente.

A admissão à Segunda Ordem secreta era obtida por meio de convite ou de exame. E o trabalho da Segunda Ordem também era extenso. Enquanto a Primeira Ordem da Golden Dawn era basicamente teórica, a Segunda Ordem da R.R. et A.C. colocava a Magia teórica em prática. Os membros precisavam fazer e consagrar vários implementos mágicos. Mac Gregor Mathers também criou um currículo e uma série de oito exames que levavam ao subgrau de Theoricus Adeptus Minor. Poucos membros tinham tempo ou energia para completar o Trabalho de Grau e todos os oito exames. Aqueles que o faziam podiam professar, com razão, que haviam tido uma educação completa em quase todas as facetas da Magia Hermética Ocidental. Era comparável a um diploma universitário em Magia.

42. Um dos três textos importantes que formam a base da tradição rosa-cruz. Foi publicado na Europa em 1614 por um autor desconhecido (possivelmente o estudioso luterano Johann Valentin Andreae).

Na primavera de 1892, o casal Mathers se mudou para Paris e montou o Templo Ahathoor nº 7. O dr. Westcott tornou-se o Chefe da Ordem na Inglaterra. Por meio de correspondência com o casal, ele recebia material para o currículo sempre expansivo da Segunda Ordem. A Ordem continuou prosperando de 1892 a 1896. Pouco depois, alguns templos americanos foram criados e aprovados pela A. O.: Templo Thmé nº 8 em Chicago, 1897; Templo Thoth-Hermes nº 9 em Nova York, 1897; Templo Ptah nº 10 na Filadélfia, 1919; e o Templo Atoum nº 20 em Los Angeles.[43]

## Problemas

Os problemas na Ordem surgiram em 1895, quando o relacionamento de MacGregor Mathers com sua protetora financeira, Annie Horniman, começou a se deteriorar. Horniman, membro desde muito tempo da Ordem, era filha de um influente importador de chá. Ela era amiga íntima de Moina Mathers, quando as duas frequentavam juntas a escola de Arte. Após o casal se mudar para Paris, Horniman passou a enviar um generoso subsídio da Inglaterra para ajudá-los. Em troca, ela esperava que Mathers dedicasse todo o seu tempo ao trabalho da Ordem. Mas, em vez disso, ele foi se desviando cada vez mais, interessando-se pela política jacobita e outras causas.

MacGregor Mathers era um mago talentoso, mas também um chefe exigente, excêntrico e autocrático. Na primavera de 1896, um conflito eclodiu entre Horniman e Mathers, pois, por causa de seu interesse cada vez maior pela política celta, ele estava ficando muito tempo longe de suas responsabilidades com a Ordem. Em uma carta endereçada a William Peck, do Templo Amon-Rá, em Edimburgo, Horniman escreveu: "... ele [Mathers] me disse que tinha tempo livre para a política, mas não para compensar o atraso do trabalho no nº 62 da Oakley Square [sede da Segunda Ordem"].[44] Irritada por sentir que estava financiando um movimento político que ela não aprovava em vez do trabalho na Ordem que ela esperava de Mathers, Horniman

43. Ver Kuntz, *The Golden Dawn Source Book* (Edmonds, Wash.: Holmes Publishing Group, 1996), 174-175. Segundo R. A. Gilbert, o Templo de Chicago talvez tivesse outro nome também. As informações sobre os templos americanos são, no mínimo, escassas.
44. Howe, 126.

se afastou do posto de Sub-Praemonstrator do Templo Ísis-Urânia. Mathers acusou sua benfeitora de tentar comprometer sua autoridade, e ela, por sua vez, suspendeu a ajuda financeira que lhe prestava.

Uma inquietação cada vez maior por parte dos adeptos da Segunda Ordem em Londres resultou em rápida ação por parte de Mathers, que, sem dúvida, sentia sua autoridade enfraquecer. No outono de 1896, ele enviou a cada adepto uma cópia de um manifesto exigindo completa obediência a ele em tudo que estivesse relacionado à Primeira e à Segunda Ordens. Todos os adeptos aceitaram a exigência. Mathers, porém, ainda não estava satisfeito com a condescendência de Horniman e, em uma carta descortês, exigiu dela um comprometimento maior. Ironicamente, as contas de Mathers ainda precisavam ser pagas e Horniman era sua principal fonte de renda. Uma semana depois, Moina escreveu para sua benfeitora, pedindo mais dinheiro. Como ela se recusou a mandar, Mathers imediatamente a expulsou da Ordem. Isso chocou muitos membros e aumentou o descontentamento e a apreensão que eles tinham de Mathers.

Outro problema ocorreu em março de 1897, quando a associação de Westcott com a Golden Dawn chegou ao conhecimento das autoridades, ou assim diziam os boatos.[45] Westcott afastou-se de todos os postos da Primeira e Segunda Ordens. Florence Farr, a famosa atriz, tornou-se então a diretora da filial londrina da Ordem. Mas sem a meticulosa supervisão de Westcott e sua propensão a organizar papéis e documentos, o extenso Trabalho de Grau e o sistema de exame da Segunda Ordem em Londres começaram a cair.

Uma grande crise para a Golden Dawn ocorreu em fevereiro de 1900. Mathers estava administrando a Ordem a distância e perdendo

45. Toda a história de que os documentos da Ordem de Westcott foram encontrados em um cabriolé em Londres, lá deixados por Mathers, parece falsa. Muitos magos modernos pensam que Westcott saiu porque sua afiliação com a Golden Dawn chegou ao conhecimento das autoridades (ou seja, o Ministério do Interior, no qual Westcott trabalhava como legista). Isso, porém, é improvável, pois a Franco-Maçonaria e suas dissidências, bem como suas atividades quase maçônicas, eram aceitas e até respeitadas na era vitoriana. É mais provável que Mathers tenha descoberto a verdade acerca do manuscrito cifrado de Fraulein Sprengel e tudo o mais e simplesmente pressionou Westcott a abandonar o posto, ameaçando revelar a verdadeira história aos adeptos. Também já foi sugerido que a sra. Westcott não gostava das atividades de seu marido na Golden Dawn, tendo sido uma possível fonte de pressão. Outra sugestão é que o conflito entre Westcott e Mathers tivesse mais a ver com a Soc. Ros. do que com a Golden Dawn.

cada vez mais o contato com os templos ingleses. Florence Farr estava se cansando dos subterfúgios pessoais de Mathers e de seu comportamento dominador. Em uma carta a ele, ela sugeria que a Ordem fosse dissolvida. Mathers suspeitou que a proposta fosse parte de um esquema para trazer Westcott de volta e colocá-lo como diretor da Ordem. Consequentemente, Mathers revelou a Farr que as cartas de Fraulein Sprengel haviam sido forjadas por Westcott.

Essa notícia abalou a confiança dos membros de Londres, até as próprias fundações. Mais exasperador foi o fato de Westcott se recusar a dar qualquer explicação ou sequer se defender das acusações de Mathers. Para piorar a situação, um indivíduo chamado Aleister Crowley, que estava na Ordem havia um dia, tornou-se apto para iniciação na Segunda Ordem em dezembro de 1899. Florence Farr, bem como vários outros adeptos de Londres, via Crowley como um iniciado questionável, e rejeitou sua iniciação.

> ... em 1899, quando Crowley se preparava para a iniciação à Segunda Ordem Interna, Florence recusou sua entrada por causa de suas excentricidades e "depravações morais" [e ela não era considerada uma mulher demasiado puritana].[46]

Crowley foi imediatamente a Paris, sendo iniciado na Segunda Ordem por Mathers. Os adeptos de Londres não aceitaram e ficaram furiosos com Mathers, recusando-se a reconhecer a iniciação de Crowley. Uma verdadeira rebelião estava prestes a ocorrer. Os membros da Segunda Ordem em Londres formaram um comitê para investigar as alegações de fraude em torno das cartas de Sprengel. Em abril de 1900, Mathers declarou o comitê da Segunda Ordem anulado. Ele enviou Crowley a Londres como seu emissário para tomar posse das salas privadas e implementos da Segunda Ordem. Crowley tentou cumprir sua missão de uma maneira que seria descrita por um membro como "uma encenação teatral".[47] Mas seu plano não deu certo graças à

46. Greer, Mary K., "Women of the Golden Dawn", publicado em *Gnosis* nº 21, outono de 1991. Esse artigo pode ser encontrado *on-line*: http://www.hermeticgoldendawn.org

47. Comentário de A. E. Hunter (Howe, 225). "Por volta das 11h30, Aleister Crowley chegou, usando vestimentas das Terras Altas, uma máscara preta sobre o rosto e um tecido xadrez jogado sobre a cabeça e os ombros, uma enorme cruz dourada no peito e uma adaga presa à cintura." W. B. Yeats descreveu o emissário de Mathers como algo "amargo, violento e absurdo". George Mills Harper, *Yeats' Golden Dawn* (Great Britain: The Aquarian Press, 1987), 29.

astúcia de William Butler Yeats e alguns outros membros de Londres, que logo expulsaram Mathers e Crowley.[48]

Em uma carta à sua amiga Lady Gregory, Yeats relata: "Passei por maus pedaços recentemente... a semana passada, ele [Mathers] enviou uma pessoa louca — que nós nos recusamos a iniciar — para tomar posse das salas e papéis da Sociedade". Ele acrescenta que Crowley é movido por "vingança por termos recusado sua iniciação" e cita os motivos da Ordem para essa recusa: "nós achamos que uma sociedade mística não tem a função de reformatório".[49]

Na confusão que se formou, Yeats assumiu o controle e se tornou Imperator do Templo Ísis-Urânia. O comitê tentou reestruturar a Ordem de acordo com linhas mais democráticas. O resultado foi apenas mais confusão. Enquanto isso, Annie Horniman foi reinstituída à Ordem. Mas ela descobriu, para seu desgosto, que muitos dos rituais haviam sido alterados e que o sistema de exames fora praticamente abandonado. Pior ainda, alguns dos Adeptos, inclusive Florence Farr, tinham criado um grupo secreto separado sem o consentimento de Yeats e de outros adeptos. Esse grupo, chamado de "Esfera", especializava-se em visualização e viagem astrais. Por causa de outros abusos, Horniman começou a entrar em conflito com quase todos na Ordem. Yeats tentou manter a paz por algum tempo, mas acabou renunciando ao posto em fevereiro de 1901.

Outro golpe contra a Ordem despontava no horizonte. Era um problema chamado Madame Horos. Em 1901, ela foi responsável por gerar publicidade indesejável à Golden Dawn. Madame Horos e seu marido eram dois charlatões e vigaristas que, por algum motivo, conseguiram convencer MacGregor Mathers de que ela, a sra. Horos, era, na verdade, Anna Sprengel. Mathers se deixou enganar por algum tempo, mas, quando começou a suspeitar dos dois, eles roubaram cópias dos rituais da Golden Dawn e fugiram para Londres.

---

48. Crowley saiu da Ordem e formou um grupo seu, que tomou emprestado o nome da Terceira Ordem da Golden Dawn, a Argenteum Astrum, ou A.A. Em seguida, ele entrou também para a Ordo Templi Orientis (Ordem do Templo do Oriente), de Theodor Reuss, e mais tarde se tornou o diretor da filial britânica dessa Ordem.
49. Harper, 29.

Em Londres, o casal Horos montou uma Ordem própria — A Ordem da Unidade Teocrática — que, sem o conhecimento de seus membros, fomentava fraude, extorsão e sexo. O sr. Horos acabou sendo preso por estupro. Quando foram pegos pelas autoridades, o sr. e a sr. Horos afirmaram ser os líderes da Golden Dawn. O resultado foi que muitos dos segredos arcanos da Ordem vieram ao conhecimento do público. Os rituais de iniciação da Golden Dawn foram impressos nos jornais de Londres, e a Ordem foi escandalizada por causa de todo o episódio.

A Ordem original começava agora a rachar. Florence Farr saiu da Golden Dawn, e a Ordem mudou o nome para Sociedade Hermética da Morgenröthe. Um pequeno grupo de iniciados se aliou a Mathers, e estes formaram a Ordem do A.O., Alpha et Omega. Em 1903, ocorreu uma cisão da Ordem, e a velha Ordem Esotérica da Golden Dawn acabou.

O restante do Templo original de Ísis-Urânia foi tomado por A.E. Waite. Muitos dos membros remanescentes da Golden Dawn seguiram o grupo de Waite. Este, contudo, não se importava com Magia. Misticismo era mais o seu gosto. Em sua nova Ordem, o Rito Independente e Retificado, Waite tentou reduzir a ênfase em Magia ritual a favor do caminho místico que ele preferia.

Os membros da Ordem original mais inclinados à Magia, incluindo o dr. Robert William Felkin e John William Brodie-Innes, formaram a Ordem da Stella Matutina, ou "Estrela Matutina". Florence Farr e William Butler Yeats estavam entre os iniciados desta última Ordem.[50] O principal templo de Felkin em Londres se chamava Amon.

> Depois de 1915, havia uma meia dúzia de ordens dissidentes da Golden Dawn original, mas só duas tiveram real relevância. A primeira delas, a Irmandade da Cruz Rósea, de Waite, havia se separado completamente das velhas tradições da Ordem... O espírito da Ordem persistiu, porém, na Stella Matutina.[51]

---

50. Yeats foi um dos membros líderes da Stella Matutina por 20 anos.

51. R. A. Gilbert, *The Golden Dawn Scrapbook* (York Beach, Maine: Samuel Weiser, Inc., 1997), 184.

# As ordens dissidentes

Além do templo em Paris, os seguidores de MacGregor Mathers estabeleceram templos A. O. em Londres (1900), Edimburgo (1912) e mais dois templos em Londres (1913 e 1919). Havia também um grupo híbrido, conhecido como o Templo Cromlech (1913), um esforço conjunto do Templo A. O. de Edimburgo e alguns clérigos anglicanos.

O Templo Ahathoor da A.O. em Paris nunca teve muitos afiliados — as reuniões não contavam com mais de meia dúzia de membros. As atas do templo mostram que, mesmo quando Mathers ainda era o líder, a integridade do templo de Paris começara a cair e, com isso, o trabalho em grupo do templo sofreu tremendamente. As coisas iam tão mal que o Templo Ahathoor começou a simplesmente conceder iniciações e avanços de Grau sem realizar ritual algum, e houve até ocasiões em que as iniciações de neófitos eram conferidas a candidatos *in absentia*.[52]

Depois da morte de MacGregor Mathers, em 1918, Moina Mathers e Brodie-Innes assumiram a liderança da Alpha et Omega. A administração de Moina da Ordem provavelmente deixava muito a desejar, pois várias brigas surgiram nos templos americanos, como mostra uma série de cartas escritas por membros insatisfeitos que se queixavam à sra. Mathers: "A situação da Alpha et Omega na América é uma longa e triste história... Os líderes neste país sequer viram a 'capa' de qualquer livro da Segunda Ordem.[53] (...) A Ordem na América está se desintegrando."[54]

Algumas pessoas iniciadas na A.O. acabariam fundando novos grupos de Magia. Dion Fortune, estudante de Psicologia, saiu da Ordem em 1922 para formar a Fraternidade da Luz Oculta na Inglaterra. Paul Foster Case criaria, depois, sua própria organização, os Construtores do Ádito. Muitos dos membros americanos da A.O. saíram da Ordem para se juntar a eles.

---

52. As atas do Ahathoor revelam vários casos em que os candidatos eram simplesmente "recebidos por explanação" aos graus de Neófito, Zelator, Theoricus, Practicus e Philosophus. Os pontos altos do ritual deviam, a essa altura, ser apenas explicados em vez de realizados em cerimônia.

53. Lilli Geise, em uma carta a Moina Mathers escrita em 1921, incluída no livro de Darcy Küntz, *The Golden Dawn American Source Book* (Edmonds, Wash.: Holmes Publishing Group, 2000), 20-21.

54. Elma Dame, em uma carta a Moina Mathers escrita em 1922. *Ib.*, 35.

Enquanto isso, o dr. Felkin estabeleceu o Templo Smaragdum Thalasses[55] da Stella Matutina na Nova Zelândia, em 1912. A Ordem neozelandesa ficou conhecida por seu nome Maori de Whare Ra ou "A Casa do Sol". Na Inglaterra, Felkin estabeleceu mais três templos da S.M., em 1916. Estes incluíam a Loja Hermes, em Bristol, a Loja Merlin e o Colégio Secreto, em Londres. O foco do grupo de Felkin era a viagem astral.

As habilidades de Felkin como líder de uma Ordem mágica eram inferiores às de Mathers. Ele percorreu a Europa em busca dos Chefes Secretos da Ordem em forma física. Com isso, os ensinamentos foram prejudicados.

Na década de 1930, Israel Regardie entrou em cena. Regardie fora secretário de Aleister Crowley de 1928 a 1930. Em 1932, ele escreveu um livro intitulado *The Tree of Life – An Illustrated Study in Magic* e, pouco depois, *A Garden of Pomegranates*. Esses livros causaram furor, tanto nos templos da Stella Matutina quanto nos da Alpha et Omega.

Muitos membros das duas Ordens se lembravam de Crowley como o insurgente arruaceiro de anos atrás; por isso, a antiga relação entre Regardie e Crowley levou alguns membros a escorraçá-lo. Um dos líderes da Alpha et Omega, E. J. Langford-Garstin, chegou a escrever uma carta a Regardie condenando-o veementemente e solicitando-lhe que jamais mencionasse o nome da Golden Dawn por escrito. Outros membros, particularmente Dion Fortune, defenderam-no, como se pode ver no artigo dela em *Occult Review*, elogiando a obra *The Tree of Life – An Illustrated Study in Magic*, de Regardie. Esse artigo contribuiu para revelar a verdadeira essência da Golden Dawn, e para um público maior, mais que qualquer outra pessoa tivesse feito até então. Os chefes da Stella Matutina pareciam assumir posições extremas e até contraditórias. Um representante da Ordem escreveu a Dion Fortune concordando totalmente com seu ponto de vista; em outra carta, endereçada a Langford-Garstin, o mesmo indivíduo afirmava considerar irresponsáveis as ações e os sentimentos de Dion Fortune. Em um dos mais notáveis atos falhos da história, as duas cartas foram enviadas em envelopes trocados.[56]

55. "Mares de esmeralda".
56. King, Francis. *Modern Ritual Magic: The Rise of Western Occultism* (Great-Britain: Prism Press, 1989), 154.

Como resultado, a porta da iniciação se abriu para Regardie. Com o apoio de Dion Fortune, ele foi convidado a entrar para a Stella Matutina. Nas palavras dele: "Foi com base em *The Tree of Life – An Illustrated Study in Magic* que eu fui convidado a entrar para a Ordem". Regardie se afiliou ao Templo Hermes da Stella Matutina em 1933 e se tornou adepto em 1934.

Infelizmente, a Stella Matutina estava sofrendo uma morte lenta. Os líderes do grupo afirmavam pertencer a Graus elevados, mas sem a devida compreensão do material. Muitas das palestras de conhecimentos haviam mudado ou caído. Regardie se sentia perplexo diante da atitude dos chefes da Stella Matutina de se preocuparem demais com títulos grandiosos e não darem importância à prática da Magia. Ele temia que um sistema de imenso valor fosse, aos poucos, destruído:

> A cada cisma e a cada briga ocorridos de tempos em tempos, vários documentos oficiais se perderam, ou, em ato criminoso, são deliberadamente destruídos. Por mais inacreditável que pareça, a atitude parece ser a de "se eu não posso usar esses documentos, ninguém mais pode. Para o fogo com eles."... Seria monstruoso e trágico se esse conhecimento se perdesse daqueles que buscam a Luz ao longo do Caminho.[57]

Regardie concluiu que a Ordem e seus ensinamentos não sobreviveriam muito tempo sem algum esforço para que esses ensinamentos fossem colocados nas mãos de um número maior de pessoas que pudessem apreciá-los. Para ele, a escolha era a seguinte: ser fiel ao voto de segredo feito àqueles que estavam deixando a Ordem cair em um grave estado de negligência, ou divulgar tais segredos e sofrer crítica, mas, ao mesmo tempo, garantir a sobrevivência do sistema. Após sair da Ordem, Regardie tomou a decisão de imprimir a maioria das palestras e rituais da Ordem em seu livro *The Golden Dawn*, publicado em 1937.

> É essencial que todo o sistema seja publicamente exibido para que a humanidade não o perca. Pois ele é o legado de todo homem e toda mulher — seu direito inato... Meus motivos foram os de

57. Regardie, *My Rosicrucian Adventure* (1936). Reimpresso como *What You Should Know About the Golden Dawn* (Phoenix, Ariz: Falcon Press, 1987), 49.

> provar, sem a menor dúvida, que a Ordem não é mais o meio ideal para a transmissão da Magia, e que, como já houve várias revelações parciais e irresponsáveis do ensinamento da Ordem, há uma urgência para que o sistema seja apresentado de maneira mais apropriada. Só assim os grandes mal-entendidos em torno da Magia poderão ser desfeitos.[58]

Como Regardie havia previsto, nos dois anos seguintes, a maioria dos templos já moribundos da A.O. e da S. M. (com exceção do templo na Nova Zelândia) parou de realizar trabalho em grupo. No fim da década de 1930, todos menos dois templos derivados já estavam inativos. O último templo britânico, Hermes, em Bristol, entrou em decadência no início da década de 1960 e foi fechado oficialmente em 1972. O último templo na Nova Zelândia fechou as portas em 1978.

Apenas quatro anos se passaram desde o fechamento do templo neozelandês até que Regardie, já idoso, ressuscitasse uma dissidência viva e viável da Ordem Hermética da Golden Dawn em Columbus, Geórgia, em 1982.

Embora ele ainda estivesse decepcionado com os velhos Chefes da Stella Matutina, ele só tinha elogios a fazer a respeito do sistema de Magia da Golden Dawn:

> A ordem hermética da Golden Dawn — uma organização cuja influência sobre o desenvolvimento do Ocultismo desde seu renascimento no último trimestre do século XIX foi maior do que as pessoas possam imaginar. Não pode haver dúvidas de que a Golden Dawn é, ou pelo menos era até tempos recentes, o único depositário de conhecimento mágico, a única Ordem Oculta de real valor que o Ocidente conheceu.[59]

58. *Ib.*, 41, 44.
59. Da introdução de Regardie em 1937 a *The Golden Dawn*. Ver a 6ª edição de *The Golden Dawn* (St. Paul, Minn.: Llewellyn Publications, 1994), 16.

Capítulo 3

# Magia: o que é e como ela funciona

Nos ensinamentos da Ordem Hermética da Golden Dawn, o nome de Hermes era invocado para descrever um sistema de Magia ocidental que combinava as diversas e espalhadas ramificações da Tradição Hermética em um corpo unificado de conhecimento, com o objetivo de aprimorar a evolução espiritual de seus iniciados e, por extensão, de toda a humanidade.

A Tradição Esotérica Ocidental, como descrita no capítulo anterior, consiste em muitas ramificações, ordens derivadas e dissidências. Nem todos os grupos incluídos na denominação Hermeticismo são de Magia. Algumas fraternidades rosa-cruzes, como a Societas Rosicruciana in Anglia (a S.R.I.A.), se dedicam à pesquisa das tradições espirituais ocidentais, mas não à prática de Magia. Outras, como a Franco-Maçonaria, são fraternidades iniciáticas firmemente inseridas na tradição ocidental, mas onde a Magia não desempenha nenhuma função em suas práticas.

Alguns grupos são considerados místicos em vez de mágicos; seu conceito de Misticismo é definido de modo estrito como revelação espiritual ou união com o divino, que é alcançada por meio de intuição, fé, êxtase ou visão repentina e obtida pela prática da contemplação, meditação ou recitação de orações. O Misticismo é às vezes considerado uma aproximação mais passiva do divino, em oposição à Magia, que é mais ativa. Um mago busca ativamente a união com o divino por meio de rituais, criação e consagração de talismãs, adivinhações, adoção de formas divinas, conversações com anjos ou outras entidades espirituais, etc. Na verdade, os magos qualificados devem ser tanto místicos quanto magos. Eles devem procurar a união com o divino por meios ativos e passivos.

A Ordem da Golden Dawn foi criada para ser uma fraternidade de Magia. Seu currículo foi baseado no estudo da filosofia mágica, e esperava-se que seus membros mais avançados praticassem e se tornassem hábeis nas artes da alta Magia. Contudo, antes de examinar as práticas específicas de Magia da Golden Dawn, é importante que o leitor tenha um entendimento claro do que é a Magia.

## Definição de Magia

> Magia: a arte de pessoas que alegam ser capazes de realizar coisas com a ajuda de poderes sobrenaturais ou por seus próprios conhecimentos dos segredos da natureza. — *The New Merriam--Webster Dictionary*

O que é Magia? Faça essa pergunta a uma dúzia de pessoas e terá uma dúzia de respostas diferentes. E essas respostas dependerão do fato de o indivíduo que responder à pergunta ver a Magia de modo favorável ou desfavorável.

Magia é um dos temas mais polêmicos que existem e tende a provocar reações emocionais muito diferentes nas pessoas. Centenas de filmes de Hollywood considerados B, que abordam o tema da Magia, embora garantam diversão, pouco fizeram além de continuar a propagação de falsas informações e inverdades acerca do que é a Magia, como ela funciona, e por que os magos a praticam.

A maioria das pessoas que vivem nas nações industrializadas do século XXI com certeza acredita que indivíduos que praticam Magia são primitivos, supersticiosos, loucos ou as três coisas. Na ponta extrema desse grupo, encontramos aqueles que estão convencidos de que não há nada, em absoluto, de sobrenatural no Universo — nenhum Deus, nenhum espírito, nenhuma vida após a morte. Para eles, não existe nada além do mundo físico que podem ver, tocar ou entender usando a lógica. Esses céticos acreditam ter uma "mente científica", mas na realidade têm pouca capacidade de imaginação e pensamento criativo. Na outra extremidade do espectro, estão aqueles que acreditam em tudo aquilo que leem ou ouvem, não importando o quão extraordinário ou fantástico seja. O problema com esse grupo de "verdadeiros crentes" é que falta a eles a capacidade de discriminação e julgamento.

Em algum lugar no meio das duas extremidades existe um grupo que vive e trabalha em um mundo moderno e mesmo assim acredita na Magia, no sobrenatural e nas habilidades psíquicas. Entre esse grupo há uma fração de indivíduos que se denominam magos. E uma certa porcentagem deles se denomina magos que seguem a Golden Dawn.

A Magia é com frequência descrita em termos ao mesmo tempo científicos e religiosos, para o horror tanto dos cientistas quanto do clero. Ela foi definida como "o método da ciência, o objetivo da religião". Justamente pelo fato de a Magia invadir os dois territórios é que ela recebe pedradas e flechadas tanto dos egocêntricos cientistas quanto do ressentido clero.

Eliphas Levi, ocultista e ex-clérigo do século XIX, dava grande valor às artes mágicas:

> A Magia combina, em uma única ciência, aquilo que é certo na Filosofia com aquilo que é eterno e infalível na religião. Ela harmoniza de maneira perfeita e incontestável esses termos tão opostos à primeira vista — fé e razão; ciência e crença; autoridade e liberdade. Ela dá à mente humana um instrumento de certeza filosófica e religiosa tão exato quanto a Matemática, e ainda explica a infalibilidade da própria Matemática.[60]

Aleister Crowley, praticante da Magia moderna e ex-estudante da tradição da Golden Dawn, apresentou uma definição curta, mas precisa, de Magia: "Magia é a Ciência e a Arte de provocar mudança de acordo com a Vontade".[61] Nesse caso, "Vontade" é entendida não como os desejos insignificantes do indivíduo, mas como uma intenção que está em harmonia com a essência fundamental do Eu Superior do indivíduo, e também em concordância total com a lei cósmica ou natural. Mas essa definição é muito limitada, pois dá a entender que todo

60. Eliphas Levi, *The History of Magic* (York Beach, Maine: Samuel Weiser, Inc., 1999), 29.
61. Aleister Crowley, *Magick in Theory and Practice* (New York: Dover Publications, Inc., 1976), xii.

ato intencional é um ato de Magia, desde que o mago assim o deseje. Isso é verdade no sentido mais amplo porque os praticantes de Magia acreditam que o Universo em que vivemos é completamente divino e mágico em todos os seus aspectos. Entretanto, estamos procurando por um significado mais específico para as práticas rituais realizadas pelos magos. O mago pode desejar sentar-se em uma cadeira, mas isso não transforma esse ato em Magia, de acordo com a definição que buscamos aqui.

Dion Fortune, também ex-membro da Golden Dawn, que fundou sua própria escola de Magia, acrescentou outra dimensão a essa definição: "Magia é a Ciência e a Arte de provocar mudança de consciência de acordo com a Vontade". Isso leva em consideração o poder da mente humana de afetar uma mudança espiritual interior que influenciará o mundo exterior, material. A mudança de consciência é com certeza um fator importante na Magia; porém, essa definição também não é completa.

Sentimos que a explicação a seguir é a que mais se aproxima de uma definição de Magia: "Magia é a ciência e a arte de provocar mudança (de consciência) de acordo com a vontade, usando meios não entendidos atualmente pela ciência tradicional ocidental".[62]

Ainda que a Magia não possa ser explicada pela ciência, é errado concluir que ela é "sobrenatural", embora por causa das limitações da língua seja difícil não usarmos termos como esse quando tentamos defini-la. A Magia é inteiramente natural — ela funciona de acordo com a lei natural ainda que não percebamos isso.

Uma definição mais completa de Magia requer um parágrafo:

Magia é a arte e a ciência de provocar mudança de acordo com a vontade. Essa mudança pode ocorrer (1) no mundo manifesto, exterior; (2) na consciência do mago; e (3) com mais frequência nos dois, pois mudar um quase sempre resulta na mudança do outro. A mudança mágica ocorre de um modo que não é entendido pela ciência moderna porque ela opera por meio do Não-Manifesto — manipulações sutis dos reinos invisíveis, espirituais. No entanto, as obras da Magia estão sujeitas à lei natural. Os efeitos da Magia são, algumas vezes, bem

62. Donald Michael Kraig, *Modern Magick* (St. Paul, Minn.: Llewellyn Publications, 1988), 9.

visíveis no mundo físico e, outras vezes, aparentes apenas em um nível pessoal, espiritual. As obras da Magia não estão confinadas aos limites de tempo e espaço.

## Magia e Religião

Nos tempos arcaicos, a Magia e a Religião eram consideradas uma única e mesma coisa. Em muitas civilizações antigas, a Religião e a Magia compartilhavam uma origem e unidades fundamentais. No entanto, a Magia moderna, que pode ser considerada um refinamento da chamada "Magia medieval", é inteiramente distinta da Religião. A Magia tem seu próprio conjunto de atributos, processos mentais e leis naturais ou científicas, enquanto a Religião depende mais da fé, crença e doutrina oficial. Em resumo, a Religião é uma crença, ou conjunto de crenças, valores e práticas específicos baseados nos ensinamentos de um líder espiritual. A Magia é um método ou mecanismo de provocar mudança de acordo com as leis cósmicas.

Em uma analogia bem simplificada, a Magia inclina-se em direção ao pensar, enquanto a Religião gravita em torno do sentir e do ser. Elas com certeza estão relacionadas, mas não são idênticas. O anseio pelo sobrenatural é o que impulsiona as duas, embora de maneiras diferentes.

A religião organizada também tende a limitar o acesso ao mundo sobrenatural em um baluarte de uma teologia formalizada; e os fiéis são encorajados a permanecer dentro dessa estrutura. Na Magia, porém, o indivíduo é encorajado a experienciar por si mesmo os reinos sobrenaturais.

Os métodos e ritos da Magia podem ser usados para suplementar a prática religiosa da pessoa. Essa é a razão pela qual a Magia ritual com frequência envolve o trabalho com divindades, arcanjos, anjos, espíritos e outros seres divinos, que também são reconhecidos por várias religiões. Com o passar dos anos, a prática da Magia teceu seu caminho por entre quase todas as religiões, embora isso nem sempre tenha sido reconhecido. Há pouca diferença entre uma "prece de devoção" e uma "invocação" ou entre um "ato de Magia" e um "milagre" além da semântica e do entendimento (ou falta dele) por parte do praticante que são universais à experiência espiritual humana independentemente das crenças religiosas da pessoa. A Magia é um processo que funciona do mesmo modo, de acordo com as mesmas leis ou mecânica cosmológica, independentemente da religião, seita ou divindade com a qual o praticante opera. A prática da Magia não é restrita a uma fé ou dogma únicos; e ela funciona segundo o mesmo conjunto de princípios naturais.

Quase todas as religiões mais importantes do mundo e muitas das menos conhecidas contêm uma prática religiosa exotérica (externa ou pública) que é acessível e compreensível a todos os membros daquela expressão de fé. Mas, coincidindo com a religião pública, há também, de modo geral, uma prática religiosa esotérica (interna, pessoal ou privada) que só é acessível e compreensível a um número seleto de indivíduos: o sacerdócio. Os membros de um círculo interno de uma religião, que têm acesso aos ensinamentos superiores dela, podem muito bem empregar métodos de Magia para aprimorar seu trabalho espiritual. Muitas pessoas sabem que isso é verdade no que diz respeito às religiões do Oriente, mas é igualmente verdade no que toca às religiões ocidentais, incluindo o Cristianismo. Com certeza, é verdade que os melhores sacerdotes e sacerdotisas também são os melhores magos.

## As antigas origens da Magia ocidental

A palavra *Magia* é derivada do termo grego *mageia* (maeia), a ciência e religião dos sacerdotes zoroastristas. Segundo alguns estudiosos, ela é derivada do grego *megas*, que significa "grande", indicando ciência "grande".[63]

A "ciência grande" dos sacerdotes zoroastristas, que com o tempo encontrou seu caminho entre as práticas espirituais do Ocidente, remonta às antigas civilizações da Mesopotâmia, o exuberante vale dos rios Tibre e Eufrates. No período entre 4000-538 a.C. as culturas da Suméria, Acádia e Babilônia (às vezes chamada Caldeia) exerceram uma influência fundamental sobre a Magia do Ocidente, em particular sobre o tipo de Magia que é algumas vezes chamado *taumaturgia*, que é o termo grego para "realização de milagres". Esse tipo de Magia é

63. Lewis Spence, *An Encyclopedia of Occultism* (New York: Citidel Press, 1996).

usado para provocar mudanças no mundo material ou inferior. A vida na Crescente Fértil era difícil e incerta. Acreditava-se que os seres humanos foram criados para servir às necessidades dos deuses. Assim, o povo mesopotâmico entendia a vida em geral como uma luta diária contra forças inamistosas, divindades indiferentes e espíritos hostis. Para combater essas forças, os babilônios desenvolveram um sistema agressivo de Magia destinado a mudar para melhor suas condições de vida. Quase todas as casas tinham santuários consagrados ao deus ou deusa pessoal do dono, em que orações eram feitas e sacrifícios eram oferecidos para obter os favores da divindade. As orações quase sempre tinham o objetivo de implorar aos deuses poder para se defender dos demônios e dos maus espíritos. As artes e os encantamentos mágicos foram desenvolvidos como formas de agradar os bons espíritos e afastar os maus. O babilônio comum com frequência empregava os serviços de astrólogos e magos (sacerdotes-magos hereditários) para adivinhações, cura, bênçãos de amuletos e talismãs, purificação, maldições e afastamento do mal. O reino espiritual da Babilônia não costumava ser simpático às necessidades dos seres humanos, por isso os magos precisavam afirmar sua autoridade e controle sobre os habitantes do mundo invisível — às vezes utilizando amarrações e ameaças para obrigar os espíritos a seguir seus comandos.

A influência da Magia babilônica pode ser vista nos grimórios ou livros de Magia da Idade Média e da Renascença, como *A Chave Menor de Salomão*, por meio do qual o mago invoca, amarra e ameaça os obstinados espíritos inferiores, fazendo-os realizar a vontade dele.

Contudo, a visão de mundo do povo mesopotâmico não foi a única perspectiva a influenciar o desenvolvimento da Magia do Ocidente. Os antigos egípcios acrescentaram sua visão singular e mais otimista do Universo à genealogia da Magia ocidental.

Diferentemente dos habitantes da Crescente Fértil, a civilização do Vale do Rio Nilo tinha uma visão mais otimista da vida, graças, em parte, a um ambiente mais favorável, uma quantidade menor de enchentes mortais e períodos de fome e um número menor de invasores conquistadores. Em contraste com os habitantes da Mesopotâmia, que consideravam a vida após a morte uma triste experiência, os egípcios a entendiam como uma confirmação positiva da vida eterna. Como resultado, uma grande parte da literatura espiritual deixada pelos egípcios abordava a purificação do corpo e da alma na preparação para uma desejável vida após a morte em companhia dos deuses. Os textos funerários dos egípcios contêm algumas das orações e invocações mais sublimes que já foram escritas; e muitas delas ainda são usadas por magos cerimoniais. Os textos e ritos egípcios que enfocam a purificação da alma tiveram uma profunda influência sobre o que mais tarde seria chamado de alta Magia ou Teurgia.

Nos tempos antigos, a Magia era vista como uma força ou divindade externa. No Egito, ela foi personificada como Heka, uma divindade cujo nome significava "poder mágico". Acreditava-se que Heka fora incumbida pelo Criador de formar o mundo a partir do caos. Os deuses usaram Heka para criar a humanidade; e ela também era vista como um presente dado à humanidade pelos deuses para desviar os golpes do destino. Como Heka era a energia continuamente usada pelos deuses no processo da criação, os egípcios presumiram que essa força mágica também poderia ser utilizada pelos seres humanos em suas empreitadas.

As Magias do Egito e da Mesopotâmia foram duas das fontes originais que fluíram para a principal artéria da Magia ocidental. Mas existiram outras influências. Os gregos acrescentaram seu próprio ingrediente à mistura não apenas por meio da sabedoria dos filósofos clássicos, como Pitágoras, Sócrates, Platão e Aristóteles, mas também pelo amálgama de diferentes culturas que passaram a integrar o mundo antigo depois que Alexandre, o Grande, conquistou o Egito, a Síria e a Pérsia. Sob o governo helenístico, emergiu uma magnífica civilização cosmopolita, que tinha um sabor claramente grego, mas que foi metamorfoseada pelas tradições de culturas nativas e os amplos territórios novos que agora a Grécia controlava. Era esse o ambiente no qual conviviam diferentes filosofias, expressões de fé e técnicas de Magia do mundo antigo. E foi aqui que se deu a fundação da Magia ocidental como a conhecemos.

A literatura espiritual da época, incluindo encantamentos e invocações mágicas dos *Papiros Mágicos Greco-Romanos*, foi fortemente baseada no Gnosticismo e em outras formas mais antigas do Cristianismo; no Judaísmo, com sua multidão de hierarquias angelicais; na Magia babilônica, com sua ênfase em Astrologia, encantamentos e maldições; e na Magia egípcia, com sua liturgia e invocações. Os *Papiros Mágicos* contêm folclore e material mitológico, partes de liturgias perdidas, invocações e rituais. Esses e outros textos, incluindo os ritos neoplatônicos descritos nos *Oráculos Caldeus* e na *Hermética*, tiveram um grande impacto sobre as práticas de Magia da Idade Média e do período renascentista.

## Magia medieval

O período conhecido na história europeia como Idade Média foi uma época entre a Antiguidade e a Renascença, datada de 476 a 1453 d.C. Um mago praticando sua arte no período medieval com certeza pensaria na Magia em termos simples, não com o jargão científico e psicológico empregado hoje em dia. Para o mago medieval, a Magia incluía as antigas artes da Alquimia e da Astrologia, mas sua característica mais evidente era o trabalho com espíritos. Os textos de Magia da época, conhecidos como *grimoires* (que significa "gramáticas"), abordavam, como aspecto principal, a interação entre o mago e o mundo espiritual — um mundo invisível habitado por hordas de entidades espirituais: arcanjos, anjos, inteligências planetárias, elementais e demônios. Os grimórios, bem como os *Papiros Mágicos Greco-Romanos* antes deles, continham uma variada quantidade de encantamentos e práticas de Magia: encantamentos para atrair amantes; encontrar um tesouro enterrado; curar uma pessoa doente; trazer prosperidade nos negócios; invocar um espírito para ajudar em alguma questão, e assim por diante.

Com a invenção do papel como um meio de escrita, os livros se tornaram bem mais comuns, ainda que a alfabetização tenha permanecido privilégio do clero e da nobreza. Supõe-se que um excedente de clérigos afastados tenha escrito os grimórios. Por ironia, esses livros de encantamento foram banidos pela Igreja, em grande parte, porque foram escritos e usados por um submundo clerical que agia sem supervisão.[64] Nos dias da Inquisição, quando a Igreja medieval se dedicou a extirpar a heresia e queimar hereges e bruxos, a simples posse de um exemplar desses textos já era algo perigoso.

64. Richard Kieckhefer, *Forbidden Rites: A Necromancer's Manual of the Fifteenth Century* (University Park, Pen.: Pennsylvania State University Press, 1997), 12-13.

## Magia renascentista

O período que data do século XIV até o XVI trouxe à tona uma nova discussão quanto ao modo como a Magia era vista, pelo menos pelos estudiosos, humanistas, filósofos e magos — *Magia como um fenômeno natural.*

Já mencionamos a tradução do *Corpus Hermeticum*, por Marsílio Ficino, que a Igreja erroneamente presumiu ter sido escrita por um antigo autor pagão que profetizara os ensinamentos de Cristo. Além dos tratados filosóficos contidos na *Hermética*, havia também uma certa quantidade de elementos mágicos. Ficino ficou naturalmente intrigado com esse material e começou a experimentá-lo. Percebendo que pisava em território perigoso, no que dizia respeito à Igreja, Ficino, com muito cuidado e de maneira enfática, afirmou que a Magia estudada por ele era a natural e não a angelical ou demoníaca.

A visão aristotélica do Universo, prevalecente na época, teorizava que a Terra estava no centro de um Cosmos trino. Além da Terra, estava o reino celestial de Deus e dos poderes angelicais. Entre o céu e a Terra estava a região das esferas celestiais — as estrelas, os planetas e as luminares do Sol e da Lua (ver figura 9). Os poderes celestiais controlavam os movimentos das esferas planetárias que, por sua vez, influenciavam a Terra abaixo.

Os poderes do reino celestial eram de domínio exclusivo da Igreja. Mas os poderes das esferas celestiais e sua influência sobre a Terra eram considerados parte do mundo natural. Usando a linguagem da Astrologia para criar hinos, reunir correspondências, que estavam em harmonia com diferentes energias celestiais e criar talismãs planetários, Ficino insistiu em afirmar que usava apenas forças naturais que nada tinham a ver com a evocação de espíritos ou trabalho com anjos. Essa explicação o salvou da ira da Igreja.

Em comparação, o ousado aluno de Ficino, Pico della Mirandola, jogou a preocupação pela janela quando abraçou a Cabala judaica e a transformou na pedra angular da Magia ocidental. A conjuração e invocação de anjos, arcanjos, e mesmo as sucessivas emanações de Deus eram a linha de frente da Magia cabalista. Pico foi alternadamente condenado ou elogiado, dependendo do papa em exercício.

*Figura 9: A alma do mundo, mostrando o Cosmos trino*

Mas Pico escancarou a porta para outros estudiosos renascentistas, que passaram a ver tanto o mundo celeste quanto os reinos celestiais como parte integrante do Universo natural. Trabalhar com os anjos era algo tão aceitável quanto operar com as energias planetárias, pois ambos pertenciam a uma única realidade cósmica, que era natural e divina. Essa visão foi mais bem explicada por Henrique Cornélio Agrippa (1486-1535), um dos magos mais importantes e influentes de sua época, que defendia a Magia como um método para entender Deus e a Criação:

> A Magia é uma faculdade de maravilhosa virtude, plena de grandes mistérios, plena dos maiores mistérios; contendo a mais profunda contemplação das coisas mais secretas, junto com a natureza, o poder, a qualidade, a substância e as virtudes dela; e também o conhecimento de toda a natureza. Ela nos instrui sobre a diferença e a concordância entre as coisas em si, de onde produz seus maravilhosos efeitos, unindo as virtudes das coisas, aplicando umas às outras, e a seus sujeitos inferiores adequados; juntando-os e tecendo-os juntos pelos poderes e virtudes dos corpos superiores. Essa é a ciência mais perfeita; a principal; o tipo de filosofia mais sagrado e sublime; e, por fim, a perfeição mais absoluta da mais excelente filosofia.[65]

Muitos dos praticantes de Magia modernos com certeza concordariam.

## Como a Magia funciona

São muitas as técnicas de Magia, mas todas envolvem, em graus diferentes, o despertar de habilidades psíquicas ou faculdades de percepção na mente do mago. Como qualquer outra ciência, a Magia tem seu próprio conjunto de teorias e regras. Ela conforma-se a um grupo de princípios cujos efeitos podem ser registrados. Todavia, esses efeitos com frequência ocorrem em um nível pessoal, psíquico e espiritual; portanto, não podem ser registrados com o uso do aparato físico-padrão da ciência moderna, que simplesmente não está equipada para lidar com questões espirituais. Por enquanto, a ciência está limitada a explorar apenas o Universo físico.

Como a ciência moderna, a Magia funciona de acordo com as regras da causa e efeito, mas, diferentemente da ciência, ela explora o universo espiritual, não o físico.

---

65. Cornélio Agrippa, *Três Livros de Filosofia Oculta* (Madras Editora), Livro I, capítulo 2.

Eliphas Levi, ocultista francês do século XIX, cuja obra foi de fundamental importância para os fundadores da Ordem Hermética da Golden Dawn, explicou o funcionamento da Magia em seus livros *Dogma e Ritual de Alta Magia* e *The Mysteries of Magic*. Três "leis" básicas, ou teorias de Magia, podem ser extraídas de seus textos:

(1) A lei da importância da força de vontade humana. A força de vontade humana não é uma ideia abstrata, mas algo real que pode ser treinado. A vontade humana treinada é capaz de provocar mudanças e produzir efeitos físicos. Segundo Levi:

> Nada pode resistir à vontade do homem quando ele sabe o que é verdadeiro e deseja o que é bom[66]... Aprenda a desejar. Como pode alguém aprender a desejar? Esse é o primeiro Arcanum da iniciação à Magia.[67]

(2) A lei da luz astral. (Levi também se refere a ela como o Grande Agente Universal, o Agente Mágico ou a Alma do Mundo. Ver a ideia de Platão sobre a Alma do Mundo, capítulo 1). A luz astral é uma substância espiritual invisível que permeia tudo no Universo. Ela pode ser usada pelos magos para provocar mudanças em qualquer distância no espaço.

> Existe uma força na Natureza muito mais poderosa que o vapor, pela qual um único homem que conseguir controlá-la e souber como dirigi-la poderá causar confusão no mundo e transformar sua face. Ela é difundida pelo infinito; é a substância do céu e da terra, pois é fixa ou volátil de acordo com os graus de sua polarização. Hermes Trismegisto a denominou o Grande Telesma. Quando produz radiância é chamada luz. Essa foi a substância criada por Deus antes de tudo, quando Ele disse: "Faça-se luz". É substância e movimento ao mesmo tempo; é fluídica e uma vibração perpétua. A força inerente pela qual ela é colocada em ação é chamada magnetismo. No espaço infinito é éter, ou luz eterizada; torna-se luz astral nas estrelas que são por elas magnetizadas; enquanto em seres organizados, ela se torna luz magnética ou fluídica. No homem, forma o corpo astral ou mediador plástico.[68]

Levi descreve como a força de vontade humana pode dirigir ou moldar a luz astral para provocar mudança para o bem ou para o mal:

---

66. Levi, citado em *The Mysteries of Magic: A Digest of the Writings of Eliphas Levi*, de Arthur Waite (Kila, Mont.: Kessinger Publishing Co.), 63.
67. Eliphas Levi, *Transcendental Magic* (York Beach, Maine: Samuel Wieser, Inc., 1995), 205.
68. Levi, citado em *The Mysteries of Magic*, de Waite, 68-69.

> A vontade dos seres inteligentes age de forma direta sobre essa luz, e por meio dela sobre toda a natureza, que se torna sujeita às modificações da inteligência. Essa força era conhecida pelos antigos; ela consiste em um agente universal em equilíbrio por sua lei suprema, enquanto sua direção depende imediatamente do Grande Arcanum da Magia transcendente. Pelo direcionamento desse agente, podemos alterar a própria ordem das estações; produzir à noite o fenômeno do dia; corresponder-nos de modo instantâneo de uma extremidade do mundo à outra... curar ou ferir a distância; e dotar a fala humana de uma reverberação e um sucesso universais.[69]

> A luz astral é a chave de todo o domínio, o segredo de todos os poderes, o espelho universal de visões, o laço das simpatias, a fonte do amor, profecia e glória, o instrumento da arte taumatúrgica e da adivinhação. Saber como controlar esse agente para se beneficiar com ele e direcionar sua corrente significa atingir o Magnum Opus...[70]

(3) A lei da correspondência. Essa lei, baseada nas antigas teorias medievais concernentes às "virtudes mágicas" de diferentes substâncias, afirma que tudo no Universo Maior tem uma parte correspondente no Universo Menor. O homem, o microcosmo, é um reflexo e extensão menores do Universo Maior, o macrocosmo. Provocar uma mudança em um significa causar uma alteração também no outro. Segundo a visão de Levi, acreditava-se que a alma do homem, mais do que seu corpo, era o "espelho mágico do Universo". O Universo em que vivemos não é uma mistura de fatores e acontecimentos ao acaso, mas um sistema ordenado de correspondências. A ideia de que há uma conexão e um relacionamento claros entre o Universo maior (macro) e o Universo humano menor (micro) é um dos princípios básicos da Magia.

Levi afirma:

> Existe apenas um dogma na Magia: o visível é a manifestação do invisível; ou, em outras palavras, o mundo perfeito, nas coisas apreensíveis e visíveis, tem uma proporção exata às coisas que são inapreensíveis por nossos sentidos e não vistas por nossos olhos. O *Magus* (Mago) ergue uma mão aos céus e aponta com a outra para a Terra, dizendo: "Acima, imensidade; abaixo, também imensidade! A imensidade se iguala à imensidade" — Isso é verdade tanto para as coisas vistas quanto para as não vistas.[71]

---

69. *Ib.*, 69.
70. *Ib.*, 73.
71. Levi, *Transcendental Magic,* 34-35.

A *Tábua de Esmeralda*, um dos escritos antigos atribuídos a Hermes Mercúrio Trismegisto, definiu isso em um curto, porém preciso axioma da sabedoria hermética: "Como acima, também abaixo."

A Lei da Correspondência inclui a ideia de que certos objetos, símbolos ou substâncias estão ligados a diferentes energias — por meio da vibração, cor ou caráter. Essas associações são usualmente planetárias, zodiacais ou elementais, mas também podem incluir as características de plantas, pedras, metais, divindades, etc. O teurgista neoplatônico Jâmblico com certeza teria reconhecido essa Lei como algo essencial à obra da alta Magia:

> Pois, como se faz necessário que a natureza terrestre não seja de modo algum destituída da comunicação divina, a terra também recebe certa porção divina, suficiente para a participação dos deuses. A arte teúrgica, portanto, constatando essa verdade e a descobrindo em receptáculos comuns e apropriados, confortáveis às peculiaridades de cada um dos deuses, com frequência une pedras, ervas, animais, perfumes e outras substâncias sagradas, perfeitas e deiformes do mesmo tipo; depois, a partir de todas elas, produz um receptáculo puro e completo.[72]

Usando certas substâncias, como metais, pedras preciosas, cores, ervas e incensos, o mago escolhe coisas que o ajudarão a se concentrar e focar sua força de vontade. Entendendo o padrão dessas correspondências em seu relacionamento com a alma, "o espelho mágico do Universo", o mago é capaz de usá-las para provocar mudanças, para o bem ou para o mal. Isso é possível porque as forças que o mago busca afetar estão ao mesmo tempo dentro e fora dele. Elas são os próprios impulsos essenciais do mago, magnificados no Cosmos. O canal que existe entre os impulsos interiores do mago e as forças cósmicas presentes no Universo maior é a faculdade da imaginação, que pode ser considerada o instrumento mais poderoso da Magia.

Os Adeptos da Golden Dawn acrescentaram o que pode ser chamado de uma quarta lei a essa teoria da Magia.

72. Iamblichus, *On the Mysteries*, traduzido por Thomas Taylor (San Diego, Calif.: Wizard's Bookshelf, 1984), 267.

(4) A força de vontade humana deve ser combinada com a imaginação humana. A imaginação é o que direciona e guia a força de vontade. Um mago da Golden Dawn, dr. Edward Berridge (V.H. Frater Resurgan), assim a descreveu:

> Para praticar Magia, tanto a Imaginação quanto a Vontade devem ser empregadas; elas são equivalentes na Obra. Mais ainda, a Imaginação deve preceder a Vontade para produzir o maior efeito possível. A Vontade sem ajuda pode enviar uma corrente, e essa corrente, ainda que não seja totalmente inoperante, causa um efeito vago e indefinido, porque a Vontade sem ajuda nada envia além de uma corrente de força.
>
> A Imaginação sem ajuda pode criar uma imagem, e essa imagem deve ter uma existência de duração variável; porém, não pode fazer nada importante, a menos que seja vitalizada e direcionada pela Vontade.
>
> Quando, no entanto, as duas são conjugadas — quando a Imaginação cria uma imagem — e a Vontade direciona e usa essa imagem, maravilhosos efeitos mágicos são obtidos.[73]

Levi provavelmente concordaria com essa afirmação. Em seu livro, ele se referiu à imaginação como o Diáfano ou o Translúcido — "cuja onipotência pertence com exclusividade ao reino da Magia." Trata-se de uma faculdade que "exalta a vontade e dá a ela poder sobre o agente universal".[74] Ele escreve:

> A imaginação é na verdade o olho da alma, e é nela que as formas são delineadas e preservadas; por meio dela vemos os reflexos do mundo invisível; ela é o espelho das visões e o aparato da vida mágica... O que chamamos de imaginação no homem é a faculdade inerente da alma de assimilar para si as imagens e os reflexos contidos na luz viva, ou no Grande Agente Mágico... Essas imagens e reflexos são relações nas quais a ciência intervém para nos revelar seu *Logos* ou luz. O homem de genialidade se diferencia do sonhador e do louco apenas neste aspecto: suas criações são análogas à verdade, enquanto que as dos loucos e sonhadores são reflexos perdidos e imagens errantes. Assim, para o sábio, imaginar é ver; assim como para o mago, falar é criar.[75]

73. Francis King, *Astral Projection, Magic and Alchemy by S.L. MacGregor Mathers and Others* (Rochester, Vt.: Destiny Books, 1987), 33.
74. Levi, *The Mysteries of Magic*, 66-67.
75. *Ib.*, 67-68.

Aureolus Paracelso (1493-1541), um dos primeiros alquimistas da Renascença, afirmou quase a mesma coisa séculos antes, e ainda ressaltou que todos os instrumentos, correspondências e rituais eram muito inferiores e até desnecessários quando comparados ao poder da imaginação.

> A Magia é uma grande sabedoria oculta, e a razão é uma grande loucura. Nenhuma armadura protege contra a Magia porque ela ataca o espírito interno da vida. Podemos ter certeza de que apenas por meio da imaginação plena e poderosa é que seremos capazes de trazer o espírito de qualquer homem a uma imagem. Nenhuma conjuração, nenhum rito são necessários; fazer círculos e espalhar incenso são atos meramente fraudulentos e enganosos. O espírito humano é algo tão grande que nenhum homem pode expressá-lo; eterna e imutável como o próprio Deus é a mente do homem; e se pudéssemos compreender de modo correto a mente do homem, nada nos seria impossível na face da Terra. Pela fé, a imaginação é revigorada e completada, pois na verdade toda dúvida macula sua perfeição. A fé deve fortalecer a imaginação, pois ela estabelece a vontade. Como o homem não acreditou nem imaginou com perfeição, o resultado foi que as artes se tornaram incertas quando deveriam ser certas.[76]

Usando essas leis como guias, podemos assim resumir a mecânica da Magia: a Magia funciona por meio da manipulação da substância invisível, que tudo permeia, conhecida como luz astral. Essa substância pode ser comparada a uma matriz espiritual invisível, que espelha todas as coisas no Universo manifesto. O plano astral — um nível, de existência superior e mais sutil que o reino físico — contém uma "imagem" etérea de todas as coisas — viventes ou não; orgânicas ou inorgânicas. A Magia opera por meio da manipulação da luz astral, que é fluídica, plástica e maleável.

Embora a civilização moderna tenha a tendência de menosprezar a imaginação como um passatempo de criança, ela é a faculdade suprema nos seres humanos e o principal instrumento de Magia. Quando imaginamos alguma coisa, criamos uma imagem dela na luz astral. Quando um inventor cria algo novo, ele, em primeiro lugar, produz essa invenção no olho da mente, construindo uma imagem mental da mecânica envolvida e da forma e das dimensões dela. Desse modo, a

76. Spence, citando Paracelso, 261.

invenção torna-se realidade no plano astral antes de se tornar realidade no plano físico. O mago usa essa mesma faculdade de imaginação para criar uma imagem daquilo que deseja realizar, dando-lhe uma forma no plano astral. Assim, a habilidade em visualizar é essencial na Magia; e em grupos de Magia como a Golden Dawn, aprender a arte de visualização é algo fundamental ao treinamento do mago. Por conseguinte, o poder de concentração do indivíduo também é de importância vital ao procedimento mágico.

Provido da imagem astral, o inventor contrata engenheiros ou construtores para manifestar a criação. Contudo, na Magia, o resultado final nem sempre é obtido com tanta facilidade. O mago pode tentar realizar algo em um nível pessoal, psíquico, espiritual ou mesmo físico utilizando meios não comumente entendidos pela ciência física.

O objetivo de uma determinada obra de Magia pode variar — pode ser construir um templo astral, curar um amigo doente, obter comunicação com seres angelicais; alcançar as condições financeiras necessárias para um novo projeto ou aprimorar o desenvolvimento espiritual. A imagem criada pelo mago na luz astral refletirá o objetivo final — a imagem de um grande templo; o amigo curado, sem mais nenhum sinal da doença; a imagem de um anjo falando; o projeto concluído; ou a luz do divino descendo sobre o mago.

A faculdade de imaginação é o instrumento usado na luz astral. Mas essa forma permanecerá inerte até que seja vitalizada pela força da corrente da vontade. Em uma comparação bem simplificada, podemos empregar a analogia da prática de acertar no alvo para explicar o processo. Uma imagem criada no plano astral pode ser comparada ao alvo a ser atingido, que está a certa distância do mago. O objetivo do mago é acertar no alvo. Entre uma grande variedade de armas, ele pode escolher quais usará para alcançar o objetivo: um rifle com balas, arco e flechas, dardos, uma lança, uma atiradeira que lança pedras ou ainda um *paintball* disparado de uma arma. As armas são análogas às várias correspondências (implementos, incensos, pedras preciosas, elementos, planetas, signos zodiacais, mantras, etc.) que podem ser empregadas pelo mago para atingir seu objetivo. A escolha da arma ou correspondência dependerá do modo como o mago deseja acertar no alvo ou completar o objetivo. Uma cura requererá uma correspondência solar;

enquanto uma correspondência lunar será necessária para dar início a uma mudança ou alteração. Por fim, o mago jamais acertará no alvo se não mirar com cuidado nem disparar a arma. Isso é um ato de força de vontade; é a força motriz ou catalisadora que coloca o processo de Magia em movimento. E, assim como a habilidade em mirar uma arma, o poder da vontade deve ser preciso, focado e sem distração, para que atinja o alvo e obtenha os resultados desejados.

Em outra analogia, a faculdade de imaginação é uma habilidade — como o *know-how* técnico para montar um computador. A criação da imagem astral é a criação do próprio computador. As várias correspondências são como o *software* que é programado no computador — cada programa tem um propósito e função específicos. E, finalmente, a força de vontade humana é uma corrente invisível de força que dá poder à imagem, assim como a eletricidade que faz com que o computador funcione.

Os passos do processo de Magia podem ser entendidos com mais facilidade se os colocarmos na ordem abaixo:

1) Intenção. O mago deve ter um objetivo claro em mente.

2) Correspondência. O mago deve escolher quais símbolos, instrumentos e correspondências melhor atenderão às suas necessidades.

3) Imagem. Uma imagem do objetivo da obra é criada e visualizada na luz astral e construída por meio da faculdade de imaginação.

4) Força de vontade. O mago direciona e foca a força de vontade, como um *laser*, sobre o objetivo desejado. Isso energiza a imagem astral de modo que seus efeitos sejam sentidos em um nível pessoal, psíquico ou físico.

Esse é o método usado em todas as obras de Magia. Tome, por exemplo, um clássico ritual da Golden Dawn conhecido como O Ritual Menor de Banimento do Pentagrama (RMBP) (ver capítulo 6). O mago que o realiza tem um objetivo claro, ou intenção, em mente — criar um círculo de proteção ou purificar o espaço do templo. As correspondências desse ritual específico são bem tradicionais: o símbolo protetor do pentagrama e os quatro arcanjos hebreus dos elementos.

O mago, porém, tem a escolha de implementar correspondências com as quais realizar o ritual: uma simples adaga de banimento, uma vara de lótus, uma espada mágica ou apenas o dedo indicador. O mago pode preferir o uso simples e direto do dedo indicador e o poder representado na mão humana. Mas se for necessário um banimento poderoso específico, ele pode acrescentar a potência e o simbolismo da Espada de Justiça Gebúrica. Enquanto o mago traça a imagem do pentagrama de proteção, essa figura é construída na imaginação, tornando-se realidade no plano astral. Ela é então energizada pela vontade do mago, que vigorosamente carrega o centro do pentagrama com um gesto físico, enquanto entoa um nome sagrado. A combinação do gesto físico com a entonação ajuda a focar a corrente da força de vontade, como um refletor, sobre a imagem do pentagrama criado na luz astral, vitalizando-o e dando-lhe poder.

## Magia: a arte enigmática

Embora os magos tenham descrito "leis" naturais para explicar como funciona o processo da Magia, as operações exatas de qualquer ato mágico específico não podem ser apontadas. Um mago pode realizar um ritual para um objetivo bem definido, mas ele não pode prever a maneira específica (onde, quando e como) na qual o trabalho de Magia terá efeito. O processo mágico em ação tende a se parecer com sorte ou acaso. O conceito de sincronicidade de Carl Jung — a coincidência de eventos que parecem estar relacionados de um modo significativo — é com frequência um sinal de Magia em ação. O resultado de se trabalhar seguindo uma disciplina mágica é um aumento nos poderes de percepção da pessoa. Assim, eventos que estão ligados em sincronia são mais passíveis de ser notados pelo mago que está sintonizado com eles.

Por fim, a Magia em ação sempre procurará o caminho de menor resistência. Uma vez estabelecida a intenção do mago e realizado o trabalho para implementá-la, a Magia seguirá a direção mais fácil; e às vezes até a mais mundana, para alcançar o objetivo. Por exemplo, se um mago realiza um ritual para obter um computador, não haverá uma "rajada de fumaça" instantânea para anunciar a materialização sobrenatural de um computador novo em folha sobre a mesa do mago.

Em vez disso, o mago realizará o ritual, concentrando-se apenas no resultado (a obtenção do computador), e deixará que o processo mágico decida como e quando ele vai acontecer. É possível que logo depois do ritual um amigo ou parente adquira um computador mais novo e dê o antigo de presente ao mago.

Esse é um exemplo muito simples, mas deixa bem claro que a Magia com frequência funciona por meio dos canais mais fáceis para alcançar os objetivos do mago.

## Alta Magia: Teurgia

A Magia em si não é "má" nem "boa". Não é "negra" nem "branca". A Magia é um processo neutro que pode ser empregado tanto para coisas positivas quanto negativas. O que torna a Magia "má" ou "sagrada" depende puramente da intenção ou objetivo do mago; se essa intenção é corrupta ou sublime.

O tema Magia é frequentemente dividido em categorias específicas, de acordo com a intenção: Magia branca (Magia benéfica, ética ou espiritual); Magia negra (maléfica ou prejudicial);[77] ou Magia cinza (aquela área da Magia que não é nem prejudicial nem especificamente espiritual). Outras classificações comuns de Magia incluem alta Magia (Magia cerimonial ou ritual) e baixa Magia (Magia popular). A Magia da Golden Dawn inclui-se na categoria de alta Magia, também chamada Magia cerimonial ou Teurgia ("ação divina" ou "obra de Deus"). Um mago cerimonial é geralmente referido como um teurgista.

Uma definição visionária de alta Magia foi apresentada em 1870 por Jean-Baptiste Pitois, escrevendo sob o pseudônimo de Paul Christian, em sua monumental obra *The History and Practice of Magic:*

> A palavra Magia deriva do termo caldeu *Maghdim*, que significa sabedoria, com o acréscimo do significado comum que damos à palavra filosofia. Os Magos, ou adeptos da Magia — podemos ainda chamá-los de os sacerdotes da sabedoria da Antiguidade

77. A Magia negra é destrutiva para qualquer pessoa que seja tola o suficiente para fazer uso dela. Ela não faz parte de nenhum dos ensinamentos da Golden Dawn e deve ser evitada a qualquer custo. Nas palavras de Israel Regardie, alguém que se dedica à Magia negra "deve ser evitado como alguém que tenha uma doença asquerosa".

—, eram filósofos dedicados ao estudo do Universo, aquela esfera cujo centro, eles afirmavam, está em todos os lugares, cuja circunferência não tem limites e em cujo centro estão unidos, sem se confundir — ou separados, sem se perder de vista — os mundos físico, intelectual e divino: a face trina de todo o conhecimento, a base trina de toda a análise, a origem trina de toda a síntese.[78]

O termo *teurgia* foi usado pela primeira vez pelos platônicos do século II para explicar o poder transformador dos ritos sagrados, como os que foram descritos nos *Oráculos Caldeus*. Contudo, o filósofo neoplatônico do século IV, Jâmblico, foi o primeiro a apresentar uma justificação coerente para a realização dos atos rituais da Teurgia. Os ensinamentos de Jâmblico foram extremamente importantes para o desenvolvimento da Magia Hermética. Seu conceito de um Universo bem ordenado e hierárquico, acessível por meio do ritual divino, continuou a existir por muito tempo depois de sua época e se tornou parte da visão dominante do mundo dos estudiosos medievais e magos da Renascença.

A teurgia de Jâmblico era ativa — não uma mera discussão ou contemplação das "coisas divinas", mas, pelo contrário, exigia um envolvimento completo da parte do teurgista que trabalhava para invocar e incorporar os princípios divinos do Cosmos. Ele ensinava que cada alma humana individual estava imersa dentro do corpo da matéria e que necessitava da ajuda divina para se libertar e retornar à Fonte Única de Tudo. Essa assistência divina era prestada na forma de ritos e cerimônias teúrgicas potencializadas pelos deuses. Jâmblico insistia que a união com o Deus transcendente só era possível por meio da prática desses rituais sagrados.[79]

A definição de Magia apresentada a seguir, cunhada por Israel Regardie em seu magnífico opus *The Tree of Life – An Illustrated Study in Magic*, não apenas afirma os ensinamentos de Jâmblico acerca dos ritos sagrados, mas também define a Magia teúrgica da Golden Dawn:

78. Paul Christian, *The History and Practice of Magic* (Secaucus, N.J.: The Citadel Press, 1972), 18-19. O editor Ross Nichols acrescentou a seguinte nota de rodapé: "*Webster*: do grego *Magos*, persa antigo *Magu*: persa *Mugh* = adorador do fogo. Encontrada em Behistan em caracteres cuneiformes egípcios".
79. Gregory Shaw, *Theurgy and the Soul: The Neoplatonism of Iamblichus* (St. Paul, Minn.: Llewellyn Publications, 2001), 17.

> [Um] sistema mnemônico de Psicologia no qual os quase intermináveis detalhes cerimoniais, as circumambulações, conjurações e sufumigações, são realizados deliberadamente com a intenção de exaltar a imaginação e a alma, com a absoluta transcendência do plano normal do pensamento.[80]

## Trabalho com seres espirituais

A Magia já foi descrita como "o método da ciência; o objetivo da religião". Até aqui discutimos a mecânica ou ciência da Magia em detalhes. Também vimos o objetivo espiritual da Teurgia, que é a união com o divino. Mas apenas tocamos de leve no aspecto essencial do trabalho de Magia: ela envolve a invocação ativa de divindades, anjos, arcanjos e outras entidades espirituais. Cada aspecto do trabalho de Magia de um mago da Golden Dawn está associado de maneira intrínseca (1) à ideia de uma divindade transcendente, inefável, ou ao conceito superior de divindade, e (2) à ideia de que entre o mundo dos seres humanos e a Absoluta Unidade de Deus existe uma miríade de entidades espirituais. Com frequência, essas entidades com as quais os magos trabalham são conhecidas como anjos.

A palavra *anjo* deriva do grego *angelos*, que por sua vez é uma tradução do termo hebraico *melakh*, que significa "mensageiro". Os anjos foram descritos como "mensageiros da alma". Uma definição mais precisa afirma que um anjo é "uma Inteligência intermediária entre o humano e o Único na Grande Cadeia do Ser".[81] Marsílio Ficino afirmou:

> Todas as Inteligências, sejam elas de hierarquias superiores às Almas, ou inferiores e parte das Almas, estão tão interligadas que, começando por Deus, que é a Cabeça delas, prosseguem em uma longa e ininterrupta cadeia; e todas as superiores emitem seus raios às inferiores.[82]

O teurgista também é parte dessa "ininterrupta cadeia", que é uma hierarquia divina encabeçada por Aquele que é Inefável. Essa hierarquia inclui vários aspectos da divindade ou "essências" de Deus,

---

80. Israel Regardie, *The Three of Life, An Illustrated Study in Magic* (St. Paul, Minn.: Llewellyn Publications, 2001), 17.
81. Forrest, Adam, "This Holy Invisible Companionship", *The Golden Dawn Journal: Book Two: Qabalah: Theory and Magic* (St. Magic, Minn.: Llewellyn Publications, 1994), 188.
82. *Ib.*, Forrest, citando Ficino.

que podem ser identificadas com os vários "nomes sagrados de Deus" na tradição cabalística, ou com as diversas divindades celestiais conhecidas nos panteões de diferentes religiões. Após os aspectos superiores da divindade, os arcanjos, anjos e inteligências são os próximos na hierarquia. Na Cabala, os arcanjos e anjos são considerados aspectos específicos de Deus; cada um com um propósito e jurisdição específicos. Quase todos os anjos hebraicos trazem os sufixos *el* ou *yah* no fim dos nomes, indicando que eles são "de Deus". Os seres humanos são colocados no meio dessa hierarquia divina; ligados a ela pelo Anjo da Guarda — um contato angelical pessoal do indivíduo com os reinos superiores. A seguir, depois dos humanos, vêm os espíritos inferiores e os elementais.

Os magos da Golden Dawn ligam-se a essa cadeia de comando sempre que realizam cerimônias mágicas. Independentemente do modo como o mago realiza a mecânica da Magia, a obra da Teurgia só pode acontecer quando a vontade dele está alinhada à Vontade Superior e divina do Universo. Isso só pode ocorrer por meio da purificação, pureza de intenção e disciplina espiritual. Em um universo divino, os Poderes que São devem ser pedidos por meio dos canais apropriados — do nível espiritual mais alto ao mais baixo. Por isso, em qualquer ritual, em primeiro lugar, o teurgista invoca os nomes divinos superiores de Deus antes de invocar quaisquer aspectos inferiores da divindade ou de divindades celestiais. Então arcanjos, anjos e outras inteligências são invocados. O mago trabalha principalmente com os anjos como "intermediários divinos", nas duas direções dos níveis hierárquicos, pedindo-lhes que comandem os espíritos inferiores, regentes e elementais a realizar o objetivo do trabalho de Magia. Como se afirma no Ritual do Adeptus Minor:

> Pois a Verdadeira Ordem da Rosa-Cruz desce às profundezas e ascende às alturas — até o Trono do Próprio Deus; e inclui Arcanjos, Anjos e Espíritos.[83]

Os seres angelicais são vistos como companheiros no caminho do teurgista; trabalhando com ele na Grande Cadeia do Ser.

83. Israel Regardie, *A Golden Dawn*, São Paulo: Madras Editora, 2024.

# Magia da Golden Dawn

A Magia é aplicada de vários modos na Golden Dawn — em ritos cabalísticos, adivinhações, consagrações de talismãs, *skrying*, trabalho visionário, etc. Embora o objetivo de um determinado trabalho de Magia possa não parecer inteiramente espiritual ao observador de fora (como uma adivinhação para fazer uma pergunta mundana ou consagrar um talismã com o objetivo de atrair os poderes benéficos do planeta Júpiter), esses procedimentos são muito importantes para o entendimento do mago no tocante às artes teúrgicas. Todos os métodos descritos têm o objetivo de dar ao estudante da Golden Dawn um amplo conhecimento do processo mágico; e também de propiciar garantias e orientações quanto ao que fazer e o que não fazer em Magia. O único modo de realmente aprender Magia é pela prática — auxiliada pelos conselhos de autores, professores e colegas experientes. O objetivo real de todos esses procedimentos, como praticados pelos magos da Golden Dawn, é obter conhecimento esotérico para se tornar mais capaz de realizar a conexão com o divino e completar a Grande Obra.

A teurgia da Golden Dawn é a Magia da qualidade espiritual superior. Ela não é praticada por diversão, autoengrandencimento nem poder pessoal. Pelo contrário, ela é praticada para a obtenção do verdadeiro conhecimento do Eu divino e o aprimoramento da raça humana como um todo. Esse tipo de Magia se aproxima muito do verdadeiro misticismo que transcende todos os dogmas religiosos — é a melhor porção de todas as religiões. O místico busca se elevar em seu ser interior para além dos cinco sentidos, para alcançar a natureza oculta do Universo e viver uma experiência direta de Deus ou da Realidade Universal. Para isso, o místico se utiliza de meditação, contemplação e oração. O mago da Golden Dawn também emprega esses métodos, além das técnicas de ritual, invocação, etc. — as mesmas técnicas teúrgicas defendidas por Jâmblico no século IV.

A teurgia divina é um ato de autocriação e autounião. É um despertar da alma humana para seu potencial mais alto. A teurgia é um desejo ardente — um desejo de dedicar a vida à busca do conhecimento divino. O mago busca um profundo relacionamento pessoal com o Eu Divino do Universo. E isso é alcançado por meio da Magia.

Os instrumentos de Magia são as faculdades humanas da mente, força de vontade, aspiração e imaginação. Quando a vontade humana é purificada e está em harmonia com a vontade da Fonte Divina do Universo, então o mago pode provocar mudanças no reino físico "de acordo com sua vontade".

A Magia Hermética é uma ciência espiritual — um de seus princípios básicos afirma que o Universo foi criado por um poder divino e eterno, e que sua essência é, de fato, divina. Essa Magia é um sistema especializado de disciplina, que tem um objetivo espiritual. É uma ciência pessoal baseada no conhecimento fundamental do verdadeiro ser humano, que está além da ilusão do homem secular, exterior.

O objetivo final da Magia cerimonial da Golden Dawn é a purificação gradual da personalidade inferior ou exterior do estudante e a realização de um elevado estado de consciência, de modo que o ego do mago entre, aos poucos, em união com seu próprio Eu Superior e, por fim, com o Divino. Cada ação, ideia e elocução, em qualquer cerimônia, têm como objetivo chegar a essa conclusão. Cada detalhe de um ritual da Golden Dawn faz com que o operador se lembre desse objetivo único. Toda impressão, por meio de um sistema hermético e cabalístico de ideias associadas, é transformada no início de uma sequência de pensamentos inter-relacionados que culminam no objetivo final da cerimônia. Quando isso é verdadeiramente alcançado e o momento perfeito da euforia espiritual é atingido, um canal claro e aberto é criado entre a mente intelectual e a alma, resultando em um aumento de concentração de potencialidades e percepções mágicas e na exaltação da natureza verdadeira e divina do mago.

Capítulo 4

# A Estrutura do Sistema da Golden Dawn

Se falarmos da tradição da Golden Dawn, temos de incluir uma descrição dos vários graus e níveis de iniciação, bem como dos oficiais que realizam o trabalho da Ordem. A estrutura da Ordem da Golden Dawn é inteiramente baseada em um sistema hierárquico no qual certas informações e conhecimentos são reservados para estudantes que chegaram a específicos graus ou níveis em seu treinamento esotérico. Esse é o paradigma normal de qualquer escola, e a Golden Dawn é uma escola de mistérios. A arte hermética é uma verdadeira ciência; portanto, os aspirantes a mago "passando pelos graus" devem memorizar o conhecimento rudimentar do sistema, como se fossem estudantes de Medicina ou Engenharia.

Além disso, o treinamento nas artes mágicas implica em um exame de várias regiões e níveis da consciência ou psique do estudante — um processo nem sempre fácil e nem sempre agradável. Certas partes da psique, bem como determinadas áreas de conhecimento e treinamento superior, não devem ser mexidas até que o estudante esteja devidamente fundamentado e equilibrado no processo, passo a passo, de desenvolvimento mágico estabelecido pelo sistema de graus da Golden Dawn. A minuciosa estruturação do sistema da Ordem inclui salvaguardas criadas com o intento de oferecer aos estudantes uma maior percepção espiritual, conhecimento de Magia e integração psíquica de uma maneira gradual e segura.

## Graus e oficiais

Para entendermos a natureza do ritual de iniciação em vários graus do sistema da Golden Dawn, precisamos antes compreender a filosofia e os princípios básicos em que se baseia o sistema. A Golden Dawn foi elaborada de uma maneira que lhe permitia correlacionar os vários graus da Ordem com determinadas ideias espirituais e princípios cósmicos. A filosofia primária por trás do sistema de graus é a Cabala, um sistema místico judaico que professa a capacidade de descrever e categorizar o Universo e abrange conhecimentos da essência do Universo, sua composição e evolução. Israel Regardie afirmava que a "Cabala é um guia confiável, levando a uma compreensão do Universo e da própria identidade da pessoa".[84] A Cabala é uma filosofia vibrante, viva e dinâmica que inclui ideias a respeito da origem do Cosmos, da mente eterna de Deus, das hierarquias angelicais, da Magia prática e do desenvolvimento espiritual da humanidade. É um sistema místico preciso que descreve leis universais e nos mostra como utilizar os princípios espirituais no dia-a-dia. A Cabala é o coração da tradição hermética; é a base da arte da Magia ocidental. Visto sob a perspectiva cabalística, o Universo é completamente divino e tudo que está contido nele faz parte de uma Unidade universal que evoluiu a partir de Ain Soph Aur — a Luz Infinita, Ilimitada, um conceito que quase ultrapassa nosso limitado entendimento. Para o nosso propósito nos referiremos a ele como Luz Divina. É o ideal mais nobre e transcendente que podemos conceber acerca de Deus.

A Cabala ensina que o Universo se manifestou a partir do Infinito, em dez estágios ou emanações conhecidas como as *sephiroth* (a forma singular é *sephirah*). As dez sephiroth ou esferas são diferentes aspectos de divindade ou expressões da consciência de Deus. Alguns consideram as *sephiroth* poderes ou veículos divinos. Outros as veem como ferramentas ou instrumentos divinos de Deus (embora não separados de Deus, como as ferramentas humanas são separadas dos humanos). Todos concordam, porém, que as *sephiroth* expressam atribuições ou essências divinas que são organizadas em padrão arquetípico, o qual é o modelo para tudo o que existe no Universo manifesto. As relações implicadas na Árvore da Vida assinalam a existência como um todo e, assim, os atributos das *sephiroth* podem ser encontrados em qualquer ramo de conhecimento.

84. Israel Regardie, *The Tree of Life – An Illustrated Study in Magic*, Llewellyn Publications, 2001.

Embora sua definição básica os confirme como características do divino, eles podem ser descritos em termos de experiência humana, pois os homens e as mulheres, como afirmamos antes, são formados à imagem do Divino. Geralmente aparecem em um diagrama chamado a Árvore da Vida, com as dez esferas dispostas em três colunas (ver figura 10). Um rápido olhar pelo diagrama basta para revelar que ele é um sistema de perfeita matemática, simetria e beleza. A coluna da direita é chamada de Pilar de Misericórdia, a da esquerda, de Pilar de Severidade e a central, de Pilar da Temperança, ou, pelo nome mais comum, de Pilar do Meio. As dez *sephiroth* são:

| *Nº* | *Nome* | *Tradução* | *Atributo* |
|---|---|---|---|
| 1. | Kether | A Coroa | Unicidade, unidade |
| 2. | Chokmah | Sabedoria | Força, expansão |
| 3. | Binah | Entendimento | Forma, contração |
| 4. | Chesed | Misericórdia | Construção, dimensões |
| 5. | Geburah | Poder | Poder, severidade |
| 6. | Tiphareth | Beleza | Equilíbrio, percepção |
| 7. | Netzach | Vitória | Emoção, desejo |
| 8. | Hod | Esplendor | Intelecto, razão |
| 9. | Yesod | Fundação | Identidade astral, matriz |
| 10. | Malkuth | O Reino | Manifestação física |

Os graus da Golden Dawn correspondem às *sephiroth* na cabalística Árvore da Vida. Esses graus também têm atribuições elementais e planetárias. São, ainda, divididos em três grupos distintos conhecidos como a Primeira Ordem ou Externa, Segunda Ordem ou Interna e Terceira Ordem ou Invisível. A Primeira Ordem é a Ordem Hermética da Golden Dawn, que é uma entidade separada e distinta da Segunda Ordem ou Interna, conhecida como R.R. et A.C. ou a Ordo Rosae Rubeae et Aureae Crucis. A lista de graus desde o mais baixo até o mais alto é a seguinte:

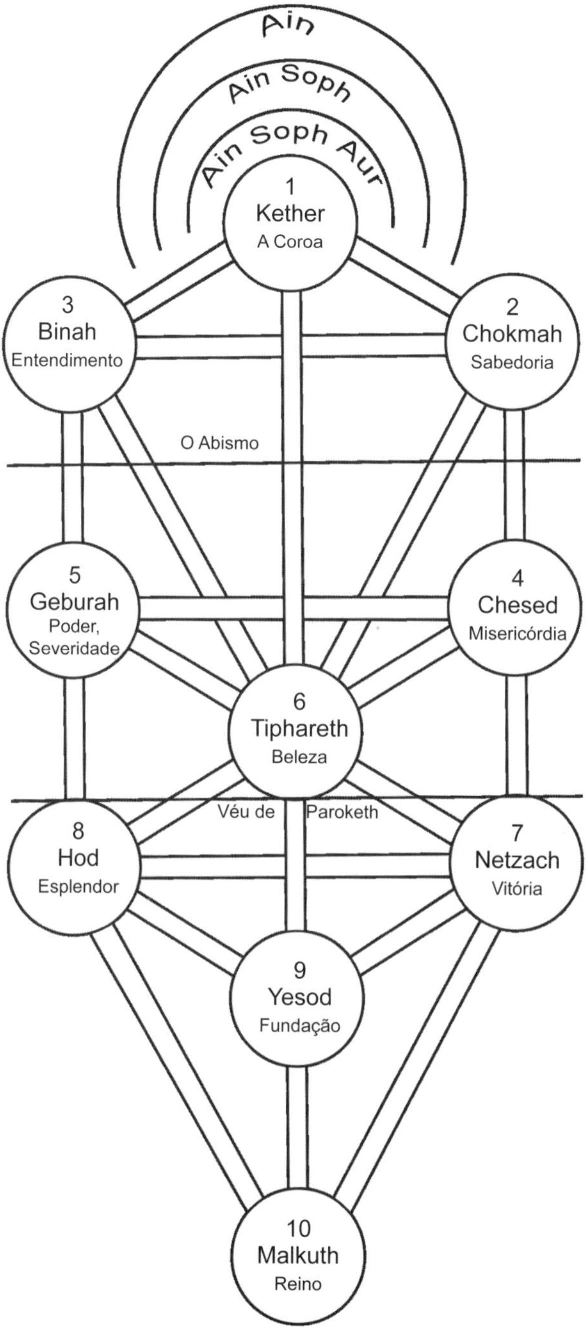


*Figura 10: A Árvore da Vida*

| Graus da Primeira Ordem | Sephirah correspondente | Elemento | Planeta |
|---|---|---|---|
| Neófito ⓪=[0] | ___ | ___ | ___ |
| Zelator ①=[10] | Malkuth | Terra | ___ |
| Theoricus ②=[9] | Yesod | Ar | Lua |
| Practicus ③=[8] | Hod | Água | Mercúrio |
| Philosophus ④=[7] | Netzach | Fogo | Vênus |
| **Graus da Segunda Ordem** | **Sephirah correspondente** | **Elemento** | **Planeta** |
| Adeptus Minor ⑤=[6] | Tiphareth | ___ | Sol |
| Adeptus Major ⑥=[5] | Geburah | ___ | Marte |
| Adeptus Exemptus ⑦=[4] | Chesed | ___ | Júpiter |
| **Graus da Terceira Ordem** | **Sephirah correspondente** | **Elemento** | **Planeta** |
| Magister Templi ⑧=[3] | Binah | ___ | Saturno |
| Magus ⑨=[2] | Chokmah | ___ | ___ |
| Ipsissimus ⑩=[1] | Kether | ___ | ___ |

A estrutura cabalística da Golden Dawn baseia-se na Societas Rosicruciana in Anglia. A S.R.I.A é um grupo antigo composto de Mestres Maçons que pesquisam temas esotéricos. Os nomes dos graus listados anteriormente são tirados de fontes rosa-cruzes, que remontam a 1781.[85] Esses títulos são também os nomes dos graus das S.R.I.A.

A cada grau se associam símbolos numéricos, como ⓪=[0] (zero igual a zero) ou ②=[9] (dois igual a nove). O primeiro número refere-se ao número de passos ou iniciações simbólicas feitas na cabalística Árvore da Vida para alcançar o grau. O segundo número alude à exata *sephirah* ou esfera na Árvore da Vida representada por tal grau (ver figura 11):

85. A fonte original desses títulos foi um documento chamado *Der Rosencreutzer in Seiner Blosse* ("O rosa-cruz em sua nudez"), de autoria de Magister Pianco, também conhecido como barão Hans Heinrich von Ecker und Eckhoffen. Constam também na *Royal Cyclopedia of Freemasonry*, de Kenneth MacKenzie.

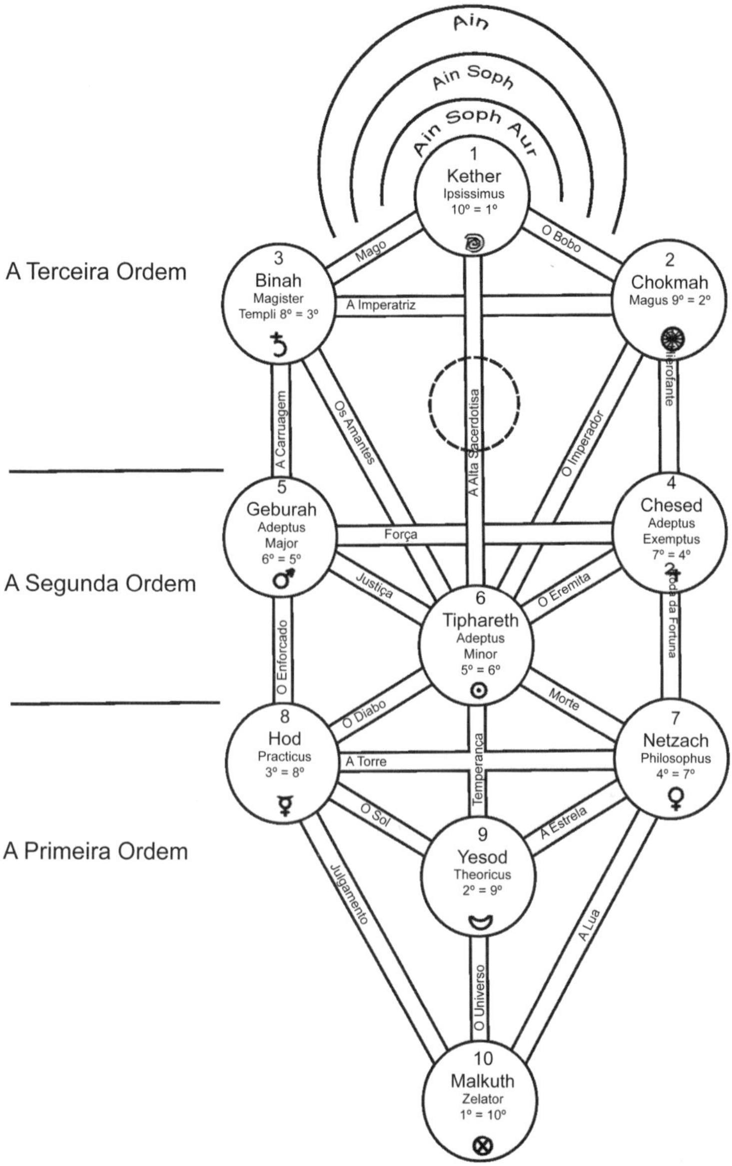


*Figura 11: Graus da Ordem*

Assim como na Franco-Maçonaria, um indivíduo se preparando para ser iniciado na Golden Dawn é chamado de Candidato. As cerimônias da Golden Dawn são realizadas em um espaço conhecido por Sala, como a Sala dos Neófitos, embora também seja chamado de Templo.

## Os honoráveis Chefes

A Golden Dawn foi fundada e organizada com base em um sistema hierárquico. A Ordem Externa é liderada e dirigida por três indivíduos, conhecidos como Honoráveis Chefes da Segunda Ordem, que governam como uma tríade. Além de seus deveres administrativos, os H. Chefes assumem as formas divinas de certas divindades egípcias e agem como "baterias" mágicas ou "canais" que intercedem entre a Terceira Ordem, não-física (ou contatos de planos interiores), e a Primeira e Segunda Ordens. Os nomes dos três Chefes são Praemonstrator, Imperator e Cancellarius.

Os símbolos usados por esses oficiais para indicar suas posições incluem o pingente da Cruz em Círculo, uma forma estilizada da Rosa-Cruz no colarinho, e o símbolo da Cruz e do Triângulo da Ordem da Golden Dawn, a qual eles dirigem (ver figura 12).

## Os Chefes do Templo

Os Honoráveis Chefes da Segunda Ordem governam todos os templos da Ordem Externa. Cada templo individual, porém, também é governado por três Adeptos, conhecidos como Chefes do Templo, que se reportam aos H. Chefes. Os Chefes do Templo têm os mesmos títulos e adornos que os H. Chefes mas não devem ser confundidos com eles, uma vez que a administração deles se estende apenas ao seu respectivo Templo, que lhes é designado pela tríade regente da Ordem.

Em uma abertura cerimonial completa, os Chefes se sentam em uma plataforma na parte leste da Sala. Usam mantos ou capas externas de suas respectivas cores por cima de uma túnica branca. Como todos os oficiais da Golden Dawn, eles colocam sobre a cabeça um cocar em estilo egípcio, conhecido como *nemyss*, de suas respectivas cores.

*Figura 12: Símbolos usados pelos oficiais da Golden Dawn*

### *Imperator*

O título de Imperator é um termo latino que significa "comandante, líder". A forma feminina é *Imperatrix*. Esse oficial é o legislador e a figura de autoridade. O Imperator assegura a obediência do(s) templo(s) a todas as ordenações, regulamentos e políticas estabelecidas pelos H. Chefes. O Imperator também simboliza o elemento fogo e a *sephirah* cabalística de Geburah. A divindade egípcia associada a esse oficial é Néftis, a deusa irmã de Ísis. O adorno cerimonial usado pelo Imperator é basicamente de cor vermelha, margeado de verde, e seu implemento ritual é uma espada vermelha. Esse oficial também representa o grau de Adeptus Major, ou ⑥=5.

### *Praemonstrator*

O título de *Praemonstrator* é o termo latino para "guia" e/ou "aquele que profetiza". A forma feminina é *Praemonstratrix*. Esse oficial supervisiona o trabalho ritual, o currículo e os ensinamentos da Ordem Externa, conforme especificações dos H. Chefes da Segunda Ordem. O Praemonstrator simboliza o elemento água e a *sephirah* cabalística de Chesed. A divindade egípcia a ele associada é Ísis, deusa primeira e padroeira da Magia. O adorno cerimonial usado pelo Praemonstrator é uma varinha azul encimada por uma Cruz Maltesa. Esse oficial também representa o grau de Adeptus Exemptus, ou ⑦=4.

### *Cancellarius*

O título de *Cancellarius* é o termo latino para "chanceler", indicando um alto oficial em uma igreja ou universidade. O significado original da palavra era "porteiro". O significado implícito aqui é um intermediário — alguém que ocupa uma posição no meio. A forma feminina é *Cancellaria*. Esse oficial é o escriba, secretário ou registrador. O Cancellarius é o encarregado de todos os textos escritos — registros, arquivos e comunicados. É seu dever transmitir todos os comunicados, documentos da Ordem e palestras de conhecimento dos H. Chefes da Segunda Ordem aos templos. O *Cancellarius* simboliza o elemento ar e a *sephirah* cabalística de Tiphareth. A divindade egípcia é Thoth, o escriba dos deuses, que tem cabeça de íbis. O adorno cerimonial usado pelo Cancellarius é basicamente de cor amarela, margeado de violeta, e seu implemento ritual é uma varinha amarela encimada por um hexagrama. Esse oficial também representa o grau de Adeptus Minor, ou ⑤=⑥.

## Os oficiais da Ordem Externa de um templo da Golden Dawn

Em um templo da Golden Dawn, que é aberto na forma cerimonial plena, os Chefes do Templo, oficiais administrativos que representam a Segunda Ordem, sentam-se na plataforma leste, de onde supervisionam o trabalho do Templo e realizam determinadas tarefas de visualização e assunção de forma divina[86] durante um ritual. Entretanto, eles não participam ativamente do trabalho físico ou dos deveres rituais físicos da cerimônia. Quem faz isso são sete oficiais incumbidos de realizar deveres específicos no trabalho ritual da Ordem Externa. São eles: Hierofante, Hiereus, Hegemon, Keryx, Stolistes, Dadouchos e Phylax. Os títulos gregos são derivados dos nomes dos sacerdotes oficiantes das antigas religiões gregas de mistérios, como, por exemplo, os Mistérios de Elêusis.

Todos esses oficiais usam nemyss listrado de preto-e-branco e uma túnica preta (exceto o Hierofante, que veste uma túnica branca).

### *Hierofante*

O título de Hierofante vem do grego *Hierophantes*, "aquele que mostra coisas sagradas" ou "sacerdote de iniciação". O significado implícito é: aquele que ensina assuntos espirituais, principalmente em relação a adorações e sacrifícios. A forma feminina é *Hierofantisa*. A partir de sua posição na plataforma na parte leste da Sala, o Hierofante é o oficial presidente e o indutor dos mistérios. É o Hierofante que conduz todo o trabalho cerimonial em um Templo da Ordem Externa sob a autoridade dos H. Chefes. O manto ou capa externa desse oficial é basicamente da cor vermelha, ornamentado com uma pequena cruz branca, usado por cima de uma túnica branca. Seus implementos rituais são uma varinha vermelha com uma coroa no topo e a Flâmula branca

86. Alimentando a imaginação e, por fim, assumindo a aparência de um deus ou deusa no astral.

do Leste ou a Flâmula de Luz. Seu pingente simbólico é a cruz em círculo. Esse oficial também representa o grau do Portal. A divindade egípcia associada ao Hierofante é Osíris, o deus morto e ressuscitado. (O oficial que renuncia ao ofício de Hierofante há pouco tempo é chamado de Hierofante Passado, o qual também se senta na plataforma e é associado a uma forma madura de Hórus, conhecida como Hoor Wer.)

### *Hiereus*

O título de Hiereus significa "sacerdote" e implica o indivíduo que realiza sacrifícios no Templo. A forma feminina é *Hiereia.* O Hiereus é vingador dos deuses e o Guardião dos Mistérios Sagrados. Posicionado no oeste, o Hiereus tem o dever de proteger a Sala contra os profanos e de banir tudo o que for maligno ou desequilibrado. Ele também supervisiona os oficiais subordinados na realização de seus trabalhos. A capa externa usada pelo Hiereus é basicamente de cor preta, ornamentada com uma pequena cruz branca. Seus implementos rituais são uma espada e a Flâmula Preta do Oeste ou a Flâmula de Escuridão. Seu pingente simbólico é o triângulo. A divindade egípcia a ele associada é Hórus, o vingador dos deuses, o deus com cabeça de falcão. Esse oficial também representa o grau de Philosophus, ou ④=[7].

### *Hegemon*

O título de *Hegemon* é o termo grego para "guia, líder". Seu significado implícito é o primeiro a seguir um caminho. A forma feminina é *Hegemone.* O Hegemon é o Guardião do Limiar ou da Entrada e Preparador do Caminho para o Entrante. Ele guia o Candidato com os olhos vendados pelo templo durante a iniciação. De sua posição ligeiramente a leste do centro da Sala, sentado entre dois pilares (no centro de equilíbrio entre esses dois opostos), ele é o reconciliador entre Luz e Trevas — mediando entre o Hierofante e o Hiereus. A capa externa usada pelo Hegemon é basicamente de cor branca, ornamentada com uma pequena cruz preta. Seu implemento ritual é uma varinha encimada por uma mitra. Seu pingente simbólico é a cruz da Cavalaria. A divindade egípcia a ele associada é Maat, a deusa da justiça e do equilíbrio. Esse oficial também representa o grau de Practicus, ou ③=[8].

### *Keryx*

O título de *Keryx* é um termo grego que significa "arauto". O significado implícito é aquele que anuncia, convoca uma reunião e passa mensagens. A forma feminina é *Kerykissa*. O Keryx é o Guarda ou Guardião dentro do Templo que guarda o lado de dentro da porta (de preferência o sudoeste), impedindo a entrada de intrusos. Ele também faz todos os relatórios, as proclamações e os anúncios e conduz todas as procissões em volta da Sala. Os implementos do Keryx são a lâmpada vermelha e o caduceu. Seu pingente simbólico é o caduceu. A divindade egípcia a ele associada é Anúbis, o deus com cabeça de chacal, às vezes chamado de Anúbis do Leste. Esse oficial também representa o grau de Theoricus, ou ②=⑨.

### *Stolistes*

O título de *Stolistes* significa "preparador" ou "decorador". O significado implícito é aquele que providencia para que toda a vestimenta ritual e ornamentação estejam preparadas. A palavra vem da raiz *stolos*, que indica preparação de navios para guerra por meio da água. A forma feminina é a mesma, *Stolistes*. Esse oficial se posiciona no lado norte da Sala e se incumbe de todos os adornos e insígnias do templo, certificando-se de que todas as vestimentas estejam prontas para a Abertura do Salão. Ele também é encarregado da purificação ritual, com a água, do Salão, dos novos candidatos e de todos os membros da Ordem. O implemento do Stolistes é o cálice de água, que ele usa para purificar o templo borrifando-a da forma prescrita. Seu pingente simbólico é o cálice. A divindade egípcia associada ao Stolistes é Mut, a deusa mãe. Esse oficial também representa o grau ①=⑩, de Zelator.

### *Dadouchos*

O título de *Dadouchos* é um termo grego que significa "portador da tocha". Nos Mistérios de Elêusis, esse cargo era de uma mulher que segurava a tocha como símbolo do caminho seguido por Deméter para procurar sua filha. A forma feminina é *Dadouche*. O Dadouchos se posiciona no lado sul da Sala e se encarrega de toda a consagração ritual, por meio do fogo, da Sala, dos novos candidatos e de todos os membros da Ordem. O implemento do Dadouchos é o incensário, que ele usa para consagrar o templo, agitando o incenso ardente da forma prescrita. Seu pingente simbólico é a suástica ou a cruz fylfot, um antigo emblema de forças giratórias. A divindade egípcia associada ao Dadouchos é Neith, uma deusa de sabedoria e guerra. Assim como o Stolistes, esse oficial também representa o grau 1°=10□, de Zelator.

### *Phylax*

O título de *Phylax* é o termo grego para "sentinela, guardião". A forma feminina é Phylakissa. O Phylax é a sentinela ou o Guardião do lado de fora do Templo que guarda o lado de fora da porta (de preferência sudoeste) para impedir a entrada de intrusos. Sua posição é fora da Sala no Pronaos, ou antecâmara. Qualquer pessoa que procure admissão à Sala deve apresentar ao Phylax os devidos sinais e senhas. O implemento do Phylax é a espada. Seu pingente simbólico é o olho que tudo vê, às vezes representado como o olho de Hórus. A divindade egípcia a ele associada é Opowet, um deus com cabeça de lobo associado a Anúbis e às vezes chamado de Anúbis do Oeste. Esse oficial também representa o grau 0°=0□, de Neófito.

Os oficiais da Ordem Externa são nomeados para servir em seu ofício por um período de seis meses, de equinócio a equinócio. Os equinócios da primavera e do outono são tempos de perfeito equilíbrio entre as forças opostas do dia e da noite, da luz e da escuridão. A chegada de um dos equinócios é marcada com um ritual especial, no qual os oficiais que estão saindo largam seus postos e adornos e os oficiais recém-nomeados são instalados. O templo é magicamente consagrado nesse momento, e os membros recebem uma nova senha para o semestre que se inicia.

## Iniciações como drama ritual

A expressão "drama ritual" é um reconhecimento de que os mais antigos dramas ocidentais, as tragédias da Grécia clássica, provavelmente evoluíram a partir das encenações cerimoniais de ritos sagrados no mundo antigo. Sem dúvida, os festivais religiosos geraram a expressão dramática pela encenação das agruras e aventuras do herói ou divindade em torno dos quais girava a religião. Esses dramas tinham o intento de cativar os sentidos e mexer com as emoções, na medida em que narravam as lendas sagradas e passavam importantes ensinamentos aos devotos seguidores. Na época, assim como agora, os ritualistas empregavam artifícios teatrais, efeitos especiais, simbolismo, gestos, discursos e outros elementos de encenação para produzir o mais grandioso visual e um impacto emocional no público, bem como transmitir a mensagem desejada ou catarse de sentimento. Centrados nas aventuras dos deuses, esses dramas sagrados expressavam uma necessidade humana básica de encontrar um significado no modo como o Universo funciona.

No contexto do drama ritual, histórias, metáforas, contos com lição de moral, mitos e até eventos históricos são apresentados em um estilo épico e no padrão narrativo prescrito. Nas tragédias dramáticas da antiga literatura grega, o padrão narrativo apresentado costumava mostrar que a vingança sempre segue a transgressão. No drama ritual da Golden Dawn, o padrão narrativo gira em torno dos temas da purificação e do sacrifício, da busca por conhecimento, da adversidade seguida de vitória, da ordem vencendo o caos, da morte seguida de ressurreição e da descoberta da sabedoria secreta no fim da jornada do indivíduo. A constante reciclagem desses temas básicos não só serve para ilustrar a rica herança literária da espiritualidade ocidental, mas também enfatiza os princípios importantes do caminho hermético.

A diferença básica entre uma encenação teatral e um verdadeiro drama ritual é que o segundo envolve técnicas de Teurgia para manipular a luz astral com propósitos mágicos. Regardie descreve essa meta em *The Tree of Life – An Illustrated Study in Magic*:

> No caso do ritual dramático, o método procede por meio de um apelo estético à imaginação, representando em forma dramática a corrente de eventos importantes na história da vida de um Deus, e ocasionalmente o ciclo terrestre de um homem ideal ou homem-Deus, como Dioniso, Krishna, Baco, Osíris, etc., que alcançou aquela sabedoria e plenitude espiritual que o próprio teurgista procura. Viver nesse clima, recriado como novo, e repetir os feitos realizados pelo Deus é um método excelente para exaltar a alma acima.[87]

87. Israel Regardie, *The Tree of Life – An Illustrated Study in Magic*, Llewellyn Publications, 2001.

No drama ritual da iniciação, o Candidato é ao mesmo tempo observador e participante ativo em uma aventura mítica. Ele assume o papel de um personagem em uma grande peça de mistério — um ator cujas ações precisas no drama lhe são desconhecidas, à medida que se desenrolam no decorrer do drama, cuidadosamente escrito para exercer o maior impacto possível no Candidato.

Como uma escola dos mistérios ocidentais, as cerimônias de iniciação da Golden Dawn baseiam-se em uma série de peças de mistério ou dramas rituais em que os oficiais encenam mitologias específicas que são essenciais à Tradição Esotérica Ocidental. Estas incluem as lendas espirituais do antigo Egito, como a história da Pesagem da Alma na Sala do Julgamento. Além delas, estão incluídas também as narrativas dos antigos hebreus, como, por exemplo, a saga do Tabernáculo no Deserto, a história babilônica/hebraica de Javé conquistando o mar e o relato bíblico da Queda dos Reis de Edom. Também estão inclusas as crônicas espirituais dos antigos gregos, como os Mistérios Kabíricos de Samotrácia e, nos graus mais altos, a alegoria de Christian Rosenkreutz. Às vezes, uma lenda específica é explicada ao Candidato durante a encenação, como na cerimônia do Zelator. Outras vezes, a lenda é encenada em um nível puramente astral e mágico, sem o conhecimento do Candidato, como na cerimônia do Neófito. Seja o Candidato informado ou não do drama narrativo inerente ao ritual, toda cerimônia de iniciação é o foco de manipulações mágicas da Luz Astral cujo intento é ajudar o Candidato em sua busca pelo crescimento espiritual.

Para efetivar uma mudança psico-espiritual na percepção do Candidato, os oficiais do ritual trabalham em equipe na cerimônia de iniciação, usando os métodos mágicos da Teurgia divina. Isso se aplica de modo especial aos oficiais presidentes ou Adeptos que usam as técnicas e leis da Magia — símbolos e correspondências, manipulação da Luz Astral e as faculdades da força de vontade, visualização e imaginação — para dar à cerimônia sua potência mágica. Por isso é crucial que um grupo de iniciadores seja conduzido por um Hierofante competente. Uma cerimônia de iniciação da Golden Dawn requer que determinadas forças mágicas sejam ativadas na esfera de sensação do Candidato. O Hierofante, no qual essas forças já foram ativadas antes, é o principal responsável pela devida transmissão dessas energias mágicas para a aura do Candidato.

Todos os símbolos e movimentos em uma cerimônia de iniciação da Golden Dawn, incluindo vários sinais, apertos de mão, gestos e senhas, têm o intuito de melhorar e reiterar o propósito do ritual — a busca pela Luz Divina. Nem todo o intrincado simbolismo é devidamente compreendido pelo Candidato, mas isso faz pouca diferença no fim das contas, porque o valor inerente de tal simbolismo é seu efeito autossugestivo no Candidato, percebido em um nível profundo, subconsciente.

De certa forma, o Candidato é considerado quase um talismã recém-feito, que deve ser purificado e consagrado aos poderes superiores divinos. Na cerimônia do Neófito, os oficiais invocam a Luz Divina para o templo e trabalham ativamente para implantar essa Luz na aura do Candidato. Em seguida, nas iniciações de graus elementais da Ordem Externa, os oficiais invocam os poderes divinos associados aos quatro elementos — terra, ar, água e fogo — à esfera de sensação do Candidato para efetuar equilíbrio e integração. Por fim, na cerimônia de iniciação do Portal, o elemento superior e orientador do Espírito é acrescido aos outros quatro, como uma pedra no alto de uma pirâmide, selando o processo de unidade elemental.

Se o processo iniciatório completo for um sucesso, o Candidato terá recebido uma infusão de energia divina, na esperança de que realmente alcance a percepção maior, que é necessária para enaltecer a alma e atingir a completude da Grande Obra. Embora os oficiais iniciadores possam fornecer o ímpeto mágico para essa finalidade, cabe ao Candidato percorrer o caminho da iniciação "em essência tanto quanto em forma."[88]

## A psicologia da iniciação

Em nossa discussão a respeito de Magia, costumamos usar o termo *psique* não tanto no sentido que os filósofos gregos clássicos usavam, como "Alma inferior", mas sim no sentido dado por Carl Jung, que indica não apenas a alma, mas também o intelecto, o espírito e a totalidade dos processos psíquicos. Isso inclui as duas divisões primárias da psique humana: o consciente e o inconsciente.

---

88. Da cerimônia do Portal. Israel Regardie, *A Golden Dawn,* São Paulo: Madras Editora, 2024.

A consciência é o componente da percepção alerta, acessível a qualquer pessoa em qualquer momento. Consciência não é um mero "pensar", mas também o sentimento, a vontade, a fantasia e todas as demais facetas da vida em vigília, ou alerta. O ego, ou a porção da psique que mais governa o pensamento e o comportamento, é uma parte importante da consciência. Como mecanismo de defesa, o ego geralmente cria uma persona exterior falsa — uma máscara que ele apresenta ao mundo exterior como se fosse real, mas que na verdade esconde a natureza verdadeira do indivíduo.

O inconsciente pode ser dividido em inconsciente coletivo e inconsciente pessoal. A ideia de Jung do inconsciente coletivo, ou os padrões mentais e estruturas psíquicas que são partilhados por toda a humanidade, aproxima-se muito da ideia de Levi da Luz Astral. Os impulsos e o conteúdo do inconsciente pessoal, por outro lado, são exclusivos do indivíduo. O inconsciente pessoal costuma ser citado como "ponto problemático" da psique humana, contendo todas as lembranças e impulsos reprimidos, esquecidos ou rejeitados que compõem a sombra, um tipo de *alter ego* cujas inclinações inconscientes são opostas às do ego. Costuma ser referido, em tom de bom humor, como o nosso "gêmeo mau", embora os complexos e neuroses que podem surgir quando não confrontamos a sombra não sejam motivo de brincadeira.

Em Magia, a sombra é análoga aos *qliphoth*, ou demônios do mal, que são os aspectos negativos, desequilibrados e caóticos que contrabalançam os aspectos positivos, equilibrados e ordeiros das sephiroth. Os qliphoth geralmente são simbolizados pela figura de um terrível dragão vermelho. Em vez de confrontar a própria sombra, que são seus "demônios pessoais", muitas pessoas projetam os atributos da sombra nos outros. Material reprimido e com o qual não se lida de um modo apropriado e saudável acaba vazando de maneiras indesejáveis e insalubres.

O inconsciente pessoal também inclui o *animus* e a *anima*, imagens da alma masculina e feminina, respectivamente. A função devida de um ou outro é agir como um psicopompo ou guia da alma — o mediador entre o consciente e o inconsciente. (A função da imagem da alma é, em alguns sentidos, semelhante à do Santo Anjo Guardião na Magia.) Infelizmente, muitas pessoas cometem o erro de projetar a imagem do *animus* ou da *anima* em uma pessoa do sexo oposto, em vez de reconhecer a imagem da alma como parte integrante de si mesmas.

Uma das metas do processo iniciático é a integração. Essa integração ocorre em três níveis: mágico, alquímico e psicológico. Podemos dizer que os três envolvem três estágios de progressão, cujos propósitos são semelhantes, embora se cruzem em áreas diferentes. Na Magia, esses estágios podem ser chamados de purificação, consagração e união. Na Alquimia, eles se chamam separação, purificação e coobação (recombinação). Na Psicologia, pode-se chamá-los de análise, confrontação[89] e individuação (autorrealização, conhecer a si mesmo). Esses termos são apenas diferentes facetas da mesma meta: alcançar o maior potencial como ser humano.

> A Psicologia analítica e a Magia compreendem, em minha estimativa, duas metades ou dois aspectos de um único sistema técnico. Assim como o corpo e a mente não são duas unidades separadas, mas sim manifestações duais de "algo" dinâmico interior, também a Psicologia e a Magia implicam um sistema único cuja meta é a integração da personalidade humana. Seu objetivo é unificar os diferentes departamentos e funções do ser do homem, colocar em operação aqueles que até então, por vários motivos, estavam latentes. Incidentalmente, a técnica é tal que sintomas neuróticos que eram por demais insistentes em sua expressão se tornam iluminados ou harmonizados por um processo de equilíbrio.[90]

As cerimônias de iniciação da Golden Dawn têm o intuito de imbuir no Candidato uma consciência ou percepção de sua natureza divina, dando-lhe um meio pelo qual ele possa integrar conscientemente os vários componentes de sua psique. Essa integração ocorre nos níveis mágico, alquímico e psicológico. O propósito dessas cerimônias é

> ... realizar a integração psicológica, causar uma libertação psíquica das amarras da projeção inconsciente e produzir uma exaltação de consciência à Luz, à qual todo sistema iniciatório mágico legítimo deve sua existência. A função de cada fase de sua rotina, a intenção declarada de seus rituais e a afirmação explícita de seus ensinamentos são a mesma: auxiliar o Candidato, em sua aspiração, a encontrar aquela unidade de ser que é o Eu Interior, a pura essência da mente...[91]

---

89. Confrontar a sombra.
90. Israel Regardie, *The Middle Pillar, The Balance Between Mind and Magic* (St. Paul, Minn.: Llewellyn Publications, 1998), 5.
91. Regardie, *The Philosopher's Stone* (St. Paul, Minn.: Llewellyn Publications, 1978), 150-151.

Logo, o objetivo primário das cerimônias de iniciação da Golden Dawn é gerar, de maneira gradual, um estado mais elevado de consciência, que é essencialmente duplo: abrange as ideias de iluminação espiritual e da inteireza psicológica do ser.

Em uma cerimônia de iniciação da Golden Dawn, os oficiais, a exemplo dos arquétipos junguianos, representam as diversas partes componentes da psique do Candidato atuando todas juntas para efetuar uma mudança de consciência. Assim, o Keryx simboliza a mente intelectual que o Candidato conduz pelo caminho até a Luz Divina. Ele representa a parte inferior das faculdades da razão[92] funcionando em obediência à vontade. A vontade ativa do Candidato é representada pelo Hiereus, que protege contra o mal e o desequilíbrio. O Hegemon é análogo à parte superior da mente racional, trabalhando em combinação com a alma divina. O Hegemon é a consciência aspirante, compassiva e intuitiva[93] que tenta promover a ascensão da Luz e que guia o Candidato pelo caminho. O oficial presidente, o Hierofante, representa o eu divino superior do Candidato ou Gênio Superior — aquele núcleo interior da psique que dirige toda a atividade e sem o qual nenhum movimento é possível. O Hierofante, simbolizando a suprema alma espiritual, posiciona-se ao leste, o lugar onde o sol nasce e a direção simbólica dos céus. É por intermédio dele que os poderes superiores são trazidos até o templo.

> Sob um ponto de vista, os oficiais participantes desses Rituais representam essas projeções psíquicas. Eles representam, assim como as imagens em sonhos, diferentes aspectos do próprio homem — personificações de princípios psicológicos abstratos inerentes ao espírito humano. Pelos de meios sabidamente artificiais ou convencionais de uma projeção dramática desses princípios personificados em uma cerimônia bem ordenada, uma reação é induzida na consciência. Essa reação é calculada para despertar, de sua condição dormente, aquelas faculdades até então latentes, representadas de maneira objetiva no Templo da Iniciação pelos Oficiais. Sem o mínimo esforço por parte do aspirante, uma corrente involuntária de simpatia é produzida por essa delineação externa das partes espirituais que podem ser suficientes para cumprir o propósito da cerimônia de iniciação.[94]

92. Na Cabala, essa parte da alma é chamada de Ruach.
93. Neshamah.
94. Regardie, *A Golden Dawn*, Madras Editora, 2024.

## Os três graus

Há três graus no sistema da Golden Dawn. Embora os graus sejam às vezes confundidos com as três Ordens, eles não são os mesmos nem se misturam com as mesmas divisões de *sephiroth* na Árvore da Vida.

O Primeiro Grau abrange toda a Primeira Ordem, de Neófito até Philosophus. O Primeiro Grau representa um estágio mágico de purificação no qual o estudante começa a se dedicar ao caminho hermético e inicia o processo de separar, compreender e purificar cada um dos elementos psíquicos. Esse estágio pode ser comparado com o período de separação na Alquimia e na fase de análise da Psicologia.

O Segundo Grau consiste apenas no grau do Portal.[95] Ele representa o estágio mágico da consagração em que o iniciado consagra os elementos purificados da psique e os comanda, como um todo unificado e santificado, à Grande Obra. É comparável ao estágio de purificação na Alquimia e à fase de confrontação na Psicologia (embora, na Magia, esses estágios se misturem até certo ponto, no grau precedente).

O Terceiro Grau é composto dos graus pertinentes à Segunda Ordem. Ele representa o estágio mágico da união em que o iniciado desfruta dos primeiros vislumbres do Eu Superior — em preparação para comunicações posteriores e extensas com ele. Compara-se ao estágio da coobação (recombinação) na Alquimia e com a fase de autorrealização da Psicologia.

Devemos ressaltar que em Magia o processo de integração é contínuo e cíclico. Os três estágios de integração teúrgica (purificação, consagração e união) ocorrem repetidas vezes, em uma variedade de níveis, por toda a vida mágica do indivíduo.

---

95. Alguns afirmam erroneamente que os três graus são idênticos às três Ordens. Entretanto, os manuscritos da Ordem mostram que o Segundo Grau abrange apenas o grau do Portal. Isso é afirmado de maneira bem clara no ritual do Portal: "O aperto de mão desse Grau é o Aperto da Primeira Ordem, mas feito com a mão esquerda." (Regardie, *A Golden Dawn*). Essa é uma referência óbvia apenas ao grau do Portal, uma vez que o aperto de mão do Adeptus Minor é completamente diferente. Isso é indicado ainda em outro momento do Ritual do Portal: "Esse Grau é, em certo sentido, atribuído a Yesod, base do Caminho da Provação, Sagitário." (*Ib.*, 217) E ainda: "Honoráveis Frater Pharos Illuminans, estamos aqui reunidos para abrir-lhes o Portal da Câmara dos Adeptos, que admite sua entrada ao Segundo Grau e o conduz ao Limiar da Segunda Ordem ou Interna." (*Ib*). O uso de itálico é nosso. No fim da cerimônia do Portal, o aspirante é referido como "Senhor do Segundo Grau". *Ib.*, um título que ele não poderia ter se o Segundo Grau incluísse os graus da Segunda Ordem.

## Os graus da Ordem Externa: o Primeiro Grau

A Primeira Ordem consiste nos graus de Neófito a Philosophus. O grau de Neófito é um período de experiência (provação), não sendo atribuído a uma esfera da Árvore Cabalística da Vida, enquanto os graus de Zelator, Theoricus, Practicus e Philosophus são, cada um, atribuídos a uma das quatro *sephiroth* inferiores na Árvore. Os quatro graus elementais além do Neófito representam uma compreensão dos elementos dentro da estrutura psicológica e espiritual do Candidato. São conhecidos como os graus elementais porque cada um é atribuído a um dos quatro elementos: fogo, água, ar e terra. Esses elementos são simbolizados por diferentes triângulos (ver figura 13). O avanço nesses graus tem o intuito de levar o estudante a compreender os quatro princípios elementais da natureza. Mais importante ainda, o estudante deve aprender a perceber e equilibrar esses quatro elementos como ingredientes indispensáveis de sua estrutura psicológica e espiritual.

*Figura 13: Símbolos dos Elementos (a partir da esquerda): fogo, água, ar e terra*

Como grupo, os quatro graus elementais representam o trabalho essencial da Golden Dawn, que é equilibrar as forças elementais na psique do Candidato. Esses "elementos internos" podem ser caracterizados como seções distintas do subconsciente. Na filosofia hermética, o padrão quádruplo é um importante modelo ou paradigma que define o Universo — tanto o Universo maior ou macrocosmo, do qual nós somos parte, quanto o menor ou microcosmo, que é a alma humana individual refletindo o Universo maior em miniatura.

A porção terrestre da psique humana inclui tudo o que é fixo, estável, de movimentos lentos e de caráter material. Abrange todas as atividades de produtividade, fertilidade e crescimento, e diz-se que essa parte da psique possui qualidades passivas e femininas.

A porção aérea da psique consiste em tudo o que é intelectual, lógico, comunicativo, expressivo e abstrato. Costuma ser descrita como tendo características ativas, masculinas e mutáveis.

A porção de água da psique humana é aquela que é repetitiva, criativa, sustentadora, fluídica, subconsciente, oculta, misteriosa e gerativa. Diz-se que essa parte da psique engloba tudo o que é profundo e inconsciente. Geralmente é descrita como passiva e feminina.

A porção de fogo da psique humana consiste em tudo o que é dinâmico, energético, fortificante, revigorante, espontâneo e iniciador. Contém tudo o que é transformativo, imprevisível e regenerador. É descrita como ativa e masculina.

O processo sofrido por um iniciante no avanço dos graus é verdadeiramente alquímico; o mecanismo psíquico do Candidato passa por uma espécie de dissolução ou separação durante a cerimônia do Neófito. Os elementos integrais são despertados e purificados por meio das cerimônias dos graus elementais, até que, por fim, todos os componentes básicos são consagrados e reintegrados de volta à psique do iniciado. Um objetivo-chave da Primeira Ordem pode ser resumido nesta frase: "Aprender a equilibrar".

O primeiro passo é analisar e despertar as porções elementais da psique, pois, se a existência deles não for reconhecida, o trabalho da transformação alquímica não pode ser realizado. Por meio de símbolos e cerimônias, os ritos de iniciação de cada grau invocam os espíritos e as entidades de um elemento específico. O contato com uma força elemental específica produz uma espécie de atração magnética, pela qual a energia elemental correspondente é despertada na aura do iniciado. Só então pode haver um contínuo avanço e crescimento. Com esse trabalho introduzido, as porções elementais da mente podem ser consagradas à união com o Eu Superior e, por fim, à consumação da Grande Obra. Esse processo permite ao iniciado trazer uma vasta quantidade de energia e inspiração das profundezas subconscientes, até então inexploradas para o domínio do consciente, que podem ser utilizadas para um maior crescimento espiritual.

Além do equilíbrio psíquico, há outro conceito importante que está profundamente enraizado em todos os graus da Ordem — a Luz Divina que é a fonte de tudo. A partir do grau do Neófito, "o sistema todo tem o objetivo de atrair a Luz. Pois é por meio da Luz que a flâmula dourada da vida interior pode ser exaltada; é na Luz que se encontram a cura e o poder do crescimento."[96] Os graus elementais

96. *Ib.*, 23.

têm a ver com "a análise da Luz vibrando entre lua e escuridão e inserindo na esfera pessoal do Candidato os raios do arco-íris multicolorido da promessa".[97] A existência exterior e mundana que a maioria dos humanos experimenta com passos incertos por toda a vida é, na verdade, uma vida de escuridão e caos. Aqueles que não têm um centro espiritual interior vivem uma encarnação típica de egoísmo, separação, falta de objetivo e apego aos bens materiais e aos desejos do ego inferior. Não é coincidência que todas as grandes religiões do mundo ensinam que esse estado de existência é contrário ao caminho da Luz e da Unidade. Como se informa ao Neófito durante a cerimônia do ⓪=0: "Por muito tempo, tu tens andado na Escuridão. Abandona a Noite e procura o Dia!"[98]

Em qualquer cerimônia, os discursos dos oficiais revelam informações apropriadas para aquele grau e seu elemento correspondente. Muitos desses discursos contêm trechos de antigas invocações, orações e da sabedoria dos textos clássicos da Tradição Esotérica Ocidental, acrescentando conhecimento e alimentando o clima do ritual.

Em todos os graus, os estudantes devem cumprir a tarefa de integração espiritual — assimilando as energias cósmicas obtidas a cada iniciação. Geralmente isso requer a correção de energias desequilibradas e o equilíbrio entre forças opostas até que, por fim, se chega à harmonia. Na Psicologia analítica, isso seria análogo ao processo de individuação ou o processo pelo qual uma pessoa conhece a si mesma — uma unidade indivisível ou o "todo" que contém todos os aspectos do eu.

Além disso, o conhecimento fundamental dos princípios mágicos, correspondências e sistemas de símbolos deve ser estudado de forma sistemática, pois nenhum aspecto da escola de mistério deve ser negligenciado. Para avançar de um grau ao próximo, o estudante da Primeira Ordem deve passar por uma série de exames das palestras de conhecimento, cerimônias de iniciação e um trabalho de estudo geral, que é dado em cada grau. Isso ajuda a garantir que os estudantes recebam uma boa base de Magia teórica e filosofia esotérica antes de prosseguir para a prática de técnicas mais avançadas de Magia.

97. *Ib.*, 24.
98. *Ib.*, 126.

Todos os graus da Ordem Externa, por sua vez, contêm importantes fórmulas práticas de Magia ritual, ocultas no texto das cerimônias.

Na Ordem Interna, o estudante aprende teoria mágica, a base da Cabala, Astrologia, Alquimia e adivinhação. No decorrer dos graus da Primeira Ordem, o aspirante deve memorizar uma grande quantidade de material, incluindo os nomes e as correspondências das dez *sephiroth* e dos 22 caminhos da Árvore da Vida; os quatro mundos cabalísticos; as letras e os atributos do alfabeto hebraico e sua correlação com as cartas do Tarô; os nomes e atributos dos anjos e espíritos elementais, cabalísticos, planetários e zodiacais; simbolismo alquímico; meditações específicas; os atributos dos signos zodiacais; a base da Astrologia; e o processo de efetuar adivinhações usando os sistemas de Tarô e Geomancia.

Quanto à Magia prática, o estudante da Segunda Ordem passa pelo Ritual Menor do Pentagrama.

## *O grau do Neófito*

De todas as cerimônias de iniciação da Golden Dawn, a cerimônia do Neófito distingue-se das demais. O grau do Neófito é chamado de ⓪=⓪ porque não é atribuído a nenhuma das *sephiroth* na Árvore da Vida. Essa cerimônia é um rito preliminar e probatório que contém todas as técnicas e fórmulas mágicas fundamentais da Ordem. Esse é um ponto importante, que não pode ser esquecido. A cerimônia do Neófito baseia-se quase inteiramente na ideia da Luz Divina atraída ao Salão pelos oficiais presidentes e do magnetismo espiritual que atrai essa Luz para o templo implantando-se na aura ou esfera de sensação do Neófito. A palavra Neófito vem do termo grego *neophytos*, ou "recém-plantado".

O Candidato deve escolher um lema mágico. O lema é uma frase que descreve a meta espiritual do Candidato. Deve ser feito em latim, hebraico ou qualquer língua que não seja o idioma corrente do Candidato, para que o nome mágico se distinga da vida secular e que adote uma persona espiritual quando estiver envolvido em trabalho ritual.

A palavra *iniciação* significa literalmente "começar". Sendo a primeira iniciação no sistema da Golden Dawn, o grau do Neófito representa o primeiro passo consciente dado pelo Candidato em sua busca pela Luz. O Candidato que entra na Sala do Neófito pela primeira vez está em um estado elevado de percepção; a adrenalina está ativa e os sentidos aguçados. Tudo isso é provocado pela decisão calculada de se tornar um iniciado nos mistérios. O Candidato prepara-se para receber um influxo de energia divina dirigido por uma equipe bem preparada de oficiais. A importância do grau do Neófito e seu impacto sobre o Candidato nunca devem ser subestimados.

A narrativa mitológica ou peça de mistério que serve como pano de fundo mágico para a cerimônia do Neófito é a lenda egípcia da Sala do Julgamento, conforme descrita no capítulo 125 do *Livro dos Mortos do Antigo Egito*. A lenda fala da "Pesagem da Alma", em que o falecido (que representa o Candidato) é conduzido à Sala da Verdade por Anúbis, o deus do Submundo. Após passar por intenso interrogatório e purificação, o morto faz uma longa confissão negativa e lhe pedem para explicar o complexo simbolismo da Sala. Em seguida, a alma do morto observa a pesagem de suas ações na Terra em contraste com a Pena (Pluma) da Verdade na balança mística de Maat. O deus com cabeça de íbis, Thoth, registra o julgamento, enquanto um animal devorador se prepara para engolir a alma do morto que teve uma vida indigna. No fim dessa provação, Hórus leva o morto ao deus Osíris, que está sentado no trono de seu santuário. Diante dele há uma flor de lótus, o emblema da metamorfose. O morto, então, une-se a Osíris, o Redentor, em uma Luz infinita.

Já dissemos que os oficiais da Ordem Externa da Sala do Neófito têm muitas dessas mesmas divindades egípcias atribuídas a si. Portanto, pode-se dizer que toda a história da Pesagem da Alma representa o avanço e a purificação do Candidato na Sala do Neófito. Grande parte dessa encenação da lenda egípcia da Pesagem da Alma ocorre de fato em um nível mágico e astral que não seria percebido no nível físico. O Candidato, que tem os olhos vendados antes de entrar na Sala, geralmente não tem consciência do trabalho mágico que ocorre durante o ritual. O Candidato jura cumprir todas as cláusulas da obrigação (voto) do Neófito e é conduzido pela Sala para ser barrado, purificado e consagrado várias vezes, antes que os mistérios do grau sejam revelados. No final do rito, os oficiais e o novo Neófito participam de um banquete místico composto dos quatro elementos — uma rosa para o ar, uma vela acesa para o fogo, pão e sal para a terra e vinho para a água.

Em termos psicológicos, o Candidato tomou uma decisão consciente de começar o processo da individuação. Esse processo reconhece que as duas partes da psique humana, o consciente e o inconsciente, estarão envolvidas.

O tema constante que permeia a cerimônia é a ideia de purificação e consagração. O Candidato passa por vários momentos de purificação pela água e consagração pelo fogo até chegar a uma posição de equilíbrio dentro do Templo. Esse é um resultado do ensinamento teúrgico de que a meta primeira dos ritos iniciáticos é a purificação da alma — livrar a alma de tudo o que for desequilibrado e vil, para que ela se torne um receptáculo mais propício para a entrada da Luz Divina.

## *O grau do Zelator*

A cerimônia do Zelator é a primeira que confere de fato o título de iniciado ao aspirante,[99] simbolicamente lançando seu passo inicial à cabalística Árvore da Vida. O grau do Zelator é chamado de ①=⊡0, referindo-se a esse importante primeiro passo à décima sephirah de Malkuth. O grau de Zelator estabelece a base para todas as subsequentes transmutações elementais na esfera de sensação do aspirante. O nome Zelator vem do latim, zelotes, termo que significa "zelote", por sua vez derivado da palavra grega zelos, ou "zelo".

Esse é o primeiro dos graus elementais, e o elemento oferecido para o ato de transmutação nesse grau é a terra — especificamente, a parte terrestre da psique do iniciado. O único planeta atribuído a esse grau é *terra firme*, o planeta Terra debaixo de nossos pés. Essa talvez seja apenas uma das razões por que o grau de Zelator tenha um efeito profundo naqueles que o alcançam. O ritual do Zelator também tem o intuito de firmar o iniciado no elemento estabilizador da terra. Uma de suas funções primárias é fortalecer o Candidato tanto em mente quanto em corpo para o difícil trabalho de transformação alquímica que o aguarda. De todos os graus elementais, o ritual do Zelator é o que se chama de a única verdadeira cerimônia de iniciação — os demais sendo avanços que perpetuam o processo começado no grau ①=⊡0. Isso se deve ao fato de que o ritual do Zelator enraíza com firmeza o aspirante na terra de Malkuth, descrito como a porção negra de Malkuth; e os

99. Aquele que aspira. Um buscador. Outro título às vezes usado para o iniciado.

três graus além do ①=⑩ exploram os outros subelementos de Malkuth (aquelas porções de Malkuth geralmente mostradas nos diagramas da Árvore da Vida nas cores de citrino, oliva e vermelho-maçã).[100]

A narrativa mitológica que serve de pano de fundo para a cerimônia de Zelator é o antigo Tabernáculo Hebraico no Deserto, descrito no livro do Êxodo.

**Sumário do ritual:** Depois que a Sala é aberta e as forças da terra elemental são invocadas, o neófito é testado quanto aos segredos do grau de Neófito. Em seguida, ele faz outro juramento (voto) e, em uma cerimônia, é conduzido a dois postos: um do mal e um do bem. Em ambos os postos, os Guardiões dos Caminhos repelem o neófito despreparado. O aspirante então segue o Caminho do Meio do Equilíbrio, e aí novamente é barrado pelos Guardiões; mas, por fim, o caminho é liberado pelo Guardião da Alma Celestial. Durante essa jornada pelo caminho do equilíbrio, o elemento estabilizador da terra é fixado na aura do iniciado, para que ele possa provar que é um receptáculo digno do Espírito Divino.

Na parte seguinte da cerimônia, o iniciado tem permissão para entrar no santuário em que, simbolicamente, ele segue o caminho de um sacerdote dos mistérios hebraicos. O simbolismo do Tabernáculo no Deserto, que é uma alegoria do primeiro templo cabalístico físico em Malkuth, é, aos poucos, revelado ao aspirante. Esse e outro simbolismo relacionado ao grau da terra são descobertos até que, finalmente, os poderes da terra sejam liberados.

O simbolismo contido no ritual do Zelator pressagia alguns aspectos muito importantes do processo mágico/psicológico de integração ainda por vir. Essa é a primeira cerimônia que expõe o iniciado ao conceito do *qliphoth*, as forças desequilibradas e caóticas que são análogas à sombra na Psicologia junguiana. Também um dos diagramas mostrado ao iniciado nesse grau é o dos dois querubins e da espada flamejante. Em um nível mágico, o querubim macho Metatron e o querubim fêmea Sandalphon representam as duas grandes polaridades universais, opostas, enquanto no nível psicológico eles representam as imagens arquetípicas da alma, *animus* e *anima*.

100. Em diagramas coloridos da cabalística Árvore da Vida, a décima esfera de Malkuth é dividida em quatro setores cujas cores são citrino, oliva, vermelho-maçã e preto, representando o ar de Malkuth, a água de Malkuth, o fogo de Malkuth e a terra de Malkuth, respectivamente.

A tarefa do iniciado da Golden Dawn não é fácil. O próprio ato de avançar pelos graus acelera qualquer tipo de estresse — físico, espiritual, pessoal ou psicológico — que se encontra dormente no aspirante. Toda dificuldade ou conteúdo psíquico reprimido (material da sombra) que desperte nesse momento deve ser confrontado e resolvido antes de qualquer iniciação ao grau seguinte.

O grau ①=[10] tem a reputação de ser o grau que separa o joio do trigo. Muitos dos indivíduos que chegam a esse nível, mas cujos motivos primários para se envolver com Magia são questionáveis (escapismo, ganância de poder sobre os outros, desejo de título e honraria ou tendência a seguir qualquer "modismo" em Magia), acabam desistindo por causa do efeito de "filtro" da cerimônia do Zelator. Todos os graus elementais agem no sentido de expulsar aqueles que não toleram a tarefa de transformação espiritual, mas o impacto mais forte desse efeito filtrador é sentido nesse grau. Israel Regardie costumava dizer que, se um mago não conseguia operar no mundo material terrestre de Malkuth, então nem deveria tentar atingir os reinos superiores.

O grau do Zelator enfatiza que uma base sólida — uma "fundação" firme em Malkuth — é absolutamente essencial para o sucesso do trabalho de um iniciado. Como é dito na cerimônia do Zelator: "Se Adonai não construir a casa, o trabalho de construção será perdido. Se Adonai não construir a cidade, a Sentinela a vigiará em vão."[101]

## *O grau do Theoricus*

Quando o aspirante chega ao grau ①=[10] de Zelator, ele já tem em sua psique a base firme para toda a subsequente equilibração e transformação elemental. No grau ②=[9], do *Theoricus*, o aspirante passa pela segunda iniciação elemental para a nona *sephirah* de Yesod na cabalística Árvore da Vida, e o processo espiritual/químico de dissolução e integração continua. O título de Theoricus deriva do termo grego *theoricos*, que significa "o que vislumbra", "observador" — alguém que só conhece por teoria, não por prática.

Há uma diferença muito importante entre o grau de Zelator e os graus de Theoricus, Practicus e Philosophus. A iniciação anterior

101. Regardie; *The Golden Dawn*, 144. (Essa passagem deriva do Salmo 127:1).

estabelecia o passo inicial à esfera de Malkuth. Os demais graus (independentemente de suas respectivas correspondências *sephiróticas*) são, na realidade, apenas passos seguintes na exploração dos quatro subelementos de Malkuth. Aqui, porém, o foco do iniciado não é nas qualidades sólidas da terra, mas sim nos aspectos etéreos do ar, o elemento mais alto em Malkuth e mais bem alinhado com o Espírito. Como se diz ao aspirante na cerimônia: "Abandone o Material e procure o Espiritual!"[102]

**Sumário do ritual:** O drama narrativo encenado na cerimônia do Theoricus é uma jornada pelo submundo, na qual o aspirante é conduzido pelo deus egípcio Anúbis (o Keryx). A Sala é aberta e as forças do ar elemental são invocadas. Em seguida, o iniciado deve provar que compreendeu os segredos do grau de Zelator e fazer mais um juramento. Entre as esferas de Malkuth e Yesod, encontra-se o 23° Caminho de Tau, uma jornada através do subconsciente e do plano astral que o Zelator faz simbolicamente nesse momento. Nesse caminho, o Zelator é confrontado por quatro querubins, o grupo de anjos atribuído a Yesod. São os poderes angelicais que regem os quatro elementos. No ritual, o querubim realiza purificações elementais que auxiliam o processo geral de transmutação alquímica na psique do aspirante. Após completar o 32° Caminho de Tau, o iniciado é exposto à carta de Tarô do Universo e a outro simbolismo. O equilíbrio dos elementos é constantemente enfatizado nessa cerimônia.

A última parte do ritual envolve a entrada do iniciante no templo de Yesod. Nesse momento, o aspirante é exposto a mais um simbolismo do Jardim do Éden e à Sala do Theoricus. Os segredos do grau ②=9 são divulgados até, finalmente, os poderes do ar serem liberados.

O 32° Caminho de Tau representa uma jornada até o Inferno, que na Psicologia junguiana simboliza a exploração do reino do inconsciente.

O elemento oferecido para o processo de transmutação nesse grau é o ar, ou melhor, a porção aérea da psique do aspirante.[103]

102. *Ib.*, 156.
103. Em termos mais precisos, é o Ar de Malkuth no Mundo Cabalístico de Assiah.

O planeta atribuído a esse grau é a Lua, o orbe de Luz refletida, e, portanto, às vezes ilusória. O aspirante que se aproxima desse grau deve se certificar de que assimilou devidamente as energias e o conhecimento do grau de Zelator. Do contrário, os imprevisíveis ventos astrais de Yesod podem desviar o aspirante de seu curso. Às vezes, os estudantes experimentam os efeitos desse grau aéreo volátil como uma falta de foco ou uma menor capacidade de se concentrar nos estudos. (Alguns comentam que sentem "a cabeça vazia" nesse grau). Assim como o anterior, o grau ②=⑨ é um filtro que barra os indivíduos que não estejam bem preparados para ser iniciados dos mistérios herméticos.

### *O grau do Practicus*

No grau ③=⑧, do Practicus, o aspirante passa da terceira iniciação elemental para a oitava *sephirah*, Hod, na Árvore Cabalística, continuando o processo de Alquimia espiritual na psique do aspirante. Pela primeira vez, o iniciado se depara com a perspectiva de sair da relativa segurança do Pilar do Meio e entrar no Pilar Negro da Severidade. O grau de Practicus representa, portanto, um ponto no crescimento espiritual do aspirante, em que mais peso é teoricamente colocado em um lado de sua balança psíquica do equilíbrio.

O título de *Practicus* deriva do grego, *practicos*, palavra que significa "praticante" ou "especialista" — aquele que tem conhecimento por meio da prática. O elemento oferecido para o processo de transmutação nesse grau é a Água, ou melhor, a porção aquosa da psique do aspirante, e Hod é atribuído à água.[104] Detalhe interessante, dois caminhos de fogo devem ser percorridos antes que o iniciado chegue simbolicamente à esfera aquosa de Hod — os caminhos de Shin (Julgamento) e Resh (O Sol), que conduzem a Hod a partir das *sephiroth* de Malkuth e Yesod, respectivamente. A água é considerada feminina e fértil, enquanto o fogo é masculino e estimulante. A união dessas polaridades é o objetivo da Alquimia e a chave para a Grande Obra.

104. Na realidade, é a Água de Malkuth em Assiah.

O dramático cenário ritual em que os eventos da cerimônia do Practicus são encenados em sua alegoria é a ilha grega de Samos, um lugar que, em tempos remotos, foi o centro de uma estimada religião de mistérios helenísticos, os Mistérios de Samotrácia, que chegavam a rivalizar com os Mistérios de Elêusis em popularidade e reverência.

Muitos dos discursos do grau ③=⑧ são dados simbolicamente pelos Kabiri de Samotrácia, mas, na verdade, eles são tirados de trechos da tradução de W. Wynn Westcott dos Oráculos Caldeus, ou *Chaldean Oracles*, uma obra composta em época posterior aos Mistérios de Samotrácia.

**Sumário do ritual:** A Sala é aberta e as forças da água elemental são invocadas. Então, o aspirante deve provar que compreendeu os segredos do grau de Theoricus e fazer um juramento. Entre as esferas de Malkuth e Hod, está o 31º Caminho de Shin, uma jornada de purificação psíquica e consagração por meio do fogo elemental. Nesse caminho, o iniciado se confronta com três figuras conhecidas como Kabiri — divindades dos Mistérios de Samotrácia. Essas figuras simbolizam os vários aspectos e atributos do fogo elemental. No caminho de Shin, os Kabiri expõem o aspirante às diferentes energias do fogo, que são usadas para purgar o Theoricus das impurezas psíquicas antes de entrar no templo da água. Após completar o 31º Caminho, o aspirante é exposto à carta de Tarô do Julgamento.

Em seguida, os mistérios do 30º Caminho de Resh entre Yesod e Hod são revelados ao iniciado pelos Kabiri, que assumem vários aspectos solares e sazonais. O Caminho de Resh é uma jornada de percepção intelectual em que o aspirante é exposto aos Poderes Superiores que participaram da formação de sua personalidade. Enquanto o 31º Caminho é uma jornada de purificação, o 30º Caminho é de consagração. Quando a jornada pelo Caminho de Resh acaba, o aspirante é exposto à carta de Tarô do Sol.

A parte final do ritual envolve a entrada do aspirante no templo da água de Hod. Nesse momento, o iniciante é exposto a um simbolismo do Jardim do Éden antes da Queda e à Sala do Practicus. Os segredos do grau ③=⑧ são divulgados até, finalmente, os poderes da água serem liberados.

"O Jardim do Éden antes da Queda" (ver figura 14) é um diagrama importante em diversos níveis. No nível mágico, ele representa as várias divisões arquetípicas da alma humana, conforme descritas pelos cabalistas.[105] Em nível psicológico, esse diagrama é uma forma do que Carl Jung chamava de símbolo unificador, descrito como um símbolo que retrata a união de todas as partes da psique, cuja síntese, porém, transcende todas as partes. Ele representa o equilíbrio restaurado entre o consciente e o inconsciente e retrata um estado psicológico equilibrado, que os teurgistas desejam alcançar.[106] O diagrama do Jardim do Éden antes da Queda (bem como seu correspondente oposto no grau seguinte, o Jardim do Éden depois da Queda) é uma das chaves para a compreensão de muitos dilemas psicológicos e espirituais que assolam o iniciado. Na verdade, podemos dizer que, juntos, os dois diagramas esboçam toda a filosofia hermética. Em termos espirituais, nós desejamos "restaurar o Jardim" ao seu estado original de pureza.

Como afirmamos antes, dois caminhos de fogo (o 31º Caminho de Shin, atribuído ao fogo elemental, e o 30º Caminho de Resh, correspondente ao calor do sol) são simbolicamente percorridos pelo iniciado para ele chegar à *sephirah* da água de Hod. Isso mostra o constante equilíbrio, que é inerente ao sistema da Golden Dawn. Fogo e água, os dois elementos opostos primários, estão sempre em equilíbrio, de modo que nenhum dos dois supera o outro em energias. A água é maternal e alimentadora. O fogo é paternal e semeador. O aspirante é conduzido às receptivas águas de Hod por meio das revigorantes energias do fogo. Assim, a união dos dois é a única rota possível para se formar uma base criativa para a realização espiritual. As águas do intelecto não podem ficar estagnadas e insensíveis; devem ser sempre estimuladas pelos fogos excitantes da emoção.

Os iniciados desse grau costumam experimentar uma sensação de tranquilidade e alívio por terem passado pela turbulência astral de Yesod. As águas alimentadoras de Hod de fato promovem uma sensação de conforto àqueles iniciados que experimentaram na própria pele os efeitos nocivos de uma sociedade desequilibrada e materialista. O problema

---

105. *Neshamah* (parte divina da alma), *Ruach* (mente racional) e *Nephesh* (instintos inferiores). Nesse diagrama, Adão representa *Ruach*, Eva representa *Nephesh* e a deusa Aima Elohim representa *Neshamah*.

106. Jung descrevia as mandalas do Misticismo oriental como símbolos unificadores.

*Figura 14: O Jardim do Éden antes da Queda*

é que os estudantes às vezes relutam em trocar o templo da água pelo grau do fogo de Philosophus. Há também uma maior percepção das próprias faculdades criativas do estudante, algumas das quais talvez estivessem dormentes até aquele momento. O planeta atribuído a esse grau é Mercúrio, o orbe do intelecto, da comunicação e da expressão.

Tradicionalmente, é preciso permanecer, no mínimo, três meses nesse grau até o indivíduo digerir todos os seus efeitos. Mas, como em todos os graus, há a necessidade de mais tempo para a assimilação das várias energias envolvidas.

## *O grau de Philosophus*

No grau ④=[7], o iniciado passa pela quarta iniciação elemental para a sétimo *sephirah* de Netzach na Árvore da Vida, avançando o processo psico-alquímico de crescimento interior. Mais uma vez, o aspirante opta por abandonar a segurança do curso do meio, dessa vez no lado do pilar branco da Misericórdia. Essa ação é necessária para equilibrar a iniciação anterior, que conduziu o aspirante ao pilar negro da Severidade. As duas iniciações dos graus de Practicus e Philosophus complementam-se e equilibram-se de maneira tão completa que é difícil descrever uma sem descrever a outra.

O elemento oferecido para o processo de transmutação nesse grau é o fogo, o planeta associado é Vênus. É a seção ígnea da psique do aspirante.[107] Mais uma vez os dois elementos parentais e opostos são contrabalançados de modo que um não domine o outro. Dois dos caminhos que conduzem a esse grau são de natureza aquosa. Portanto, assim como no grau precedente, os dois elementos primários de água e fogo estão presentes. Entretanto, no grau ④=[7], sua ordem e potências são invertidas. No grau de Practicus, o elemento água era predominante. No grau do Philosophus, o elemento fogo agora se agita em fúria, embora só possa se manifestar em segurança no elemento complementar da água.

A narrativa mitológica que permeia a cerimônia do Philosophus é uma antiga clássica batalha entre as forças da ordem e do caos — entre o bem e o mal. Inclui o relato bíblico da Queda dos Reis de

---

107. Fogo de Malkuth em Assiah.

Edom (representantes das forças do caos) e da vitória de Israel (representantes das forças da ordem) no Livro do Gênesis.[108] O drama narrativo também inclui a história hebraica de Javé conquistando o mar e os rios[109] — uma lenda que, por sua vez, se baseia na história babilônica da criação do mundo e da guerra entre as forças da ordem e do caos descritas no antigo texto conhecido como *Enuma Elish* ("quando no alto").

**Sumário do ritual:** A Sala é aberta e as forças do fogo elemental são invocadas. Em seguida, o Practicus deve provar que compreendeu os segredos do grau de Practicus e fazer um juramento. Entre as esferas de Malkuth e Netzach, encontra-se o 29º Caminho de Qoph, uma jornada de evolução psíquica e uma conquista dos medos e ilusões. Nesse caminho, o iniciado se depara com três divindades egípcias: Osíris, Hórus e Ísis. Essas figuras simbolizam os vários atributos da água elemental e os diferentes aspectos do tempo. Após completar o 29º Caminho, o aspirante é exposto à carta do Tarô da Lua.

Em seguida, os mistérios do 28º Caminho de Tzaddi entre Yesod e Netzach são revelados ao aspirante por uma tríade diferente de divindades egípcias: Ísis, Néftis e Hathor. Em uma alegoria, essas deusas expõem o iniciado aos diferentes aspectos da Água Celestial — as Águas da Criação e as Águas da Vida — o princípio do potencial. O Caminho de Tzaddi é uma jornada de percepção intuitiva em que o estudante aprende a mergulhar no profundo poço de conhecimento dentro do subconsciente por meio de meditação e imaginação. Outra descrição de Mônada, Díade, Tríade — tirada de *Chaldean Oracles* — é revelada ao aspirante. Quando a jornada pelo Caminho de Tzaddi acaba, o iniciado é exposto à carta de Tarô da Estrela.

Os mistérios do 27º Caminho de Peh entre as esferas de Hod (intelecto) e Netzach (emoção) são finalmente revelados ao aspirante. Esse é um caminho marcial que desvela a história bíblica da morte dos Reis de Edom (caos). O Caminho de Peh é uma jornada difícil, mas necessária, e inclui a destruição pelo fogo do velho e ultrapassado em prol do novo. É a renovação simbólica de tudo o que existe de vil, baixo e egoísta na mente do aspirante em favor do espiritual.

108. Com dados complementares nos Livros do Êxodo e Juízes.
109. Como descrito nos Livros dos Salmos e Habacuque.

Essa jornada simboliza a fase inicial da reconstrução da psique do iniciado. Quando a peregrinação pelo Caminho de Peh se completa, o aspirante é exposto à carta de Tarô da Torre.

A última parte do ritual envolve a entrada do aspirante no Templo de Netzach. Nesse momento, o iniciado é exposto a um simbolismo do Jardim do Éden depois da Queda, conforme descrito no Livro do Gênesis, e à própria Sala do Philosophus. Os segredos do grau ④=⑦ são revelados até, finalmente, os Poderes do Fogo serem liberados.

O nome Philosophus, dado ao aspirante nesse grau, baseia-se na palavra grega *philosophos*, que significa "amante da sabedoria". Há muito que aprender nesse grau, principalmente a respeito de si mesmo. Só um verdadeiro amante da sabedoria pode suportar os rigores desse grau e examinar seus hábitos, preconceitos, reações e idiossincrasias, bem como suas mais profundas crenças, com a mente aberta e um coração sincero.

Entre os iniciados, o Philosophus é conhecido como um grau difícil de passar. A dificuldade está no efeito estimulante da interação entre fogo e água, às vezes se digladiando e outras vezes entrando em harmonia. Embora esses elementos tenham o poder de trazer à tona as partes mais sublimes da alma, eles também são capazes de evocar aquilo que é mais baixo e rude. O ponto terminal do grau é a esfera de Netzach, a sede das emoções. Por conseguinte, uma das características dele é a mudança de humor. O resultado é um período de turbulência bem conhecido dos místicos e iniciados. Às vezes, "todo o Universo, sob a estimulação dos elementos mágicos e de análise interior, parece desmoronar como um castelo de cartas de baralho aos seus pés",[110] Por mais desagradável que a experiência pareça ao estudante, ele está de fato fazendo progresso.[111] É a interação dos opostos que traz ao aspirante a percepção do estado disfuncional e desequilibrado de sua existência cotidiana normal, bem como da confusão psíquica que resulta da ignorância espiritual. Só há uma saída do estado inquietante, que é mostrada na carta do Tarô da Torre. O Philosophus deve derrubar a velha torre torta das crenças antiquadas e dos hábitos obsoletos e reconstruí-la, tijolo por tijolo, sobre uma base espiritual. Das ruínas do velho templo de escuridão, é erguido o novo templo de Luz.

110. Regardie, *The Golden Dawn*, Madras Editora.
111. *Ib.*

*Figura 15: O Jardim do Éden após a Queda*

Em termos psicológicos, o significado do Caminho de Peh e o diagrama do Jardim do Éden depois da Queda (ver figura 15) são claros. O dragão vermelho do *qliphoth* foi despertado de seu sono e levanta-se para ameaçar a estabilidade de toda a Árvore da Vida. Esse é o temido confronto com a sombra — aqueles aspectos inconscientes, não resolvidos e geralmente indesejáveis do eu que foram enterrados ou ignorados pela mente consciente. Bater de frente com a sombra é uma experiência tumultuosa e desagradável, mas muito necessária. Um resultado desse confronto é a dissolução do falso eu, da máscara ou *persona* — uma experiência magnificamente simbolizada pela destruição da Torre, como mostra a carta do Tarô.

Uma das lições desse grau é que os dois elementos, fogo e água, quando devidamente direcionados e empregados de modo criativo, podem levar à reconstrução do Jardim do Éden ao seu estado original de perfeição. A Luz Divina não pode habitar a psique humana enquanto o caos e a ordem não forem transformados na harmonia da total realização e iluminação. Os seres humanos não podem reivindicar seu direito inato de calma interior e tranquilidade espiritual enquanto o Jardim não for restaurado. Ordem e equilíbrio devem retornar à Criação, cujas esferas sagradas se refletem em nossas almas. "Enquanto o indivíduo não retornar aos elementos inferiores de seu reino terrestre, nem a paz nem a segurança interior serão seu devido legado."[112]

O grau ④=7⃞ é o mais alto da Ordem Externa da Golden Dawn, e nele devem ser passados pelo menos sete meses até o iniciado digerir todos os seus efeitos.

## O Portal: o Segundo Grau

O grau do Portal é um período de experiência que ocorre entre a Primeira e a Segunda Ordens. No Ritual do Portal, o aspirante é introduzido ao quinto e último elemento do Espírito, completando assim as partes componentes de sua constituição elemental.

A cerimônia do Portal é diferente de todos os rituais anteriores, e há vários aspectos que são exclusivos dele. Enquanto todos os graus da Ordem Externa representam o Primeiro Grau, só o Portal é referido

112. *Ib*.

como Segundo Grau. É também a primeira vez em meio às iniciações que o aspirante é presenteado com o Pilar branco da Misericórdia. Até então, ele estava trabalhando com o Pilar negro da Severidade, que representa toda a Ordem Externa. Um tema básico na cerimônia do Portal é a saída do aspirante da escuridão e sua entrada na Luz. Só depois que a escuridão do pilar negro (por exemplo, a personalidade inferior do iniciado simbolizada nos graus elementais) foi explorada e sintetizada, o pilar branco pode ser aproximado com segurança.

O grau do Portal não é atribuído a nenhuma das *sephirah*, embora seja considerado uma corte externa de Tiphareth.[113] É por isso que não existem números simbólicos — como ①=⑩ — para descrevê-lo. Além disso, esse grau recebe uma referência especial como o Véu de Paroketh, uma fronteira entre as quatro *sephiroth* inferiores e o resto das esferas na Árvore da Vida. Dessa vez, o aspirante é levado de volta ao Pilar do Meio e ao Caminho do Equilíbrio, pois só pelo caminho mediano do equilíbrio é que se pode rasgar o véu do santuário interior, o Santo dos Santos (Santíssimo).

Os graus anteriores envolveram os processos alquímicos de análise e dissolução, nos quais o iniciado foi obrigado a examinar seus processos pessoais interiores e caóticos. Isso inclui um tipo de exorcismo alquímico, por assim dizer, de conflitos interiores e a purgação do excesso de bagagem psíquica. Se o aspirante realizou com sinceridade e persistência o trabalho de introspecção e equilíbrio psíquico, que é o trabalho essencial da Golden Dawn nesse nível, então se pode presumir que o iniciado que completou com sucesso o grau de Philosophus está pronto para começar o processo alquímico de assimilação, no qual as porções purificadas do eu elemental do aspirante são exaltadas por uma infusão do Espírito que dá Vida, recombinadas em um "todo" equilibrado, maior que a soma de suas partes. Essa é a segunda parte da fórmula *solve et coagula*, em que os elementos sublimados começam a coagular em uma psique mais equilibrada, que é consagrada à obra da Vontade Divina. Isso, por sua vez, não só possibilita um nível mais alto de crescimento espiritual, mas também leva à meta dos alquimistas — a realização da Pedra Filosofal.

113. Os quatro graus anteriores são referidos aos subelementos de Malkuth em Assiah. O grau do Portal enfatiza Yesod de Yesod em Assiah.

O elemento encontrado nesse grau é o quinto ou último elemento do Espírito, chamado de Quintessência ou "quinta essência". É a essência espiritual guiadora na psique do aspirante, a qual transcende todos os reinos cabalísticos. A porção Espírito da psique humana abrange tudo o que é transcendental, universal, duradouro, puro e divino.

O Espírito é o elemento mais elevado que forma a ponta mais alta do pentagrama, governando acima dos elementos de fogo, água, ar e terra, anunciando o domínio da Luz Divina sobre tudo e permeando toda a Criação. Assim, também o grau do Portal coroa os graus elementais anteriores. O Espírito é a pedra angular da tradição mágica. Enquanto o aspirante não receber um influxo desse elemento sublime, todos os feitos de Magia serão comprometidos em maior ou menor extensão pelo fato de estarem sob a regência do ego em vez da orientação do Eu Superior.

Alguns dos oficiais na cerimônia do Portal são os mesmos dos graus anteriores; outros, porém, não são. Há uma mistura incomum de oficiais da Ordem Externa e da Ordem Interna presentes nesse grau. O Hierofante é substituído pelo Adepto Chefe, que é auxiliado por oficiais conhecidos como Segundo e Terceiro Adeptos. Os únicos oficiais da Ordem Externa presentes são o Hiereus e o Hegemon. No esquema tradicional da Golden Dawn, o grau de Portal ocupa uma posição "entre os mundos", por assim dizer — entre a Ordem Externa da Golden Dawn e a Ordem Interna da R. R. et A. C. Ele participa de ambas e, no entanto, não é parte de nenhuma das duas. Por isso, o grau do Portal é considerado um grau separado.

O tema básico da cerimônia do Portal é alquímico e transformativo. O aspirante é sujeito a uma transmutação alquímica de "chumbo em ouro", ou do rudimentar para o sublime. A Sala do Portal simboliza o laboratório do alquimista, e o iniciado é a matéria básica que será transformada e sublimada em matéria superior.

**Sumário do ritual:** A Sala é aberta e as forças dos quatro elementos são invocadas pelo oficial presidente, auxiliado pelos outros oficiais. Em seguida, as forças do elemento supremo do Espírito são invocadas. O Philosophus entra e deve fazer mais juramentos e cumprir obrigações. Em seguida, o iniciado precisa provar que compreende os segredos de todos os graus anteriores. Vários diagramas e cartas de Tarô são explicados.

Na parte seguinte da cerimônia, o aspirante deve invocar os poderes dos quatro elementos com o auxílio dos oficiais. Os elementos, simbolizados por pétalas de rosa para o ar, incenso aceso para o fogo, uma taça com água e uma bandeja de sal para a terra, são purificados em ritual. Esses itens elementais também representam os vários componentes da psique do iniciado ou, como são chamados no ritual, "os poderes purificados do corpo [do aspirante]". O grau do Portal equilibra as várias porções do eu elemental do aspirante, sacrificadas simbolicamente no altar místico por trás do Véu de Paroketh, oferecidas em serviço do Gênio Superior e Divino. Os segredos do grau do Portal são revelados até, finalmente, os poderes de todos os cinco elementos serem liberados.

Esse grau não só enfatiza a Quintessência ou Espírito, mas também faz o processo alquímico dar um passo adiante, enfocando o simbolismo alquímico específico e significativo. O Segundo e o Terceiro Adeptos nesse ritual portam varinhas encimadas pelos símbolos alquímicos do enxofre e do sal, respectivamente. O Adepto Chefe carrega uma varinha encimada por um pentagrama, representando ao mesmo tempo os três Princípios Alquímicos do sal, do enxofre e do mercúrio (corpo, alma e espírito). Isso indica que o espírito é mais que a união dos quatro elementos — ele é aquilo que contém os três Princípios Alquímicos ocultos na natureza. Após passar por essa iniciação, o aspirante tem o dever de expandir esses três Princípios Alquímicos existentes em seu interior, separando-os da matéria rude, envolvê-los e compreendê-los plenamente na consciência.

Em termos psicológicos, todos os oficiais no ritual do Portal assumem o papel de *animus* ou *anima*. Todos agem como psicopompos, guiando o iniciado através dos vários pontos da cerimônia.

O grau do Portal é um momento simbólico de gestação — um período de transmutação em que se espera que a matéria rude se converta em ouro, que a crisálida se transforme em borboleta e que o estudante aspirante se transmute em um verdadeiro iniciado dos mistérios.

Por tradição, nove meses devem ser passados nesse grau, período em que o aspirante revisa todo o material de estudo dos graus precedentes — recapitulando suas diversas energias, além de organizar e equilibrar todas as porções do eu elemental, que se entregam simbolicamente à Vontade do Divino.

# A Ordem Interna: o Terceiro Grau

A rigor, a Segunda Ordem não faz parte da Golden Dawn. É uma Ordem separada a Ordo Roseae Rubae et Aureae Crucis — a "Ordem da Rosa Vermelha e da Cruz Dourada". Essa Ordem, distinta da Golden Dawn, é composta dos graus do Adepto — Adeptus Minor ⑤=[6], Adeptus Major ⑥=[5], e Adeptus Exemptus ⑦=[4]. No contexto da Ordem, a admissão a esses graus mais altos é possível por meio de convite, geralmente sendo aberta apenas para indivíduos que passam nos exames requisitados e são escolhidos com base em outros fatores de qualificação, como, por exemplo, se completaram e assimilaram o trabalho da Ordem Externa.

É nessa Ordem que o verdadeiro trabalho de Magia cerimonial começa. Enquanto a Primeira Ordem é uma escola que ensina aos estudantes os fundamentos da Magia, a Segunda Ordem é aquela em que o estudante coloca em prática o que aprendeu. Na R. R. et A. C., os iniciados realizam Magia cerimonial. Eles constroem e consagram suas próprias ferramentas mágicas, escrevem e realizam seus rituais, baseados em fórmulas tradicionais da Golden Dawn, praticam técnicas de *skrying* ou viagem astral, criam e assumem as imagens de formas divinas e realizam técnicas mágicas avançadas. Muitos procedimentos difíceis de Magia precisam ser aprendidos com cuidado e alguns rituais fundamentais devem ser memorizados.

A Segunda Ordem tem suas raízes essenciais nos princípios da rosa-cruz, uma filosofia espiritual baseada na vida de Christian Rosencreutz ou "Cristão da Cruz Rósea", também conhecido como C.R.C., o fundador alegórico da Irmandade da Rosacruz. O mito de Christian Rosencreutz é, por sua vez, uma alegoria da vida de Cristo, que é o drama ritual básico da Segunda Ordem. Corriam boatos de que a irmandade Rosacruz era uma ordem secreta de iniciados que estudavam Alquimia, Cabala, Astrologia, Magia e Misticismo cristão. Histórias da irmandade começaram a surgir na Europa por volta de 1614.

Em 1892, MacGregor Mathers estabeleceu com firmeza os ideais e o *ethos* da Rosacruz na R. R. et A. C., quando terminou a sofisticada cerimônia de iniciação para o grau ⑤=[6] do Adeptus Minor. Baseado na lenda de Christian Rosencreutz, o ritual envolve a descoberta da tumba de C.R.C. — conhecida como a Câmara dos Adeptos. Uma

*Figura 16: Símbolos alquímicos do Grau do Portal*

descrição dessa câmara e de seus conteúdos é uma das partes mais importantes do *Fama Fraternitatis* (1614), um dos três mais famosos Manifestos dos rosa-cruzes. Na alegoria do *Fama*, a vida e as obras de Christian Rosencreutz são narradas, bem como a descrição essencial de sua câmara funerária. Foi nessa descrição que MacGregor Mathers se baseou para sua brilhante criação da Câmara dos Adeptos. Uma descrição completa da Câmara e passagens relevantes do *Fama* podem ser encontradas em outras fontes, por isso não há necessidade de falarmos delas aqui.[114]

A Câmara Mística é o principal templo e câmara ritual da Segunda Ordem, e todas as iniciações de grau realizadas pela R.R. et A.C. necessitam dela. O Templo de sete lados é recarregado uma vez por ano no dia, ou próximo ao dia, de *Corpus Christi*, o único dia do ano em que a cerimônia da Consagração da Câmara dos Adeptos é realizada. *Corpus Christi* significa "corpo de Cristo". Esse feriado católico, realizado em honra da Eucaristia, cai em dias diferentes a cada ano, pelo fato de ser celebrado determinado número de dias depois da Páscoa.[115] Essa tradição, adotada pela Segunda Ordem, foi sem dúvida iniciada pelos primeiros rosa-cruzes, que se referiam em segredo ao *Corpus Christi* como "Dia C".

Embora alguns sugiram que a Consagração da Câmara dos Adeptos seja no dia do solstício de verão, a data original da cerimônia é determinada pelo feriado de *Corpus Christi*, que pode cair a qualquer dia desde o fim de maio até o fim de junho. Na verdade, a Ordem não tem rituais para acompanhar os solstícios, mas apenas os equinócios; os momentos em que dia e noite têm igual duração, aludindo mais uma vez ao Pilar do Meio e à disposição equilibrada de forças opostas.

**Sumário do ritual:** O cenário mitológico para a cerimônia do Adeptus Minor é a encenação da morte e ressurreição de Christian Rosencreutz. Na cerimônia altamente eloquente do Adeptus Minor, o Templo é aberto pelos Adeptos oficiantes. O aspirante entra, anuncia seu desejo de ser admitido na câmara e é repelido. Em seguida,

---

114. Ver nosso livro *Creating Magical Tools*, páginas 211-223, para mais informações.

115. O feriado de *Corpus Christi* da Igreja Cristã Ocidental celebra a presença do corpo de Jesus Cristo na Eucaristia. Feriado móvel, é comemorado na quinta-feira (ou em alguns países, no domingo) depois do domingo da Santíssima Trindade. No século XV, ele se tornou o principal feriado da Igreja, quando peças de mistérios e milagres eram partes marcantes da celebração.

o iniciado é enviado para a antecâmara, na qual lhe retiram todas as insígnias, quando então ele volta para passar o árduo período de provação e tribulação, incluindo uma crucifixão simbólica acompanhada pela recitação de uma poderosa e comprometedora obrigação. Depois disso, a lenda de Christian Rosencreutz é narrada ao aspirante. Em tempo, a porta para a câmara é aberta e o iniciado é admitido na tumba mística de sete lados para encontrar o corpo de C.R.C., representado pelo oficial presidente. Os segredos da câmara, incluindo seu sofisticado simbolismo, são explicados antes do término da cerimônia.

A cerimônia 5=6 geralmente é uma experiência que desperta grande admiração em todos os que por ela passam. Segundo Arthur Edward Waite, o ritual é impressionante:

> Não se pode negar que o Grau culminante, como foi desenvolvido o sistema, teve sua origem em um esquema maior que qualquer outro jamais ocorrido a quem elaborou os graus maçônicos pertencentes a qualquer Grande Loja ou Capítulo, Conclave ou Preceptoria, em todo o mundo.[116]

Uma das principais metas do grau 5=6, e na verdade de toda a Segunda Ordem, é resumido em uma das cláusulas da obrigação do Adeptus Minor:

> Prometo e juro ainda solenemente, com permissão Divina, que a partir deste dia me dedicarei à Grande Obra, que consiste em purificar e exaltar minha natureza espiritual para que, com ajuda Divina, eu possa enfim me tornar mais que humano e, aos poucos, elevar-me até me unir com meu Gênio superior e divino, e que nesse evento eu não abuse do grande poder que me é confiado.[117]

Esforçar-se para ser "mais que humano" não significa se tornar um semideus sobre-humano. Implica, isso sim, o indivíduo tentar ser o melhor ser humano possível, aprendendo a usar seus latentes dons psíquicos/mágicos para o desenvolvimento interior, e se empenhar em vencer os obstáculos e a inércia que a vida diária joga no caminho dos buscadores espirituais.

---

116. Waite, *Shadows of Life and Thought* (Kila, Mont.: Kessinger Publishing Co.), 161.
117. Regardie, *The Golden Dawn*, Llewellyn Publications, 2002.

Muitas pessoas cometem o erro de pensar que a iniciação do grau ⑤=[6] promove uma imediata mudança de consciência, pleno "conhecimento e conversação com o Santo Anjo Guardião", total comunicação com o Eu Superior e a instantânea autorrealização em todos os níveis de consciência. Se a iluminação espiritual fosse tão fácil! Se assim fosse, não haveria motivo algum para avançar ainda mais nesse trabalho. A entrada no subgrau de Neófito Adeptus Minor é apenas o começo do trabalho da Segunda Ordem. O iniciado tornou-se Neófito de novo — em um nível diferente. Como já ressaltamos, o processo de integração mágica é contínuo e cíclico. Esse é só o começo de uma nova fase de união, coobação alquímica e autorrealização psicológica. É um processo que ocorrerá repetidas vezes, em muitos níveis diferentes.

O trabalho do grau do Adeptus Minor é tão extenso que requer um mínimo de seis anos para ser completado. Na verdade, a maior parte do trabalho de Magia prática da Ordem, incluindo Magia cabalística, consagração de talismãs, assunção de formas divinas e Magia enochiana, é abordada no grau ⑤=[6]. Um sumário desse trabalho aparece no capítulo 6.

Em um livro elaborado para iniciantes, não há necessidade de nos estendermos nos graus de Adeptus Minor e Adeptus Exemptus. Esses graus só são assumidos após um longo período de dedicação ao verdadeiro equilíbrio nos subgraus de Tiphareh de Adeptus Minor. Respectivamente, os graus⑥=[5] e ⑦=[4]implicam assumir os papéis de guerreiro espiritual e mago mestre. Esses papéis incluem responsabilidades sérias que envolvem batalha e resolução com as *qliphoth* do caos, bem como preparações mágicas finais para o iniciado passar além do Abismo no fim da atual encarnação. Não abordaremos essas questões aqui. Nas palavras de Regardie:

> É impossível para o indivíduo comum entender esses (graus) acima do grau do Adeptus Minor, e as pessoas que afirmam abertamente ter alcançado esses elevados graus, só por tal atitude, já colocam um gigantesco ponto de interrogação na validade de sua conquista. O verdadeiro elevado é humilde.[118]

118. *Ib.*, 21.

Para os propósitos deste livro, não precisamos nos aprofundar nos graus superiores da Segunda Ordem.

## A Terceira Ordem

A Terceira Ordem é puramente teórica. Ela consiste nos graus correspondentes às esferas mais altas de Binah, Chokmah e Kether na Árvore da Vida: Magister Templi 8°=3□, Magus 9°=2□ e Ipsissimus 10°=1□. Esses graus não são alcançados por pessoas vivas, embora em alguns grupos existam indivíduos que às vezes alegam ter esses altos graus em caráter honorário. No sistema da Golden Dawn, ninguém pode alcançá-los em nível físico.

Neste ponto, concluímos nossa descrição da estrutura hierárquica e sistema de grau da Golden Dawn e abrimos um novo capítulo para discussão.

Capítulo 5

# Rituais da Golden Dawn

> Todas as cerimônias, consagrações, abluções e sacrifícios são orações em ação; também são formas simbólicas. São as orações mais fortes porque constituem traduções da palavra em ação, mostrando força de vontade e persistência, vendo que exigem uma atenção mais concentrada do que a oração silenciosa, ou oração expressa em palavras; portanto, constituem um trabalho real que exige toda a energia de um homem.[119]

As cerimônias de iniciação da Golden Dawn estão com certeza entre os rituais mais poderosos criados para o sistema da Ordem. No entanto, a Primeira Ordem ou Externa da Golden Dawn foi criada para ser uma escola na qual os estudantes aprendessem o ABC da Magia antes de realizar a Magia prática. Tradicionalmente, apenas um ritual mágico era ensinado aos estudantes da Ordem Externa para uso pessoal deles — o Ritual Menor do Pentagrama. Existem duas formas desse ritual: uma para invocar energias e a outra para afastá-las. Respectivamente, são o Ritual Menor de Invocação do Pentagrama (RMIP) e Ritual Menor de Banimento do Pentagrama (RMBP). Um ritual de banimento tem como objetivo afastar energias espirituais indesejadas. É, com frequência, realizado como um prelúdio de rituais mais complexos, para "limpar" a área antes de realizá-los. Um ritual de invocação tem o efeito oposto — atrair forças espirituais para o espaço do templo.

---

119. Eliphas Levi, *The Magical Ritual of the Sanctum Regnum* (Kila, Mont.: Kessinger Publishing Co.), 3.

Os manuscritos da Golden Dawn instruíam a realizar o ritual de invocação pela manhã e o de banimento à noite. Entretanto, sentimos que o estudante iniciante precisa se concentrar apenas no ritual de banimento por alguns meses, pois os iniciantes tendem a acessar o astral e, sem saber, atrair todas as formas de elementais e níveis inferiores de energias astrais. Também é muito mais importante aprender a banir que invocar. Qualquer pessoa pode atrair energias espirituais inferiores. Livrar-se delas pode ser um pouco mais difícil.

O Ritual Menor de Banimento do Pentagrama começa e termina com a Cruz Cabalística — um rito simples que pode ser considerado um ritual completo em si mesmo.

## A Cruz Cabalística (CB)

Fique em pé, voltado para o leste. Imagine uma luz branca brilhante tocando o alto de sua cabeça. Estenda o dedo indicador ou a lâmina de uma adaga para entrar em contato com a luz e trazê-la para a testa.

Toque a testa e vibre "Ateh" (*ah-ta,* que significa "Para ti").

Toque o peito e desça o dedo ou a adaga até tocar o coração ou a região abdominal, apontando para o chão. Imagine a luz descendo da testa aos pés. Vibre "Malkuth" (*mal-kooth,* que significa "o Reino").

Toque o ombro direito e visualize um ponto de luz nele. Vibre "Ve-Geburah" (*veh-ge-boor-ah,* que significa "o Poder"). Toque o ombro esquerdo e visualize um ponto de luz nele. Veja o facho horizontal de luz se estendendo do outro ombro para se juntar a esse ponto de luz. Vibre "Ve-Gedulah" (*veh-ge-doo-lah,* que significa "a Glória").

Imagine uma cruz de luz, completa, passando da cabeça aos pés e de ombro a ombro.

Estenda as mãos para longe do corpo e depois junte-as de novo sobre o peito, como em atitude de oração. Vibre "Le-Olahm, Amen" (*lay-oh-lahm*, que significa "Para sempre, Amém").

A Cruz Cabalística é um pequeno rito potente que cria uma cruz de Luz Divina na aura do praticante. Os gestos são semelhantes aos que formam a cruz cristã, e as palavras são tiradas das últimas frases da oração do Pai-Nosso, que por sua vez é baseado em um original cabalístico hebreu.[120] A cruz é cabalística porque é associada às *sephiroth* de Kether, Malkuth, Geburah, Chesed e Tiphareth, que são ativadas na aura pelos gestos vigorosos e as visualizações. A Cruz Cabalística fortalece a aura e dá equilíbrio à psique. A repetição contínua desse ritual trará equilíbrio e calma.

## O Ritual Menor de Banimento do Pentagrama (RMBP)

Volte-se para o leste e faça a Cruz Cabalística.

Use uma adaga de banimento ou o dedo indicador da mão direita para traçar um grande Pentagrama Menor de Banimento. Perfure o centro do pentagrama com a adaga ou o dedo e vibre "YHVH" (*Yod-hey-vav-hey*. Mantenha o braço direito totalmente estendido, jamais o abaixe. Os pentagramas devem ser visualizados em uma luz incandescente azul ou branca.)

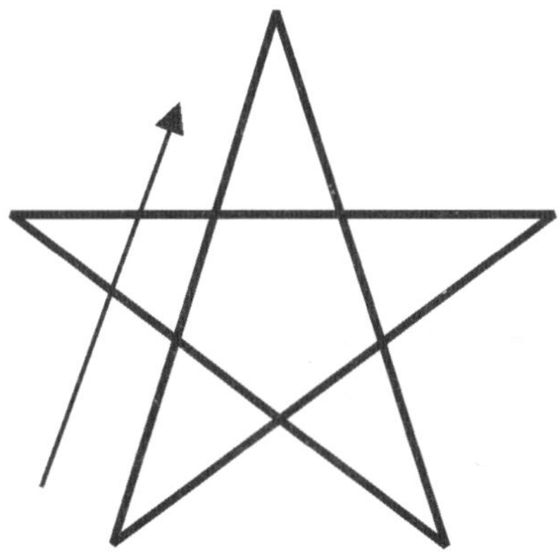

*Figura 17: Pentagrama Menor de Banimento*

Vire-se, ande em sentido horário para o sul e trace o mesmo pentagrama. Energize a figura como fez antes, entoando "Adonai" (*ah-doh-nye*). Siga para o oeste e trace o mesmo pentagrama. Energize-o com "Eheieh" (*eh-hey-yay*). Siga para o norte e desenhe o mesmo pentagrama, dessa vez entoando a palavra "Agla" (*ah-gah-lah*).

120. Ver Regardie: *The Middle Pillar: The Balance Between Mind and Magic* (St. Paul, Minn.: Llewellyn Publications, 1998), 179-180.

Mantenha o braço estendido. Volte para o leste. Estenda os dois braços, formando uma cruz Tau (na forma de um T), e diga: "À minha frente, RAFAEL". Visualize diante de você o grande arcanjo do ar elemental saindo das nuvens, vestindo um manto amarelo e violeta e carregando um caduceu.

Atrás de você, visualize outra figura e diga: "Atrás de mim, GABRIEL". Veja o arcanjo alado da água elemental saindo do mar como a deusa Vênus, vestindo um manto azul e laranja, com um cálice nas mãos.

À sua direita, veja outra figura alada — o arcanjo do fogo elemental, vestindo um manto vermelho e verde incandescentes, brandindo uma poderosa espada. Diga: "À minha direita, MIGUEL".

Veja outro grande arcanjo alado, da terra elemental, à sua esquerda. Ele se ergue da vegetação no solo, com um manto da cor de terra, citrino, oliva, avermelhado e negro; segurando talos de trigo maduro. Diga: "À minha esquerda, URIEL".

Depois, diga: "Ao meu redor arde o pentagrama, e na coluna brilha a estrela de seis pontas".

Repita a Cruz Cabalística como no começo.

Além de sua reputação como um dos melhores métodos para afastar energias indesejadas e limpar o espaço do templo, esse ritual simples, mas ao mesmo tempo poderoso, pode ser usado como proteção contra o magnetismo impuro dos outros. Também é um meio de se livrar de pensamentos obsessivos ou perturbadores. Dê uma imagem mental a esse pensamento ou perturbação, em particular, e visualize-o diante de você. Projete-o fora de sua aura, como o Sinal de Projeção. Quando ele estiver longe de você, impeça que retorne usando o Sinal do Silêncio (ver subtítulos a seguir). Então, imagine a forma no leste e realize o RMBP. Veja a forma de energia indesejada se dissolvendo do lado de fora de seu anel de pentagramas incandescentes.

Em um espaço pequeno, o mago pode apenas ficar em pé e se voltar para as posições, para traçar os pentagramas nos respectivos quadrantes. Em um templo maior, o mago pode realizar a Cruz Cabalística a oeste do altar voltado para o leste, mas deve ir à parte leste do templo e andar ao redor do perímetro da sala para traçar o pentagrama. O mago também pode iniciar o ritual no lado leste do templo e voltar para ele quando realizar a parte final do ritual.

Os leitores que estiverem interessados podem encontrar uma grande quantidade de informações acerca do Ritual Menor de Banimento do Pentagrama na terceira edição anotada do texto clássico de Israel Regardie, *The Middle Pillar: The Balance Between Mind and Magic.*

## Gestos mágicos

Gestos específicos são feitos pelos magos da Golden Dawn como símbolos de posição hierárquica ou grau. Os mesmos gestos, porém, também são usados para invocar, projetar ou reduzir energias específicas. Os gestos descritos a seguir são associados ao grau de Neófito.

### *O Sinal da Projeção*

O Sinal da Projeção de um Neófito é chamado "o Sinal de Saudação", ou "o Sinal do Iniciante". Ele pode ser usado para projetar energia para fora ou para a frente.

Em primeiro lugar, coloque os braços acima da coroa da cabeça; depois desça as duas mãos, uma de cada lado da cabeça, até a altura dos olhos (os dedos apontando para a frente; mãos estendidas com as palmas para baixo). Depois, coloque o pé esquerdo à frente; ao mesmo tempo, mova os braços diretamente para a frente, estendendo-os por completo, mantendo as mãos estendidas à altura dos olhos, como se estivesse olhando, entre os polegares, para uma área diretamente à frente.

### *O Sinal do Silêncio*

O Sinal do Silêncio também é chamado "o Sinal da Proteção". Esse gesto quase sempre acompanha o Sinal da Projeção e é utilizado para evitar que uma corrente de refluxo de energia, colocada em movimento pelo sinal anterior, retorne ao mago, especialmente pela boca, o orifício da invocação.

Bruscamente, retorne o pé esquerdo à posição anterior; os calcanhares devem ficar juntos — bata os pés no chão uma vez com o pé esquerdo, enquanto o coloca ao lado do direito. Ao mesmo tempo, cubra a boca com a mão esquerda e toque o centro do lábio inferior com o dedo indicador. Feche os outros dedos e o polegar. Deixe a mão direita cair ao lado do corpo.

# O Ritual Menor de Invocação do Pentagrama (RMIP)

*Figura 18: Pentagrama Menor de Invocação*

A forma de Invocação do Ritual Menor do Pentagrama é idêntica à da forma de Banimento. Os dois começam e terminam com a Cruz Cabalística e ambos invocam os arcanjos. A única diferença é que o RMBP usa o Pentagrama Menor de Banimento, enquanto o RMIP usa o Pentagrama Menor de Invocação.

A forma de Invocação do Ritual do Pentagrama destina-se a agitar e invocar energias elementais para o templo do mago.

Os rituais descritos anteriormente são os únicos que eram utilizados pelos estudantes da Ordem Externa da Golden Dawn há um século. Contudo, nossos próprios estudantes são encorajados a realizar outro ritual, que era originalmente ensinado no grau do Portal e acima dele. Trata-se do exercício do Pilar do Meio, que ativa as *sephiroth* de equilíbrio central na aura do mago. Israel Regardie recomendava esse exercício a todos os buscadores, independentemente do nível ou posição hierárquica, porque o considerava de importância crucial para manter o equilíbrio psíquico e a paz interior.

# O exercício do Pilar do Meio

## *Criando o Pilar*

(Para fazer esse exercício, o mago pode ficar em pé, sentado ou deitado.) Após alguns minutos de relaxamento, imagine uma esfera de luz branca bem acima da cabeça. Vibre o nome "Eheieh" (*Eh-hey-yay*, que significa "Eu sou"). Continue vibrando essa palavra até que ela seja o único pensamento em sua mente consciente. Então, imagine um facho de luz descendo do centro de seu Kether (coroa) até o centro de Daath, na nuca.

Forme uma esfera de luz no centro de Daath (nuca). Vibre o nome "YHVH Elohim" (*Yode-heh-vav-heh El-oh-heem*, que significa "o Senhor Deus"). Entoe o nome até que ele seja a única coisa em sua mente consciente.

Traga o facho de luz do centro de Daath até o centro de Tiphareth, ao redor do coração. Forme uma esfera de luz nesse local. Vibre o nome "YHVH Eloah ve-Daath" (*Yode-heh-vav-heh Ek-oh-ah-v'-Dah-ath*, que significa "Senhor Deus do Conhecimento") várias vezes até que preencha sua consciência.

Veja o facho de luz descendo do centro de Tiphareth (coração) até o centro de Yesod, na região da virilha. Imagine uma esfera de luz no local. Entoe o nome "Shaddai el Chai" (*Shah-dye El-Chai*, que significa "Deus Vivo e Todo-Poderoso") várias vezes, como antes.

Visualize a luz descendo do centro de Yesod (virilha) até o centro de Malkuth, nos pés e tornozelos. Vibre o nome "Adonai ha-Aretz" (*Ah-doe-nye ha-Ah-retz*, que significa "Senhor da Terra") repetidas vezes, como antes.

Imagine o Pilar do Meio completo. Depois, circule a luz trazida através do Pilar do Meio ao redor da parte exterior de seu corpo para fortalecer a aura. (Faça cada circulação repetidas vezes).

## *Circulação um: de um lado a outro*

Usando os ciclos de respiração rítmica (expirar para descer e inspirar para subir), desça o facho de luz de um lado do corpo e suba-o do outro lado, de Kether para Malkuth e de volta para Kether. Expire e visualize a luz descendo pelo lado esquerdo do corpo. Inspire e imagine a luz subindo pelo lado direito do corpo, de volta a Kether.

### *Circulação dois: da frente para as costas*

Após fazer a circulação anterior por um curto período de tempo, imagine o facho de luz descendo de Kether, pela parte da frente de seu corpo, até Malkuth, e subindo pelas costas, voltando a Kether.

### *Circulação três: o banho de luz*

Ainda usando a respiração rítmica, visualize a esfera de Malkuth e, então, veja o facho de luz subindo pelo Pilar do Meio, no centro do corpo. Quando a luz alcançar Kether, imagine um banho de luz descendo como uma cascata pela parte externa de seu corpo, retornando a Malkuth. Circule a luz dessa maneira por algum tempo.

### *Circulação quatro: a espiral ascendente (opcional)*[121]

Depois, veja a luz subir novamente em um facho que forma uma espiral ao redor da parte externa de seu corpo, de Malkuth a Kether.

Por fim, centralize uma parte da energia em Tiphareth, o centro do coração.

Em sua maioria, os rituais da Golden Dawn são designados para o mago adepto da Segunda Ordem ou Interna. Portanto, muitos desses rituais são bem complexos; com frequência envolvem uma sequência de intrincados rituais realizados em uma cerimônia. Não é nossa intenção apresentar aos iniciantes uma grande quantidade de rituais complicados, esperando que eles "afundem ou aprendam a nadar". Todavia, esboçaremos os passos básicos envolvidos nos rituais da Golden Dawn. Munidos do conhecimento deles e das invocações apresentadas aqui, os iniciantes podem criar suas próprias cerimônias no estilo da Golden Dawn.

121. A circulação que chamamos Espiral Ascendente foi recomendada por Regardie no livro *The Middle Pillar* (87-88). Mais tarde, ele a abandonou, substituindo-a pela circulação que chamamos de Banho de Luz. A Espiral Ascendente é totalmente opcional.

## O Templo e os implementos mágicos

É preferível para qualquer estudante da Golden Dawn ter um espaço reservado para os trabalhos de templo. Idealmente, o templo deve ser instalado em uma sala separada, mas, quando isso não é possível, os magos costumam afastar os móveis da sala de estar para criar um espaço sagrado temporário.

É importante lembrar que não existe um aparato mágico essencial. O instrumento mais importante na Magia é a mente humana. Não obstante, os ornamentos, instrumentos mágicos, altares e outros símbolos usados em Magia podem aprimorar a experiência do ritual e fornecer o foco para a força de vontade e a imaginação do mago. O espaço reservado para o templo pessoal pode ser bem elaborado ou bem simples; conforme a pessoa desejar. Aqui apresentaremos uma lista de alguns itens mágicos que o iniciante talvez deseje adquirir. Se o leitor necessitar de mais informações, pode consultar nossos livros *Creating Magical Tools* ou *Secrets of a Golden Dawn Temple.*

1) Um manto negro;
2) Um altar cúbico negro;
3) Uma cruz vermelha e um triângulo branco (o símbolo da Golden Dawn);
4) Uma vela pilar branca e uma vela pilar preta;
5) Um cálice de água;
6) Um incensário ou suporte para incenso;
7) Uma adaga para banimento (opcional);
8) Uma vara simples de madeira para invocação (opcional).

O altar deve ser colocado no meio da sala, voltado para o leste. A cruz e o triângulo ficam no centro do altar. As velas pilares devem ser postas no lado leste do altar, com a vela branca à direita e a vela preta à esquerda. Coloque o cálice com água no lado norte da sala do templo. O incenso queimando deve ser colocado no lado sul do espaço sagrado. Quando trabalha no templo, o mago fica em pé, a oeste do altar, voltado para o leste.

## Preparação para o ritual

Antes de iniciar o ritual, o estudante deve por algum tempo afastar a mente das atividades mundanas, voltando-a para um nível mais elevado. Antes de começar qualquer ritual descrito neste capítulo, o leitor deve sentar-se em uma posição confortável, mas alerta, fechar os olhos, relaxar e limpar a mente. A respiração profunda, rítmica, por pelo menos cinco minutos, ajudará muito na mudança do foco para as buscas espirituais.

## Passos básicos em um ritual da Golden Dawn

Existem pelo menos três sessões fundamentais em qualquer cerimônia da Golden Dawn: a Abertura, o Ponto do Meio e o Fechamento. Esses três segmentos podem ainda ser divididos em 14 passos listados a seguir:

*A Abertura*

1) Declaração de começo de um ritual;

2) Ritual de banimento;

3) Purificação e consagração iniciais;

4) Circumambulação;

5) Adoração.

*6) O Ponto do Meio*

7) Ritual de invocação;

8) Invocação ao Altíssimo;

9) O trabalho principal;

10) Purificação e consagração finais;

11) Circumambulação reversa;

12) Adoração;

13) Licença de partida;

14) Ritual de banimento;

15) Declarar o templo fechado.

Os 14 passos serão descritos em detalhe.

### *1) Declaração de começo de um ritual*

Siga para o canto nordeste do templo e diga: "Hekas! Hekas! Este Bebeloi!" (*Hay-kahs, key-kahs, es-stay bee-beh-loy,* que significa: "Longe, longe deste lugar fique o profano!").

Essa frase mágica foi dita pela primeira vez nos Mistérios de Elêusis. É uma frase-padrão usada para abrir um ritual da Golden Dawn. Ela dá a qualquer entidade indesejada presente a oportunidade de sair por vontade própria antes de ser banida.

### *2) Ritual de banimento*

O padrão é o Ritual Menor de Banimento do Pentagrama (RMBP), para limpar a área de qualquer energia indesejada e criar um círculo mágico de proteção.

### *3) Purificação e consagração iniciais*

Pegue o cálice e purifique a sala com água; começando pelo lado leste e se movendo no sentido horário pela sala. Trace a cruz e o triângulo de invocação da água (ver figura 19) nos quatro cantos. As três linhas do triângulo devem ser traçadas; ou o mago pode simplesmente marcar as três pontas do triângulo borrifando água três vezes em direção ao canto. Enquanto faz isso, diga:

"Assim, portanto, primeiro o sacerdote que governa os trabalhos do fogo deve borrifar com a água lustral do mar ressoante." (Você pode fazer essa proclamação em segmentos, para que ela dure toda a purificação dos quatro cantos, ou pode proferi-la depois da purificação do quarto e último canto, quando retornar ao leste.)

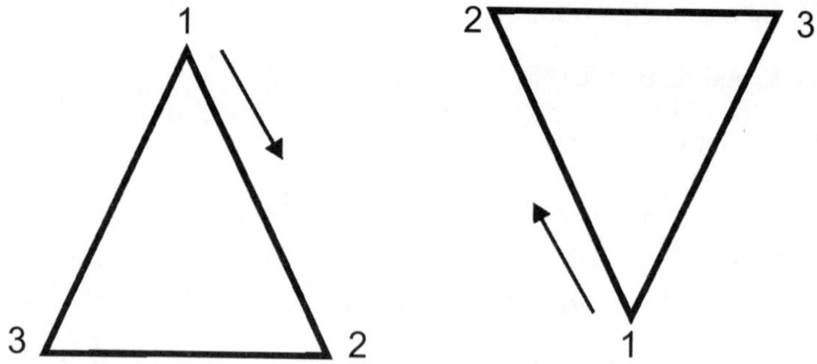


*Figura 19: Triângulo de fogo (à esquerda) e triângulo de água (à direita).*

Pegue o incenso e consagre a sala com fogo, começando pelo leste e se movendo em sentido horário pela sala. Trace a cruz e o triângulo de invocação de fogo (ver figura 19) nos quatro cantos. Como antes, as três linhas do triângulo podem ser desenhadas, ou o mago pode marcar as três pontas agitando o incenso três vezes em direção ao canto. Do mesmo modo que fez antes, diga:

"E quando todos os fantasmas forem banidos, você verá o fogo sagrado sem forma; o fogo que se arremessa e brilha através das profundezas ocultas do Universo; ouça a voz do fogo!"

A purificação do templo com água corresponde a ritualmente limpar o templo de modo passivo; não é diferente de uma bênção. É um modo mais fácil de limpeza, em comparação com o Ritual de Banimento. A consagração do templo com fogo o santifica. Essa ação energiza o templo, dedicando-o como um espaço sagrado. As duas ações juntas têm um efeito equilibrador que "acalma" a área após o banimento.

## *4) A circumambulação (A ascensão da luz)*

Ande três vezes no sentido horário ao redor da circunferência do templo, formando um círculo amplo. Isso trará a energia mágica ao templo, principalmente se as passadas forem rápidas. Faça o Sinal da Projeção e o Sinal do Silêncio sempre que passar pelo leste. Quando feito durante uma circumambulação, o Sinal de Projeção tem o efeito de "empurrar" a luz para a frente, por todo o templo; enquanto o Sinal de Silêncio impede que a energia retorne para o mago. A circumambulação é, de modo geral, seguida pela Adoração ao Senhor do Universo.

*5) A adoração ao Senhor do Universo*

Vá para o lado oeste do altar e se volte para o leste. Diga: "Santo é o Senhor; Senhor do Universo!" (Faça o Sinal da Projeção). Diga: "Santo é o Senhor; a quem a Natureza não formou!" (Faça o Sinal da Projeção). Depois diga: "Santo é o Senhor; o Grande e Poderoso!" (Faça o Sinal da Projeção). Por fim, diga: "Senhor da Luz e das Trevas!" (Faça o Sinal do Silêncio).

A adoração é uma prece ritualista que significa os quatro aspectos da Divindade. Ela retrata a deferência do mago pela Fonte Suprema de Tudo, com a qual ele deve sempre agir em harmonia e concordância — jamais contra.

*6) Ritual de invocação*

Nesse momento, o mago invoca as energias espirituais desejadas para o templo. O estudante iniciante pode utilizar o Ritual Menor de Invocação do Pentagrama. Como forma alternativa ao RMIP, o leitor poderá usar o Ritual dos Triângulos que criamos para esse propósito. O ritual tem o objetivo de invocar as energias dos quatro elementos para o espaço do templo.

## O Ritual de Invocação dos Triângulos

Fique a oeste do altar, voltado para o leste. Faça a Cruz Cabalística.

Caminhe em sentido horário para o leste. Use uma vara simples ou o dedo indicador da mão direita para traçar as linhas de um grande triângulo do ar (ver figura 20). Perfure o centro do triângulo com a ponta da vara ou do dedo e vibre "Ruach" (*roo-ahk),* que é o termo hebraico equivalente a "ar". Mantenha o braço direito totalmente estendido, jamais o abaixe. (Os triângulos devem ser visualizados em uma luz incandescente azul ou branca.)

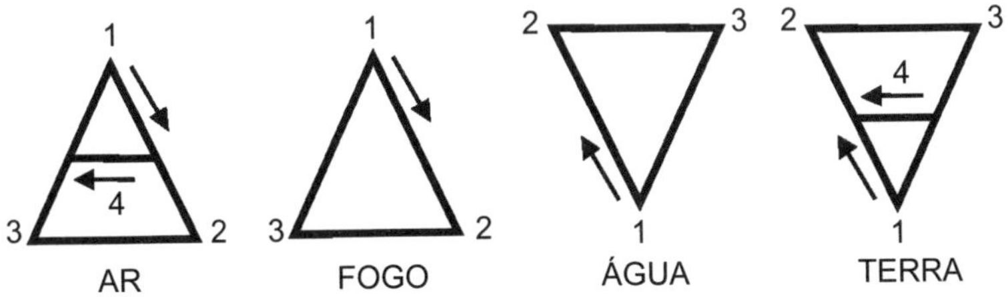


*Figura 20: Triângulos de invocação*

Caminhe no sentido horário para o sul. Trace as linhas do triângulo de fogo na direção sul. Perfure o centro do triângulo com a ponta da vara ou do dedo indicador e vibre "Ash", que é o termo hebraico equivalente a "fogo".

Caminhe em sentido horário para o oeste. Trace as linhas do triângulo da terra. Perfure o centro do triângulo com a ponta da vara ou do dedo e vibre "Maim" (*may-eem*), o termo hebraico que significa "água".

Siga para o norte. Trace as linhas do triângulo da terra. Perfure o centro do triângulo com a ponta da vara ou do dedo e vibre "Aretz" (*ah-retz*), que em hebraico significa "terra".

Retorne para a posição inicial, a oeste do altar, e se volte para o leste. Estenda os braços na forma de uma cruz. Invoque e visualize os quatro arcanjos dos elementos do mesmo modo que faria no Ritual do Pentagrama: "À minha frente, RAFAEL; atrás de mim, GABRIEL; à minha direita, MIGUEL; à minha esquerda, URIEL".

Depois diga: "Ao meu redor ardem os triângulos dos quatro elementos, o macrocosmo dividido; e no centro está a estrela do hexagrama — os triângulos unidos."

Termine fazendo a Cruz Cabalística.

### *7) Invocação ao Altíssimo*

Os magos da Golden Dawn sempre invocam o aspecto supremo da Divindade antes de começar qualquer trabalho mágico importante. Aqui, o iniciante pode usar uma oração ou invocação de sua escolha, desde que a divindade invocada represente o ideal supremo que o mago tem da Fonte Eterna do Universo.

A invocação Cabalística/Rosa-Cruz abaixo foi adaptada do Ritual do Adepto Menor por Israel Regardie. No fim deste capítulo (ver "Orações e Invocações"), apresentamos outras invocações que podem ser usadas ou adaptadas para esse fim.

A Ti, Único Sábio, Único Eterno e Único Misericordioso,

O louvor e a glória para sempre.

Tu que permitiste a mim, que agora me apresento humildemente diante de Ti, chegar até aqui no santuário de Teus mistérios.

Não ao meu, Adonai, mas ao Teu nome seja a Glória.

Que a influência de Teus divinos Nomes desça em minha cabeça

e me ensine o valor do autossacrifício,

para que eu não tema na hora do julgamento.

Mas que assim meu nome seja escrito nas alturas,

e meu Gênio fique na presença do Sagrado.

Naquela hora quando o Filho do Homem for invocado diante do Senhor dos Espíritos

E Seu Nome diante do Antigo dos Dias.

Se assim quiser, o mago pode acrescentar:

Glória a ti, ó Senhor do Universo,

pois Tua Glória flui em alegria até os confins do Universo.

Vem, no Poder da Luz!

Vem, na Luz da Sabedoria!

Vem, na Misericórdia da Luz!

A Luz tem a Cura em suas Asas!

## *8) O trabalho principal*

Esse momento da cerimônia é a razão principal para a realização do ritual. O trabalho principal pode ser uma adivinhação, como a leitura do Tarô; encontrar uma solução para um problema difícil; alcançar paz, equilíbrio ou cura para um ambiente caótico ou uma situação estressante; aumentar a energia pessoal ou melhorar a saúde; uma meditação; um trabalho de *pathworking*; uma consagração; uma leitura de um texto sagrado; a realização de um exercício como o Pilar do Meio; um Banquete Místico dos Quatro Elementos; ou simplesmente uma contemplação para crescimento espiritual. O mago deve afirmar com clareza a razão pela qual realiza o rito; e deve sempre se dirigir ao Supremo Poder Divino. Um exemplo desse tipo de declaração pode ser:

Eu, (profira o lema mágico), abro este templo para realizar um trabalho de Magia da Luz. Eu busco *meditar o símbolo do caduceu e extrair o conhecimento espiritual que O Divino me conceder.* Olhe com bondade esta cerimônia. Conceda-me o que procuro, para que por meio deste rito eu possa obter mais entendimento e, assim, progrida na Grande Obra."

O estudante pode substituir a parte em itálico por sua própria intenção ritual.

### *9) Purificação e consagração finais do templo*

Depois que o trabalho principal da cerimônia for completado, purifique e consagre o templo mais uma vez, como no passo nº 3. Isso ajuda a reequilibrar as energias do templo, em particular depois de qualquer flutuação de energia.

### *10) A circumambulação reversa (o desvanecimento da luz)*

Caminhe três vezes em sentido anti-horário ao redor da circunferência do templo, formando um círculo amplo. Isso dissipará de forma natural a energia no templo. Faça o Sinal da Projeção e o Sinal do Silêncio sempre que passar pelo leste.

### *11) Adoração ao Senhor do Universo*

Realizada exatamente como no passo 5.

### *12) Licença de partida*

Esse passo dá a todas as energias presentes permissão para deixar o templo depois que o trabalho de Magia for completado. O mago sempre deve dar às entidades presentes a opção de partir por livre vontade antes de bani-las com o RMBP. Um exemplo de uma Licença de partida é:

"Eu agora liberto todos os espíritos que foram aprisionados nessa cerimônia. Partam em paz para seus reinos e moradas. Partam com as bênçãos de Yeheshuah, Yehovashah."[122]

122. Os nomes hebraicos de Jesus, também conhecido como Pentagrammaton. Outros nomes divinos cabalísticos podem ser usados aqui, como YHVH ou Adonai, dependendo da natureza exata do trabalho.

*13) Ritual de banimento*

Realize o ritual de banimento como no início da cerimônia.

*14) Declare o templo fechado*

Diga: "Eu agora declaro este templo devidamente fechado. Que assim seja".

O ritual seguinte — o Banquete Místico — é muito semelhante à Eucaristia cristã. Nesse rito, várias substâncias que correspondem às energias elementais são chamadas pelo nome e consagradas, de forma cerimonial, às forças espirituais que representam. O mago energiza essas substâncias com a presença divina por meio da invocação. Consumindo ou participando desses itens consagrados, o mago assimila para si a refinada essência espiritual deles. Isso pode ser considerado uma forma de união teúrgica com os poderes superiores e divinos. A realização frequente do Banquete Místico é um meio excelente de limpar e transformar todo o ser do mago. Consumir esses elementos purificados resulta na expulsão dos elementos impuros da psique. Por meio desse rito simples de Alquimia espiritual, a alma do mago é, de maneira gradual, exaltada, tornando o comprometimento do mago com a Grande Obra muito mais fácil de ser alcançado.

## O Banquete Místico dos Quatro Elementos

Organize o templo como indicado anteriormente. Sobre o altar, ao redor dos símbolos da cruz e do triângulo, devem estar os seguintes itens: uma rosa no lado leste, uma vela vermelha no sul, um cálice de vinho no oeste, e uma bandeja de pão e sal no norte.

Permaneça a oeste do altar e se volte para o leste. Faça a Cruz Cabalística.

Levante as mãos e diga: "Eu convido todos os seres do ar elemental; arcanjos; anjos; reis e elementais a participar comigo do banquete místico dos quatro elementos".

Pegue a rosa e diga: "Eu os convido a inspirar comigo o perfume desta rosa, como símbolo do ar". Cheire a rosa.

Pegue a vela e diga: "A sentir comigo o calor desta luz sagrada, como símbolo do fogo." Coloque a mão sobre a chama.

Pegue a bandeja e diga: "A comer comigo este pão e este sal; como tipos da terra". Mergulhe um pedaço de pão no sal e coma.

Pegue o cálice e diga: "Finalmente, a beber comigo este vinho, o emblema consagrado da água elemental". Trace uma cruz no ar com o cálice — para cima, para baixo, para a esquerda, para a direita. Beba o vinho. Coloque o cálice vazio entre a cruz e o triângulo.

Depois diga: "Está feito".

## Orações e invocações

### *Invocações egípcias*

As duas preces egípcias que se seguem são extraídas de "Egyptian Magic", de Westcott, em *Coletânea Hermética.*[123]

### *Hino a Ptah-Tanenvi*[124]

"Salve, ó Ptah-Tanen, grande Deus que escondeu sua forma,
Tu observas, quando em repouso, o pai de todos os pais, e de todos os deuses,
vigia quem atravessa as eras infinitas da eternidade;
o céu não foi criado, não foi criada a terra, a água não fluía;
tu formaste a terra; uniste teus membros, contaste teus membros.
O que encontraste separado, colocaste em seu devido lugar.
Ó Deus, Arquiteto do Mundo, tu não tens Pai,
Criado por teu Próprio Crescimento;
Tu não tens mãe; foste pelo reflexo de ti mesmo.
Tu afastas as trevas pelo brilho de teus Olhos.
Tu ascendes ao Zênite do Céu;
e desces assim como subiu.
Quando és um habitante do Mundo Infernal, teus joelhos estão acima da terra,
E Tua Cabeça está no Céu Superior.
Tu manténs as substâncias que criaste.

123. William Wynn Westcott, *Coletânea Hermética*, Madras Editora.

124. Ptah-Tanen era uma das muitas formas do deus criador Ptah. O texto pode se referir a Ptah como Senhor da Terra.

É por tua própria força que te moves;
Tu és elevado pela força de teus braços,
Teu peso sobre ti mesmo é mantido firme pelo mistério que há em ti.
O bramido de tua voz está nas nuvens; tua respiração está no alto das montanhas;
as águas de tua inundação cobrem as imponentes árvores de todas as regiões,
O Céu e a terra obedecem a teu comando,
Tu descansas e a noite vem; quando teus Olhos brilham, nós somos iluminados;
Ó! Demos glória ao Deus que ergueu o céu,
e que fez seu disco flutuar sobre o seio de Mut.
Que criou Deuses e homens e todas as suas gerações.
Tu, a criança que nasce todos os dias.
Tu, O Antigo, que alcançou os limites do Tempo;
Tu, o Imutável que atravessa todos os Caminhos;
a Altura que não pode ser alcançada."

## *Adoração a Amon-Rá Harmachis*[125]

"Saudações a Ti, o Sagrado que formou a ti mesmo,
Vasto, Ilimitável,
Dirigente Divino que se alegra no poder de criar a si mesmo.
Vastas e Flamejantes Serpentes de Sabedoria,
Força Suprema e Forma Misteriosa.
Espírito Invisível.
Autor de Seu Poder Inconquistável,
Rei das Terras Altas e Baixas,
Amon-Rá.
Luz perfeita e forte. Criado de Si Mesmo!
Horizonte dual. Falcão do Leste
Brilhante. Iluminador. Incandescente.
Inteligência mais intelectual que os Deuses.
Tu estás escondido no grande Amon

125. Uma combinação dos deuses Amon, Rá e Harmachis, "Hórus do horizonte".

Em tua transformação tu te revolves no disco solar.

Deus, Totnen, Maior que os Deuses.

Tu eras velho e nasceste de novo.

Viandante dos Séculos.

Amon eterno em todas as coisas.

Tu, o Deus cujo pensamento deu início ao Mundo."

## *Invocação Hermética*

A seguinte invocação é adaptada de uma oração chamada "A Canção Secreta: O Discurso Sagrado", do *Divino Pimandro,* de Hermes Mercúrio Trismegisto:

"Que toda a Natureza do mundo ouça este Hino.

Abre-te, ó Terra, e deixa que todo o Tesouro da Chuva seja aberto.

Não tremais, Árvores, pois eu cantarei e louvarei o Senhor da Criação, e o Todo e o Um.

Abri-vos, ó Céus, vossos Ventos se aquietam, e permiti que o Círculo Imortal de Deus receba estas palavras.

Pois eu cantarei e louvarei aquele que criou todas as coisas, que fixou a Terra e suspendeu os Céus e ordenou à doce Água que jorrasse do Oceano para todo o Mundo habitado e não habitado, para uso e alimento de todas as coisas ou homens.

Que ordenou ao fogo que brilhasse para todas as ações, tanto para os Deuses quanto para os Homens.

Demos a ele todas as bênçãos que sobem até os Céus, ao Criador de toda a Natureza.

Eis aquele que é o Olho da Mente, e Desejará aceitar o louvor dos meus Poderes.

Todos vós, Poderes que estão em mim, louvai o Uno e o Todo.

Cantai junto com meu Desejo, todos vós, Poderes que estão em mim.

Ó Sagrado Conhecimento, sendo iluminado por ti, eu engrandeço a Luz inteligível e regozijo na Alegria da Mente.

Todos os meus Poderes entoam louvores comigo, e tu, minha Continência, entoa por mim louvor à minha Retidão; louva aquilo que é íntegro.

Ó Comunhão, que está em mim, louva o Todo.

Por mim, a Verdade louva a Verdade, o Bem louva o Bem.

Ó Vida, ó Luz que vindes de nós, para vós são este louvor e agradecimento.

Eu agradeço a Ti, ó Pai, a operação ou ato dos meus Poderes.

Eu agradeço a Ti, ó Deus, o poder das minhas operações.

Por mim, tua Palavra entoa louvor a ti; recebe de mim este sacrifício em palavras.

Os Poderes que estão em mim exaltam essas coisas, eles louvam o Todo, eles realizam tua Vontade: tua Vontade e Conselho são de ti para ti.

Ó Todo, recebe o Sacrifício de todas as coisas.

Ó Luz, salva tudo o que está em nós: ó Luz, ilumina; ó Deus, o Espírito; pois a Mente guia ou alimenta o Mundo; ó Espírito que sustenta o Obreiro.

Tu és Deus, teus Homens exaltam essas coisas em ti, pelo Fogo, pelo Ar, pela Terra, pela Água, pelo Espírito, por tuas Criaturas.

Da eternidade eu encontrei meios de te abençoar e louvar; e eu tenho o que procuro, pois repouso em tua Vontade."

Capítulo 6

# Ensinamentos da Golden Dawn: o que Eles Incluem

O sistema de Magia da Golden Dawn foi elaborado para ensinar aos seus estudantes conceitos abstratos esotéricos, bem como as aplicações mais práticas da Magia cerimonial ocidental. Elementos egípcios, judaico-cristãos, gregos, gnósticos, rosa-cruzes e maçônicos podem ser encontrados nos ensinamentos herméticos da Ordem. Embora o currículo completo da Golden Dawn seja extenso demais para ser listado em sua totalidade, os componentes essenciais são descritos aqui, entre eles Cabala, Astrologia, adivinhação, Alquimia espiritual, *skrying* e trabalho astral e Magia enochiana.

## Cabala

*Cabala* (*Qabalah*)* é uma palavra hebraica que significa "tradição". Deriva da raiz *qibel*, cujo significado é "receber" ou "aquilo que é recebido". É uma referência ao antigo costume de se passar conhecimento esotérico por meio de transmissão oral. Segundo as lendas, os mistérios da Cabala foram revelados por Deus aos anjos, que por sua vez os transmitiram a Adão, depois de seu exílio do Éden, para ensinar-lhe a recuperar o Paraíso perdido.

* N.E.: Sugerimos a leitura de *Qabalah — O Legado Místico dos Filhos de Abraão*, de Daniel Hale Feldman, Madras Editora.

O termo *Cabala* abrange um corpo completo de princípios místicos hebraicos antigos e medievais, que é a pedra angular indispensável e o foco da Tradição Esotérica Ocidental. Quase todo o Misticismo ocidental moderno se origina na Cabala. Ela se encontra no coração da filosofia mágica ocidental. Não se conhecem ao certo as antigas origens da Cabala, mas certamente ela contém vestígios de influência egípcia, grega e caldeia.

O Misticismo é, por natureza, o conhecimento que não pode ser comunicado de maneira direta, mas que pode ser exprimido apenas por meio de simbolismo e metáfora. Como outros sistemas esotéricos, a Cabala conta com a percepção por parte do místico da transcendência do que é divino e eterno. Outro elemento da Cabala é o da Teosofia, que almeja revelar os mistérios ocultos de Deus, bem como a relação entre a vida divina, de um lado, e a vida dos seres humanos, de outro. A meta do cabalista é descobrir e reinventar chaves para a compreensão de símbolos arcanos que refletem esses mistérios eternos. O símbolo básico da Cabala é a Árvore da Vida, que costuma ser descrita como um mapa simbólico do Universo em seus aspectos principais, e também sua contraparte menor, a humanidade.[126] "O grande tema da Kabbalah* é Deus antes da criação, e a alma do homem depois dela."[127]

Segundo Samuel L. Mathers, as doutrinas principais da Cabala têm o intuito de resolver os seguintes problemas:

- O Ser Supremo, Sua natureza e atributos.
- A cosmologia.
- A criação de anjos e homens.
- O destino dos homens e dos anjos.
- A natureza da alma.
- A natureza dos anjos, demônios e elementais.
- A importância da lei revelada.
- O simbolismo transcendental dos numerais.

---

126. Israel Regardie, *A Garden of Pomegranates: Skrying on the Tree of Life* (3ª edição, St. Paul, Minn.: Llewellyn Publications, 1999), 18.
* N.E.: Sugerimos a leitura de *A Kabbalah da Alma*, de Leonora Leet, Madras Editora.
127. Dagobert D. Runes, *The Wisdom of the Kabbalah: Its Essence and Philosophy* (New York: Philosophical Library, 1957), 9.

- Os mistérios peculiares contidos nas letras hebraicas.
- O equilíbrio dos contrários.[128]

A Cabala, que Dion Fortune chamava de "A Ioga do Ocidente",[129] revela a natureza de certos fenômenos físicos e psicológicos. Quando estes são compreendidos, o estudante pode usar os princípios de Magia para exercer controle sobre as condições e circunstâncias de sua vida. A Magia proporciona a aplicação prática das teorias supridas pela Cabala. Como afirmou Fortune:

> Nos últimos dez anos eu tenho vivido, e me locomovido e existido na Cabala Prática; tenho usado seus métodos tanto de maneira subjetiva quanto objetiva até se tornarem parte de mim, e sei por experiência quais são seus resultados psíquicos e práticos, bem como seu incalculável valor como método para o uso da mente.[130]

## *Perspectiva histórica*

Embora as origens da Cabala tenham suas raízes na antiga cultura mística judaica, grande parte da Cabala que conhecemos surgiu das diversas tradições místicas dos judeus medievais que viviam na Alemanha, na França e principalmente na Espanha. Foi nessa época que os principais textos cabalísticos foram compostos ou registrados por escrito após sua existência há muitos séculos como tradição oral. Os mais importantes destes eram *Sepher ha-Yetzirah*, o "Livro da Formação", de autoria anônima e surgido entre os séculos III e IV d.C.; *Sepher ha-Bahir* ou o "Livro do Brilho", remontando à segunda metade do século XII; e *Sepher ha-Zohar* ou o "Livro do Esplendor" (1280-86).

*Sepher ha-Yetzirah*, conhecido como *Sepher Yetzirah*, é o mais antigo texto hebraico de cosmologia divina. É um tratado místico acerca do significado das dez emanações divinas (*sephiroth*) e das 22 letras do alfabeto hebraico. Dizia-se que, juntos, eles abrangiam os 32 Caminhos da Sabedoria. Um breve tratado com o título de "Trinta e dois Caminhos da Sabedoria", escrito em 1642 por Johannes Stephanus Rittangelius, foi posteriormente acrescido ao *Sepher Yetzirah*.

---

128. S. L. MacGregor Mathers, *The Kabbalah Unveiled* (York Beach, Maine: Samuel Weiser, Inc., 1989), 15.
129. Dion Fortune, *The Mystical Qabalah* (New York, Ibis Books, 1981), 12.
130. *Ib.*, 21.

*Sepher ha-Bahir*, também chamado *Sepher Bahir*, ou simplesmente *Bahir*, contém um comentário simbólico a respeito das escrituras hebraicas. Seu tema básico é o significado místico das formas e dos sons das letras do alfabeto hebraico. O Bahir também contém uma explicação das dez *sephiroth*, que ele chama de "Dez Ditados".

*Sepher ha-Zohar*, geralmente chamado *Sepher Zohar*, ou simplesmente *Zohar*, trata do significado místico dos textos bíblicos e do mistério da criação. Contém longas discussões das dez *sephiroth*, do problema do mal e da implicação universal da oração e das boas obras.

Na Renascença, os estudiosos, teólogos e filósofos da Academia Neoplatônica em Florença, como Pico della Mirandola, começaram a formular um novo tipo de Cabala, que abrangia a Teologia e os princípios cristãos. Segundo Mirandola, "não há nenhuma outra ciência que nos convença mais da divindade de Cristo que a Magia e a Cabala".[131] Essa Cabala cristianizada foi ainda desenvolvida por estudiosos hebreus cristãos, como Johannes Reuchlin (1455-1522), um estudante da filosofia de Mirandola. É em *De Verbo Mirifico* ("Sobre a Palavra Miraculosa"), de Reuchlin, que encontramos a primeira referência ao Pentagrammaton do nome de Jesus ou com as cinco letras (Yeheshuah יהשוה.), como uma evolução do Tetragrammaton (Yod Heh Vav Heh, יהוה.), o nome inefável de Deus, o Criador.

Os aspectos mágicos e teúrgicos da Cabala foram louvados nas obras do influente mago Henrique Cornélio Agrippa (1486-1523). Sua *magnum opus*, de *Occulta Philosophia*, conhecida hoje como *Três Livros de Filosofia Oculta*, é uma verdadeira enciclopédia de cultura mágica medieval e um catálogo de informações que descreve tanto as correspondências ocultas quanto as ferramentas necessárias para realizar cerimônias mágicas. Esse influente texto se tornaria, mais tarde, um importante livro de referência para grande parte dos ensinamentos da Golden Dawn sobre Cabala, Magia planetária e outros assuntos. Autores como Agrippa e outros expandiram muito as correspondências cabalísticas de textos anteriores, como o *Sepher Yetzirah*:

> As gerações posteriores de estudiosos e estudantes, usando esse sistema como base, acrescentaram uma série complexa de dados, incluindo informações a respeito da mitologia grega e egípcia,

131. Da obra de Pico della Mirandola, *Opera Omnia* (Basileia, 1557; reimpressa em Hildesheim: George Olms, 1969), 1, 166.

material meditativo do Tarô, informações baseadas em experiência mística (visionária e extática), um conglomerado de sons e aromas e cores — perfumes, joias e, igualmente importante, dados científicos modernos. Tornou-se em um significativo sincretismo.[132]

No século VII, o barão Knorr von Rosenroth (1636-89) traduziu parte do *Zohar* para o latim em sua obra *Kabbala Denudata*, "A Kabbala Revelada"* (1677-1684), tornando a Cabala hebraica acessível a um público muito maior. Uma parte desse texto foi traduzida para o inglês por S. L. MacGregor Mathers em 1888.

## *Os princípios da Cabala*

A Cabala costuma ser classificada em quatro classes que se sobrepõem em alguns casos. São elas:

1. **A Cabala dogmática** — o estudo da literatura cabalística antiga, como a Tora Escrita (também chamada de Pentateuco), o *Zohar*, o *Bahir* e o *Sepher Yetzirah*.
2. **A Cabala prática** — trata da construção de talismãs e outros métodos de Magia cerimonial.
3. **A Cabala literal** — trata de geometria, ou das relações entre números e as letras do alfabeto hebraico, que oferece muitos significados ocultos das palavras e dos nomes hebraicos.
4. **A Cabala Não Escrita** — refere-se ao conhecimento correto do símbolo sagrado conhecido como a Árvore da Vida ou *Etz ha-Chayim*.

O diagrama da Árvore da Vida, conforme reproduzido pela Golden Dawn, apareceu pela primeira vez em um texto chamado *Oedopus Aegyptiacus*, publicado pelo arqueólogo jesuíta Athanasius Kircher em 1652 (ver figura 21). Essa versão da Árvore mostra as dez *sephiroth* e os 22 caminhos de ligação no mesmo arranjo adotado pela Golden Dawn.

A ordem de Kircher das letras hebraicas em relação aos 22 caminhos também é a mesma que aquela usada pela Golden Dawn.

---

132. Israel Regardie, *Foundations of Practical Magic* (2ª ed., Wellingborough, Northamptonshire, The Aquarian Press, 1983), 59.

* N.E.: *A Kabbalah Revelada*, de Knorr von Rosenroth, foi publicada no Brasil pela Madras Editora.

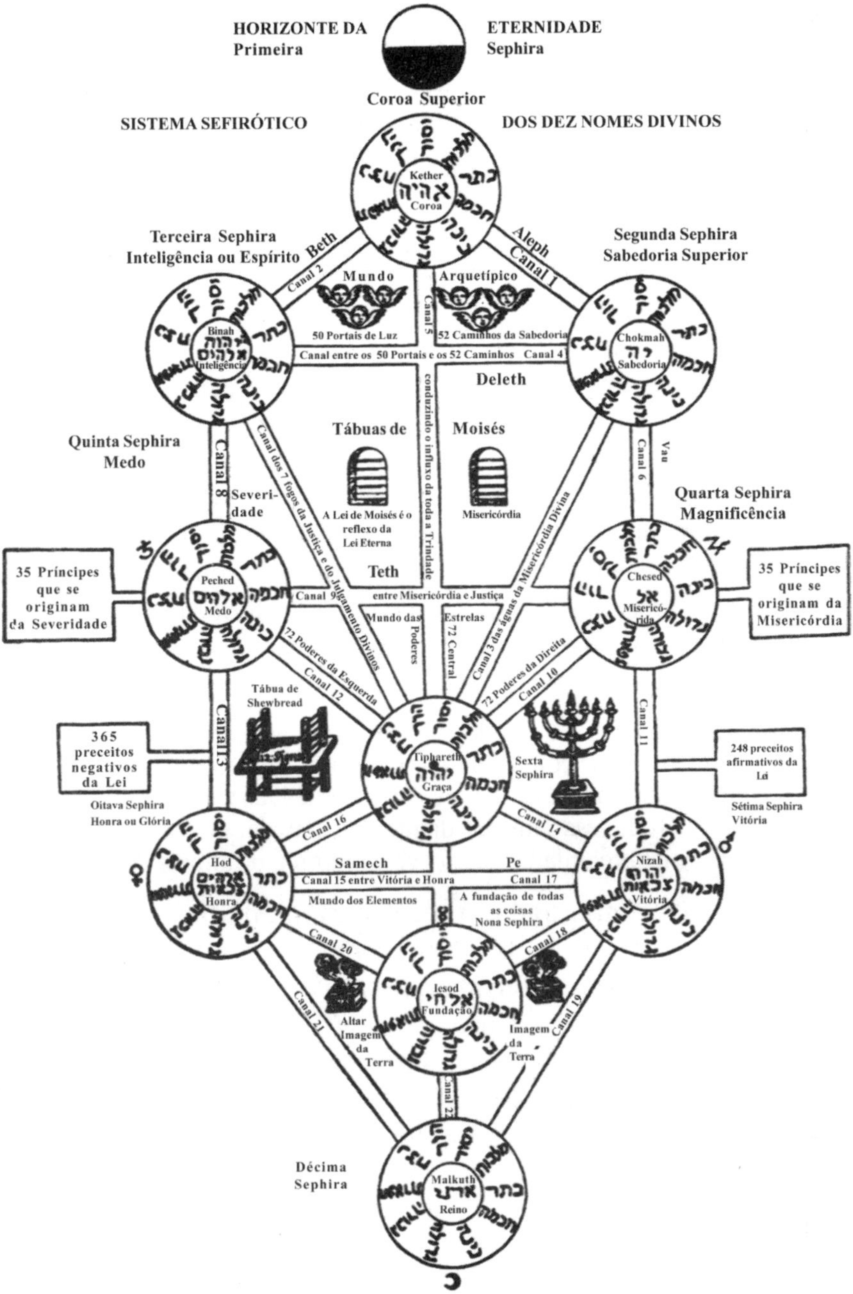


*Figura 21: A Árvore da Vida de Kircher*

William Wynn Westcott traduziu para o inglês o *Sepher Yetzirah* como parte de uma palestra dada na Sociedade Hermética de Anna Kingsford, em 1886. Westcott explicou que esse volume, publicado em 1887, foi preparado para "estudantes de Teosofia e Filosofia Hermética, e para os meus alunos dos Grupos de Estudo da Sociedade Rosacruz da Inglaterra."[133] O *Sepher Yetzirah* teve importância crucial para o currículo da Golden Dawn — foi uma das fontes principais de informações cabalísticas contidas nas cerimônias de iniciação, nos diagramas rituais e nos ensinamentos da Ordem.

A Cabala Hermética como existe hoje em dia não é propriedade de nenhuma religião ou fé. Seus princípios são básicos e universais. A Cabala de hoje é uma filosofia vibrante, viva e dinâmica que inclui a origem de todo o Cosmos, a mente eterna de Deus e o desenvolvimento espiritual da humanidade. É um sistema místico preciso que descreve leis universais e nos mostra como utilizar princípios espirituais no dia-a-dia. Fixando na mente os símbolos cabalísticos, como a Árvore da Vida, o estudante tem acesso a um rico grupo de arquétipos que o Eu Superior pode usar para se comunicar com o eu inferior, tornando o verdadeiro crescimento espiritual mais acessível. Citando Israel Regardie:

> Em primeiro lugar, a filosofia da Cabala é uma filosofia de evolução. O Universo, com todos os seus planetas e mundos e seres independentes, foi concebido para ser uma emanação vinda do princípio-substância que alguns chamam de Deus, o Absoluto, o Infinito, o Todo, e assim por diante. Na Cabala, esse princípio, que é a Única Realidade, chama-se Ain Soph, o Infinito.[134]

De acordo com a tradição cabalística, o Ain Soph começou a manifestar sua energia no Universo como o conhecemos por meio de dez diferentes estágios ou níveis (as *sephiroth*). Cada nível sucessivo foi se tornando mais denso que o anterior. Essa energia divina se originou do nada, adquirindo substância à medida que descia a diferentes estágios de manifestação. A energia era emitida seguindo um padrão cíclico de emanação, limitação, expansão e transbordo,

133. W. Wynn Westcott, *Introduction, Sepher Yetzirah: The Book of Formation* (New York: Samuel Weiser, Inc. 1980), 14.
134. Regardie, *The Tree of Life: An Illustrated Study in Magic* (St. Paul, Minn.: Llewellyn Publications, 2001), 45.

até que finalmente as energias se solidificaram. O décimo nível de emanação foi o último, resultando no Universo físico como o conhecemos. Os cabalistas concordam que houve dez emanações, porque para eles dez é um número perfeito — número que inclui todos os dígitos sem repetição e contém a essência total de todos os números. O número 10, portanto, abrange tudo. Fora do 10, não existe outro número, porque o que está além do 10 retorna às unidades.

As dez *sephiroth*, que já foram listadas, emanam do Ain Soph em sucessão, como se uma vela fosse acesa de outra vela, sem que o emanante seja diminuído de maneira alguma, e em uma ordem específica. Nessa analogia, a vela original não diminui em nenhum aspecto, embora dê de sua essência para as velas seguintes. Mas, diferentemente da vela, as *sephiroth* não são vistas como separadas da fonte. Elas são Uma com a divindade e, ao mesmo tempo, distintas entre si; portanto, são mais facilmente compreendidas pelos seres humanos que desejam se aproximar do divino por meio da oração e da meditação. As dez emanações são as diversas expressões e estados mentais de uma única unidade divina. Cada *sephirah* representa um aspecto específico da energia de Deus ou um nível específico de consciência, enquanto os caminhos que as ligam são as rotas que nós podemos seguir para chegar a esses diferentes níveis.

> A primeira e mais alta *sephirah* é Kether, a Coroa, assim chamada porque está acima de todas as outras esferas. Às vezes referida como "o Antigo", Kether representa a Unidade Absoluta — o infinito oposto ao finito. A partir dessa unidade, emanam dois princípios coplanares, contrários no aspecto externo, mas inseparáveis em essência. A segunda *sephirah* é Chokmah, Sabedoria. É considerada macho, ativo e expansivo. A terceira *sephirah* é Binah, Compreensão. Essa esfera é considerada fêmea, passiva e contrativa. "Tudo o que existe... tudo o que foi formado pelo Antigo (cujo nome seja santificado!) pode existir somente em macho e em fêmea."[135]

Os cabalistas afirmavam que o Universo manifesto era um mundo de pensamento e existência — a expressão de ideias divinas. O Universo foi criado porque o Criador desejava o autoconhecimento.

---

135. Adolphe Franck, citando o *Zohar*, em *The Kabbalah: Religious Philosophy of the Hebrews* (New York: Bell Publishing, 1940), 96.

O Espírito Abstrato ansiava pela experiência de se manifestar em matéria. Assim, a criação do Universo foi em si uma busca espiritual por uma união ainda maior — da Unidade Absoluta se dividindo e descendo até o nível de matéria (involução) em um "sacrifício divino" — e, consequentemente, a diversidade da matéria ascendendo e retornando à sua Fonte unificada (evolução), largando sua complexidade de formas separadas, enquanto sobe. Essa ideia foi expressa com eloquência pelo Rabino Cordovero (1522-1570), uma autoridade entre os cabalistas de sua época, que sugeriu que os três Supremos representando a Coroa, a Sabedoria e a Compreensão deviam ser vistos como singulares em essência:

> As três primeiras *Sephiroth*...: Coroa, Sabedoria e Inteligência — deveriam ser consideradas uma única e mesma coisa. A primeira representa conhecimento ou ciência; a segunda, aquele que sabe; e a terceira, aquilo que é sabido. Pois o conhecimento do Criador não é como o de Suas criaturas, para quem o conhecimento é distinto do tema, e depende de objetos que, por sua vez, são distintos do tema. Essa diferenciação é designada pelos três seguintes temas: pensamento, aquele que pensa e a coisa pensada.[136]

Cordovero continua:

> ... o próprio Criador é conhecimento, aquilo que conhece e aquilo que é conhecido ao mesmo tempo. Seu jeito de conhecer não consiste em aplicar seu pensamento às coisas fora de si; conhecendo a si mesmo e percebendo a si mesmo, ele conhece e percebe tudo o que é. Nada existe que não esteja unido a ele e que ele não encontre em sua própria essência.[137]

> Ele é o arquétipo de todas as coisas em existência, e todas as coisas existem nele em sua forma mais pura e mais perfeita; de modo que a perfeição das criaturas consiste no suporte pelo qual elas são unidas à fonte primária de sua existência, e eles descem e caem daquela posição perfeita e elevada em proporção à sua separação dele.[138]

136. Cordovero, citado em Franck, 99.
137. Cordovero, citado em Leo Schaya, *The Universal Meaning of the Kabbalah* (Baltimore: Penguin Books, 1973), 42.
138. Christian D. Ginsbug citando Cordovero em *The Essenes, Their History and Doctrines: The Kabbalah, Its Development and Literature* (London: Routledge & Kegan Paul Ltd., 1956), 216.

E por fim:

> É assim que toda sorte de existência neste mundo tem sua forma nas *Sephiroth*, e as *Sephiroth* têm sua forma na fonte da qual elas emanam.[139]

As demais *sephiroth*, em número de sete, servem para construir o mundo da matéria. Assim como as esferas precedentes, elas emanam em tríades — duas forças extremas geralmente descritas em termos de energias masculinas e femininas, ligadas por uma terceira que as une e equilibra.

A quarta *sephirah*, Chesed ou Misericórdia, é contrabalançada pela quinta esfera, Geburah, que é Poder ou Julgamento. A primeira expande, a outra se contrai. Uma dá vida, a outra toma. Essas forças não podem ser separadas, pois o Cosmos não existiria, se assim fosse. Elas são equilibradas pela sexta *sephirah*, Tiphareth ou Beleza, que é a expressão de tudo o que é harmonioso.

As três esferas seguintes são dinâmicas — representam o Criador como princípio generativo de toda a vida e de todas as coisas no Universo manifesto. A sétima *sephirah*, Netzach (Vitória ou Triunfo), é a esfera da paixão e emoção, enquanto a oitava *sephirah*, Hod (Esplendor ou Glória), é a esfera da razão e do intelecto. Pode parecer estranho para os leitores modernos que esses conceitos estejam relacionados à ideia de geração, mas, como os descreve o *Zohar*: "Pelas palavras Triunfo e Glória, nós entendemos medida, multiplicação e força; pois todas as forças no Universo brotam do meio delas; por isso, essas duas *Sephiroth* são chamadas de as hostes do Eterno".[140] As forças de Netzach e Hod são combinadas e unidas na nona *sephirah* de Yesod, a Fundação, que o *Zohar* chama de "o órgão da geração", na qual está contida a "identidade" divina de tudo no Universo.

A décima e última *sephirah*, Malkuth, é o Reino — o mundo da manifestação física e o receptáculo de todas as forças e energias passadas das outras nove *sephirah*.

139. Cordovero, citado em Franck, 100.
140. Franck, citando do *Zohar*, 101.

Um dos mais importantes princípios da Árvore da Vida é o do equilíbrio. Essa ideia também está presente na formação dos pilares da Árvore. O pilar direito (constituído de Chokmah, Chesed e Netzach) corresponde à luz, ao dia, à masculinidade e à força. O pilar esquerdo (composto de Binah, Geburah e Hod) é atribuído à escuridão, à noite, à feminilidade e à forma. Assim, esses pilares representam as duas forças universais opostas. Todo o Cosmos depende de um equilíbrio harmonioso existente entre essas energias. A Cabala enfatiza um caminho intermediário entre esses dois pilares rivais — um meio de evitar os dois extremos que podem conduzir ao desequilíbrio e à desintegração. Os extremos "apontam para a necessidade de união dos dois opostos em uma nova e mais elevada integridade. O pilar do meio, portanto, torna-se símbolo do 'caminho do retorno', o caminho da redenção, por assim dizer."[141] Grande parte da Magia teórica e prática se baseia nesse modelo.

Quando o estudante hermético começa a contemplar e experimentar as energias das dez *sephiroth* e os 22 caminhos de ligação da Árvore da Vida, percebe que eles se desenvolvem em forças genuínas que se tornam animadas na psique. Essas forças recém-despertas iniciam um processo de reorganização na mente do estudante, ajuntando elementos desconexos dos poderes divinos, que se encontram dormentes na pessoa comum. Começam a se estruturar de acordo com as *sephiroth*, permitindo ao estudante acessar uma fonte até então desconhecida de inspiração divina, que é mantida viva e energizada por meio da meditação e do trabalho ritual ativo.

A Cabala às vezes é chamada de "Escada de Luzes" porque ela retrata a geração cósmica, que é a descida do divino ao físico. Ela também define o modo como o indivíduo utiliza essa "escada" para a ascensão espiritual, purificando o corpo e a mente por meio de cerimônias, contemplação e oração, até que, por fim, o indivíduo alcance aquele estado imaculado de consciência, que é necessário para a união com o Eu Superior — aquele emissário do Eu Divino representado pela primeira *sephirah* de Kether.

141. Regardie, *Foundations of Practical Magic*, 61.

## *Ensinamentos cabalísticos da Golden Dawn*

A Cabala é a base para a maior parte da Magia utilizada pela Golden Dawn. Os vários graus, oficiais e até mesmo a planta da Sala do Neófito se baseiam na estruturação *sephirótica* da cabalística Árvore da Vida. Técnicas meditativas ocultas na Cabala estão sendo atualmente redescobertas pelo movimento da Nova Era (*New Age*), mas eram particularmente exaltados muito tempo atrás em rituais da Golden Dawn, como o Exercício do Pilar do Meio.

Na Ordem Externa da Golden Dawn, os estudantes aprendem uma grande quantidade de conhecimento cabalístico, incluindo os atributos das *sephiroth*, gematria (numerologia hebraica), nomes dos anjos e arcanjos hebreus, os planetas e os elementos e as partes principais da alma humana conforme definição dos cabalistas. Eles também precisam memorizar o alfabeto hebraico e suas correspondências, e ser capazes de desenhar as letras hebraicas para formar nomes angelicais e divinos.

É importante também entender os arranjos que são formados pelas *sephiroth* na Árvore da Vida. Os estudantes da Golden Dawn aprendem os vários padrões que ajudam a elucidar a função e a essência da Árvore, incluindo os Quatro Mundos Cabalísticos — planos ou níveis de manifestação entre espírito e matéria. Aprendem também os vários ensinamentos cabalísticos acerca das diversas correspondências do Shem ha-Mephoresh, ou "nome dividido", e a implicação da queda alegórica do Éden pela humanidade. Os estudantes também são conscientizados das imagens arquetípicas e antropomórficas associadas às *sephiroth*, incluindo a ideia de Adão Kadmon ou Homem Celestial, a divina identidade ou protótipo da humanidade cujo "corpo" é composto das dez *sephiroth*.

Por fim, os estudantes aprendem a fazer sigilos cabalísticos e talismãs para trabalho mágico. Nos ensinamentos superiores da Golden Dawn, o conhecimento cabalístico básico permeia todo aspecto do trabalho, currículo e rituais da Segunda Ordem. Isso porque, como Israel Regardie observou, os 32 Caminhos da Sabedoria da Cabala podem ser comparados com um "um arquivo no qual são guardadas 32 pastas contendo um extenso sistema de informação".[142]

142. Regardie, *A Garden of Pomegranates: Skrying on the Tree of Life*, 31.

*LEITURA RECOMENDADA*

*Sepher Yetzirah: The Book of Formation*, traduzido do hebraico por William Wynn Westcott. Editado por Darcy Küntz. (Edmonds, Wash.: Holmes Publishing Group, 1996).

*A Garden of Pomegranates: Skrying on the Tree of Life*, de Israel Regardie (St. Paul, Minn.: Llewellyn Publications, 1999).

*The Golden Dawn Journal, Book II: Qabalah: Theory and Practice*, de Chic Cicero e Sandra Tabatha Cicero (St. Paul, Minn.: Llewellyn Publications, 1994).

*The Mystical Qabalah*, de Dion Fortune (York Beach, Maine: Samuel Weiser, Inc.).

*Paths of Wisdom*, de John Michael Greer (St. Paul, Minn.: Llewellyn Publications, 1996).

# Astrologia*

A palavra *astrologia* significa, literalmente, a ciência ou estudo dos astros. Astrologia é uma ciência que examina a ação de corpos celestes sobre os seres vivos, objetos inanimados e condições terrestres, bem como as reações destes a tais influências. Essa ciência estelar se concentra na relação entre eventos celestes e eventos humanos.

O estudo dos astros é uma das ciências conhecidas. Sem dúvida, nossos ancestrais pré-históricos observavam o céu com um sentimento de admiração. As artes astrológicas eram bem conhecidas pelos egípcios, hindus, chineses, persas e pelas grandes civilizações das antigas Américas.

## *Perspectiva histórica*

As primeiras comunidades agrícolas ao longo das margens dos rios Tigre e Eufrates na antiga Suméria (4000-2350 a.C.) compreendiam a necessidade de conhecer os períodos das colheitas para explorar as enchentes sazonais como fonte de irrigação. Foi na Suméria que as sementes da Astrologia ocidental criaram raízes. Os sumérios tinham profundo conhecimento dos movimentos cíclicos das constelações, que

* N.E.: Sugerimos a leitura de *Curso de Astrologia*, de Christina Bastos Tigre, Madras Editora.

eram associados às estações. Os escribas dos templos faziam longas listas de astros e constelações, e os astros eram vistos como reflexos celestes de rebanhos pastorais de ovelhas, pastando no céu noturno. O sistema principal da Astrologia suméria, uma forma que persistiu na Babilônia até o meio do século V a.C., era um método de interpretar augúrios pelas estrelas. As constelações recebiam os nomes de várias divindades e a cada uma eram atribuídas diferentes qualidades.

Aos poucos, os observadores estelares da Babilônia notaram que havia uma área do céu que os planetas e as luminárias do sol e da lua percorriam, e esse cinturão ou ciclo do céu incluía 12 constelações separadas que eram usadas para distinguir 12 diferentes segmentos do cinturão. Essa foi uma descoberta útil, uma vez que o número 12 era divisível pela base matemática babilônica dos sexagésimos. Também foi observado que o ciclo lunar (o ciclo orbital da lua em torno da Terra) se completava 12 vezes por ano. Assim, o primeiro zodíaco de 12 signos foi uma criação da cultura mesopotâmica. Dizia-se que o círculo ou a roda do zodíaco se estendia a oito ou nove graus de cada lado da eclíptica, o aparente caminho do Sol em volta da Terra, ou a órbita da Terra vista a partir do Sol. O horóscopo pessoal mais antigo ("indicador da hora") usando o zodíaco como um mapa dos céus na hora do nascimento de uma pessoa remonta a 410 a.C.

Evidências arqueológicas sugerem que os babilônios eram melhores observadores e estudiosos dos astros que os egípcios. Entretanto, os antigos habitantes do Vale do Rio Nilo foram responsáveis por descobrir as origens do sistema que posteriormente seria chamado pelos gregos de decanatos ou decanias. Os egípcios notaram que a cada intervalo regular de dez dias uma constelação diferente seguia o Sol pelo horizonte, no período de um ano. Os egípcios deram nomes de deuses a 36 astros, que, acreditavam, tinham influência sobre o destino dos seres humanos, e às 36 divisões do caminho do sol.

Os antigos gregos só aprenderam a diferenciar entre as estrelas fixas e os planetas depois de receberem influência da cultura babilônica, no século V a.C. Os astrólogos gregos absorveram o conhecimento dos astros dos babilônios e dos egípcios, deram outros nomes às constelações, de acordo com seus deuses, adicionaram outras tantas contribuições a elas e criaram um sistema próprio de Astrologia.

Eles também conceberam cada um dos 12 signos como o domicílio ou a "casa" de determinado planeta e alocaram cada casa em vários segmentos. Foi assim que o zodíaco evoluiu para a divisão de 360 graus, que reconhecemos hoje como "a roda do zodíaco", completa com 36 decanatos ou divisões de 10° de uma casa zodiacal. Os gregos adotavam a visão aristotélica de que o Sol, a Lua e as estrelas giravam em torno do planeta Terra estacionário em órbitas circulares perfeitas.

Cada um dos 12 signos foi atribuído a uma parte específica do corpo humano. Além disso, os 12 signos eram divididos em quatro grupos de três, de acordo com os elementos fogo, água, ar e terra.

Os romanos adotaram esse sistema, como costumavam fazer com quase tudo o que tinha origem grega. No entanto, as atitudes sociais e políticas em relação à Astrologia variavam muito com os romanos, que pareciam ter uma relação de amor e ódio com a ciência celestial.

A maior parte dos textos astrológicos era escrita em grego e não latim. Com a queda do Império Romano, em 476 d.C., a educação também caiu. A ortodoxia da Igreja Cristã era hostil à ciência dos astros, vista de repente como demoníaca, e não tolerava dissidência. Para todos os efeitos, a Astrologia desapareceu na Idade das Trevas da Europa Ocidental (c. 400-900 d.C.), juntamente com o conhecimento da língua grega.

Em 750 a.C., o Império Islâmico havia se estendido da Ásia central para o sul da Espanha. Após conquistar o Império Bizantino do Oriente Médio, os muçulmanos adaptaram de bom grado muitos aspectos da rica cultura daquela região. A tradição astrológica sobreviveu no Ocidente sob regime islamita. Textos gregos sobre Matemática, Medicina, Astronomia e Astrologia foram logo traduzidos para o árabe e amplamente disseminados. Foi sob essas condições que os muçulmanos começaram a reconhecer os judeus helenizados como herdeiros astrológicos dos magos caldeus. Astrólogos judeus e árabes proliferavam. Um clima de relativa tolerância religiosa na Espanha muçulmana atraía como um ímã os judeus de todo o mundo conhecido. Aos poucos, suas ideias se espalhavam pela Europa Ocidental, foi quando os judeus começaram a fugir de seitas islâmicas mais extremistas, bem como dos cristãos, que estavam determinados a retomar a Espanha.

Nos séculos XII e XIII, as traduções árabes dos clássicos gregos, bem como textos astrológicos e de Magia, estavam sendo retraduzidas para o latim, para o uso de estudiosos interessados e teólogos cristãos. Muito tempo se passou até que os intelectuais da Europa voltassem a ter acesso às obras de Platão, Ptolomeu, Aristóteles e outros. Uma vez redescoberta, porém, a autoridade erudita de Aristóteles permaneceu inquestionável durante toda a Idade Média. Como Aristóteles havia afirmado com convicção a prática da Astrologia, o estudo dos astros ganhou novo respeito como ciência natural, mesmo entre alguns teólogos cristãos de renome, como Tomás de Aquino (1225-1274). Entretanto, a adivinhação por meio da Astrologia ainda era mal vista pela Igreja.

Com o advento da Renascença, surgiram as traduções de todos os tipos de textos gregos — incluindo as obras clássicas de literatura grega, textos filosóficos, ensinamentos neoplatônicos, textos de Magia, tratados astrológicos e a *Hermetica*, que também continha tratados astrológicos.

Até o século XVII, a visão aristotélica de um Universo geocêntrico, segundo a qual todos os planetas giravam em torno da Terra, fora substituída pelas descobertas astronômicas de Copérnico (1473-1543), que demonstravam que a Terra e os planetas orbitavam o Sol. A visão heliocêntrica copernicana do Universo foi adotada por astrônomos como Tycho Brahe (1546-1601), Johannes Kepler (1571-1630) e Galileu (1564-1642). O público geral não aceitou, de imediato, essas novas teorias, considerando-as perturbadoras à tradicional visão do mundo. Mas muitos astrônomos dessa nova geração, incluindo Brahe e Kepler, não achavam necessário se desfazer da criação de horóscopos. Acadêmicos e homens cultos como William Lilly (1602-1681), o astrólogo oficial do Parlamento Britânico, esforçavam-se para adaptar as tradições da Astrologia a uma nova realidade científica.

A Astrologia florescia à medida que a revivificação do oculto no século XIX cativava as mentes de muitos europeus cultos que procuravam formas novas, mais vibrantes, de experiência espiritual. E foi nesse clima que grupos como a Ordem Hermética da Golden Dawn puderam incorporar os antigos ensinamentos de Astrologia em um sistema holístico de filosofia esotérica.

A Astrologia é a mãe da Astronomia, e por muitos anos as duas coexistiram como uma ciência. Atualmente, a Astronomia é considerada uma ciência "objetiva" de distâncias, massas, velocidades, etc., enquanto a Astrologia é uma ciência "subjetiva" e intuitiva que não só lida com a delineação astronômica de horóscopos, mas também adota ideias filosóficas que ajudam a explicar a essência espiritual da vida.

Há, na verdade, dois ramos de Astrologia. O primeiro é a Astrologia exotérica, que inclui a matemática envolvida na elaboração de um horóscopo e as artes da predição. O segundo ramo é o da Astrologia esotérica, que trata dos mistérios do próprio Universo — a dinâmica espiritual, moral, intelectual e física do Cosmos. A Astrologia esotérica revela o padrão universal de vida e o meio pelo qual os seres humanos podem se alinhar com a matriz divina do Universo. É um sistema para a compreensão das energias celestiais e um método para ver o Universo como um todo simétrico.

## *Astrologia na Golden Dawn*

Na Ordem Externa da Golden Dawn, o estudante aprende informações astrológicas básicas a respeito da roda zodiacal, dos 12 signos, das 12 casas, dos decanatos, das triplicidades, das quadruplicidades e dos aspectos. Por fim, o estudante também aprende a construir e interpretar um mapa zodiacal. Os ensinamentos da Golden Dawn concentram-se em dois tipos de astrologia: a natal e a horária. A primeira é usada para fazer o mapa astral de uma pessoa e a segunda é uma forma de adivinhação usada para determinar a hora do nascimento de uma pergunta em uma leitura astrológica. Ambos os tipos usam os mesmos métodos para compor um mapa do firmamento.

Todo esse conhecimento é usado posteriormente para Magia elemental, planetária e zodiacal nos graus mais altos da Ordem Interna. Além disso, numerosas listas de correspondências astrológicas e horas planetárias datando de livros-fonte medievais são consultadas com regularidade no trabalho ritual da R. R. et A. C. A criação de talismãs e implementos esotéricos é uma prática comum nos graus do Adepto. Depois dos ensinamentos da Cabala, as correspondências astrológicas são a forma mais marcante de conhecimento esotérico usada tanto na Ordem Externa quanto na Interna.

A significação astrológica dos equinócios tem uma ênfase particular na Golden Dawn. Duas vezes por ano, nos equinócios da primavera e do outono, os oficiais da Ordem Externa renunciam a suas posições e novos oficiais são empossados. A fórmula da Cerimônia do Equinócio tem o objetivo de criar um elo mágico entre o Sol e a Ordem. Assim como o Sol é a luz do mundo visível, ele também simboliza a Luz Divina. Uma diminuição no campo magnético da Terra durante os equinócios faz com que esses dias especiais sejam ocasiões oportunas para o manuseio de energia solar. Também no momento do equinócio, o dia e a noite têm igual duração, e isso tem importância crucial para o tema básico de equilíbrio da Ordem.

Determinados ensinamentos nos graus mais altos da Segunda Ordem enfatizam um sistema astrológico que varia um pouco do que é ensinado na Primeira Ordem. Boa parte da Astrologia esotérica ensinada na Segunda Ordem baseia-se em uma Astrologia sideral fixa, em vez de Astrologia tropical.[143] Isso se deve ao fato de que na Astrologia tropical, mais popular, os signos (as divisões de 30º) do zodíaco não estão em sincronia com as constelações das quais recebem o nome. Esse é o resultado da precessão dos equinócios — ou seja, o ponto equinocial (ou o ponto do zodíaco em que o Sol está posicionado em sua travessia anual pelo Equador, em 21 de março) gradualmente se move pelo zodíaco em um movimento inverso ao dos planetas. Assim, embora o ponto equinocial seja chamado de 0º Áries na Astrologia tropical ou móvel, ele se encontra na verdade a vários graus de distância da constelação de Áries.[144]

---

143. A Astrologia sideral dá a posição de um planeta por constelação. A Astrologia tropical dá a posição do planeta pelo signo.

144. "Para nos lembrarmos de um pouco de ciência básica, as estações são o resultado da inclinação do eixo da Terra... A rotação da Terra a faz se comportar como um giroscópio (sempre tendendo a manter o mesmo ângulo), mas, como o nosso planeta não é perfeitamente redondo, ele tende a oscilar um pouco. Um resultado dessa oscilação é que, a cada ano, o Sol parece ter se movido ligeiramente para trás (contra o fundo da estrela relativamente imóvel) de onde estava no mesmo ponto (em um ponto de solstício ou equinócio) no ano anterior (na proporção de 10 a cada 71,5 anos).

Essa precessão é o motivo pelo qual o zodíaco tropical, usado pela maioria dos astrólogos ocidentais, é um zodíaco 'móvel': seguindo as advertências de Ptolomeu... o início do zodíaco — 0º Áries — localiza-se onde o Sol está posicionado durante o equinócio da primavera. Portanto, a cada ano o zodíaco se move ligeiramente. Esse movimento o mantém alinhado com as estações, mas está sempre escorregando para trás em relação às estrelas.

Isso é desconcertante para quem acha que a influência do signo emana da constelação da qual os signos do zodíaco recebem seus nomes. Entretanto, se mudarmos para um dos zodíacos siderais (que se alinham com as estrelas), então o zodíaco — que contém muito simbolismo sazonal — perde o alinhamento com as estações. O resultado disso é que ambos os sistemas são defensáveis" — James R. Lewis, *Astrology Encyclopedia* (Detroit, Mich.: Visible Ink Press, 1994), 431-432. Segundo Nicholas de Vore, os zodíacos tropicais e siderais coincidiram no ano de 254 a.C. *Encyclopedia of Astrology* (New York, N.Y.: Philosophical Library, 1947), 308.

No sistema sideral fixo de Astrologia enfatizado em alguns ensinamentos da Ordem, os signos coincidem com as constelações das quais recebem o nome. Usando esse método, a estrela chamada Régulo,[145] que coincidiria com 0º Leão, foi escolhida como ponto inicial do mapa zodiacal. É por isso que as atribuições zodiacais de determinados ensinamentos, como os Arcanos Menores do sistema de Tarô da Golden Dawn, bem como os 72 nomes divinos do Shem ha-Mephoresh, começam todos em 0º Leão.

Também é interessante ressaltar que as correspondências astrológicas da Golden Dawn dos planetas que regem os decanatos[146] não são as mesmas que as listadas por Agrippa em seu *Três Livros de Filosofia Oculta* (1531) e usadas hoje por muitos astrólogos modernos.[147] De acordo com o texto de Agrippa, a primeira decania de cada signo é regida pelo planeta que rege o signo. A segunda decania é regida pelo planeta regente do próximo signo do mesmo elemento na triplicidade, e a terceira é regida pelo planeta regente do último signo da triplicidade. Portanto, Áries é regido em seus três decanatos da seguinte maneira: a primeira decania é regida pelo planeta regente (Marte) de Áries, a segunda pelo de Leão (Sol) e a terceira pelo de Sagitário (Júpiter). Leão é regido por seu próprio planeta regente (Sol), seguido por Sagitário e, finalmente, pelo de Áries (Marte).

O *Picatrix*, o influente grimório em latim do século XIII, traduzido de uma antiga fonte árabe chamada *Ghayat al-Hakim*, traz a versão usada por Agrippa como sistema "indiano" de decanatos (*Picatrix*, livro II, capítulo 12). Entretanto, também apresenta o sistema "caldeu" de decanatos (*Picatrix*, livro II, capítulo 11), que é um ciclo planetário direto, por meio das decanias, nesta ordem: Saturno, Júpiter, Marte, Sol, Vênus, Mercúrio, Luna (a Lua) — e o ciclo recomeça com Saturno. (Portanto, as decanias de Leão são regidas por Saturno, depois Júpiter e então Marte. Em seguida, as decanias de Escorpião são regidas pelo Sol, depois Vênus, Mercúrio, e assim por diante.) Esse sistema de decanatos segue a ordem das atribuições planetárias na cabalística Árvore da Vida. É o sistema de decanatos também utilizado pela Golden Dawn.[148]

---

146. Como nos decanatos que correspondem aos nomes divinos do Shem ha-Mephoresh.
147. Ver *Três Livros de Filosofia Oculta,* lançamento da Madras Editora.
148. Agrippa chama esse sistema de "faces" planetárias. Ver a edição de Tyson de *Três Livros de Filosofia Oculta.* Às vezes ele indica que as faces são diferentes das decanias, mas em outros momentos ele parece confundir a questão, indicando que são a mesma coisa.

Uma fonte do sistema indiano é apresentada como sendo o astrólogo indiano do século VI chamado Varahamihira.[149] Uma das mais antigas autoridades do esquema caldeu é Teukros da Babilônia (em latim, *Teucer*).[150] É evidente que a Golden Dawn mantém a Tradição Esotérica Ocidental da Astrologia.

*Leitura recomendada*

*The Origin of the Zodiac,* de Rupert Gleadow (New York: Castle Books, 1968).

*The Astrology of the Golden Dawn*, de J. W. Brodie-Innes et. al. Editado por Darcy Küntz (Edmonds, Wash.: Holmes Publishing Group, 1996).

*The Only Way to Learn Astrology, volumes 1, 2 e 3*, de Marion D. March e Joan McEvers (San Diego, Calif.: ACS Publications, Inc., 1976).

*Astrology for Initiates: Astrological Secrets of the Western Mystery Traditions*, de Papus, tradução e introdução de L. Lee Lehman (York Beach, Maine: Samuel Weiser, Inc., 1996).

*A Time for Magick: Planetary Hours for Meditations, Rituals & Spells*, de Maria Kay Simms (St. Paul, Minn.: Llewellyn Publications, 1999).

## Adivinhação

A palavra *adivinhação* baseia-se no termo latino *divinatio*, que significa "a faculdade de prever". A palavra-raiz, por sua vez, baseia-se em outro termo latino para "poder divino" ou "dos deuses", revelando assim um significado mais sutil, que é o de "tornar divino". Tal explicação lança uma nova luz sobre o tema adivinhação. Longe de ser uma prática supersticiosa, a arte da adivinhação revela-se como uma ciência espiritual que almeja descobrir a significação divina por trás de eventos "casuais". E assim como as outras artes mágicas, a adivinhação já existia como instrumento de desenvolvimento psíquico e saúde espiritual muito antes do advento da Psicologia moderna, que tomou de empréstimo muita coisa das técnicas da Magia cerimonial, dando nomes novos a velhas ideias de Magia.

149. Varahamihira (505-587 d.C.) era também astrônomo, filósofo e matemático. Foi o autor dos *Pañca-siddhantika* ("Cinco Tratados"), uma sinopse de Astronomia grega, egípcia, romana e indiana.

150. Esse arranjo às vezes era chamado de sistema "egípcio". Ver Gleadow, 182-183.

*Perspectiva histórica*

A história da adivinhação é tão antiga quanto a primeira percepção do divino por parte da humanidade. Desde que o ser humano discerniu pela primeira vez um poder superior que existia além do mundo físico, homens e mulheres se empenham em se comunicar com essa força eterna que permeia o Universo. Orações e invocações a divindades foram se desenvolvendo por causa do desejo humano de conversar com o divino — venerar os deuses e solicitar deles condições favoráveis. Invocação ritual, *skrying*, clarividência e meditação surgiram a partir da necessidade humana de escutar o divino; deixar os deuses falar conosco e enriquecer a humanidade com uma sabedoria superior. A adivinhação também se desenvolveu como um meio de interação com os deuses, um método pelo qual uma pessoa pudesse interagir e compreender a vontade divina.

No mundo antigo, sinais atmosféricos como chuva, vento e relâmpagos eram considerados precursores de eventos importantes — todos tendo algum tipo de implicação divina. Em sociedades em que a guerra contra outras tribos e nações era o modo de vida, a adivinhação costumava ser usada de maneira estratégica para pedir o conselho dos deuses quanto ao melhor curso de ação a ser tomado contra os inimigos. Uma das mais antigas formas registradas dessa forma de adivinhação usada para fins militares era a de Sacudir as Flechas, mencionada no Livro de Ezequiel: "Porque o rei da Babilônia para na encruzilhada, na entrada dos dois caminhos, para consultar os oráculos: sacode as flechas, interroga os ídolos do lar, examina o fígado."[151] O rei colocava os nomes de seus inimigos nas flechas, guardava-as de volta e as sacudia, todas juntas. A flecha que ele tirava continha o nome do inimigo que ele iria atacar. (O segundo tipo de adivinhação mencionado era extispicia ou a inspeção das entranhas, uma forma um tanto rudimentar de adivinhação, que remonta a uma época primitiva em que as tribos nômades só iam para uma nova região após inspecionar as vísceras de animais, a fim de determinar se a área ao redor promovia boa saúde.)

151. Ezequiel 21: 21.

Houve uma época em que as flechas divinatórias eram usadas na grande mesquita de Meca. Uma flecha era inscrita com as palavras: "Meu Senhor assim me ordenou". Em uma segunda flecha se escrevia: "Meu Senhor me proibiu". Uma terceira flecha não tinha inscrição alguma. Se a primeira flecha fosse tirada, o adivinho concluía que a empreitada teria aprovação divina. Se fosse tirada a segunda flecha, ele chegava à conclusão oposta. Caso tirasse a flecha sem inscrição, a adivinhação recomeçava, até se chegar a uma resposta decisiva.

Tirar a sorte (ou sortilégio) era uma forma antiga de adivinhação, frequentemente empregada para determinar a culpa ou a inocência de uma pessoa em uma questão criminal. Os antigos cristãos e muçulmanos costumavam fazer adivinhações abrindo um livro sagrado (a Bíblia ou o Alcorão) e lendo a parte do texto que saltasse aos olhos em primeiro lugar.

Os romanos praticavam uma forma de adivinhação conhecida como augúrio, que consistia na interpretação de sinais, como fenômenos atmosféricos, o voo dos pássaros, etc.[152]

## *O propósito da adivinhação*

As formas de adivinhação eram tão variadas quanto as mentes criativas que as desenvolviam. Não importava, geralmente, a forma de adivinhação; mais importante era que o adivinho (aquele que pratica adivinhação) fosse capaz de aquietar a mente a ponto de entrar em sintonia com as forças superiores e, em seguida, perceber determinados sinais ou símbolos por meio de uma visão interior capaz de interpretar suas implicações divinas.

A adivinhação pode abrir a mente para a mecânica do reino espiritual por trás do Universo visível. Os vários métodos de adivinhação são bons exercícios para o desenvolvimento das faculdades psíquicas da intuição e da imaginação.

152. Ver "From God to My Soul; Reading the Auspices", de David Godwin, publicado em *The Golden Dawn Journal, Book One: Divination*, editado por Chic Cicero e Sandra Tabatha Cicero (St. Paul, Minn.: Llewellyn Publications, 1994), 203-212.

> O papel da adivinhação em nosso crescimento espiritual envolve o desenvolvimento de um sistema de símbolos que permite o acesso e a comunicação com os deuses, os arquétipos do inconsciente coletivo. O propósito da prática de adivinhação é descobrir uma orientação interior construindo uma ponte entre um padrão sincronístico de símbolos no espaço-tempo físico e no mundo atemporal da psique arquetípica. Se o indivíduo desperta seu sentido para a compreensão dos arquétipos interiores em eventos externos, é porque a adivinhação serviu a um de seus principais propósitos na transformação psicológica.[153]

Duas formas de adivinhação são ensinadas na Primeira Ordem da Golden Dawn: a Geomancia e o Tarô.

## *Geomancia*

A palavra geomancia vem do grego *ge*, "terra", e *manteia*, ou "profecia". Seu significado básico é "adivinhação pela terra" ou adivinhação pelos sinais da terra. Essa tradicional técnica divinatória ocidental se baseia no contato intuitivo com as energias da Terra. Informações preliminares sobre adivinhação com o uso da geomancia são passadas aos estudantes da Golden Dawn no grau do Zelator.

A mais antiga forma de Geomancia deve ter se originado na África do Norte islâmico no século VIII ou IX. O primeiro manual europeu dessa arte foi *Ars Geomantiae*, escrito pelo estudioso medieval Hugo de Santalla (1125 d.C.). A popularidade da Geomancia espalhou-se por toda a Europa, desde a Idade Média até o fim do Iluminismo. "Em uma Europa que mantinha uma crença profunda na influência da Astrologia na vida diária, a Geomancia parecia oferecer um modo de desenvolver o que seria um horóscopo sem efemérides, sem instrumentos astronômicos; na verdade, sem nenhum equipamento além de um cajado e um punhado de terra."[154]

Vários autores influentes no pensamento esotérico ocidental escreveram acerca da Geomancia, entre eles Pietro de Abano (*Pedro de Apono*), Agrippa, Robert Fludd e John Heydon. No século XX, o tema foi abordado por Franz Hartman, Israel Regardie, Stephen Skinner e, mais recentemente, John Michael Greer.

153. Steven Marshall, "The Psychology of Divination", publicado em *The Golden Dawn Journal, Book One: Divination*, 10.
154. Forrest, "Mysteria Geomantica", *The Golden Dawn Journal: Book One: Divination*, 194.

De acordo com *The Oracle of Geomancy*:

> As técnicas de Geomancia são muitas e variadas. Entre elas, inspecionar as configurações feitas por pedregulhos espalhados, soprar pó sobre uma superfície lisa, como um tampão de mesa de mármore, espalhar grãos de areia, jogar punhados de caroços ou sementes de palma (que também nascem da terra) ou fazer marcas aleatórias no solo com um pedaço de pau. A adivinhação por meio de marcas na terra ou de coisas espalhadas no chão também evoluiu para a interpretação de linhas ou pontos feitos de maneira mais ou menos aleatória em papel com lápis.[155]

A Geomancia também pode ser realizada com moedas, dados rolando ou, como indicado na citação anterior, fazendo-se buracos na terra com um pedaço de pau e anotando o número de buracos feitos. O método de Geomancia usado pela Golden Dawn é acompanhado pelo uso de caneta e lápis para gerar números aleatórios de dados.

Independentemente do método empregado, o ponto importante a lembrar é que a adivinhação geomântica implica a geração aleatória de 16 figuras, conhecidas como tetragramas, que são, em seguida, interpretadas de maneira específica. A Geomancia é uma dentre várias formas de adivinhação que se baseiam em um sistema numérico binário. (*O I Ching* ou "Livro Chinês das Mutações" é outro exemplo dessa forma de adivinhação binária.) O processo usado para criar uma adivinhação geomântica é, na verdade, semelhante ao simples ato de jogar uma moeda. Determinados eventos aleatórios, que supostamente são influenciados ou controlados por forças espirituais, quando combinados com a psique humana inconsciente, podem gerar um dentre dois resultados definitivos. Se um significado específico for atribuído ao resultado, então a interpretação pode ser clara e qualquer pergunta divinatória pode ser respondida com facilidade.

Este é o processo, em si: há 16 tetragramas geomânticos possíveis. Cada tetragrama é uma figura de quatro partes composta de quatro linhas — cada linha constituída de um ou dois "pontos". Empregando qualquer um dos métodos citados, o geomante gera 16 números aleatórios, observando se cada um é ímpar ou par. Um número ímpar recebe um "ponto", enquanto o par recebe dois "pontos". Os 16 números resultam em quatro tetragramas, conhecidos como as Quatro Mães.

155. Stephen Skinner, *The Oracle of Geomancy* (New York: Warner Destiny Books, 1977), 10.

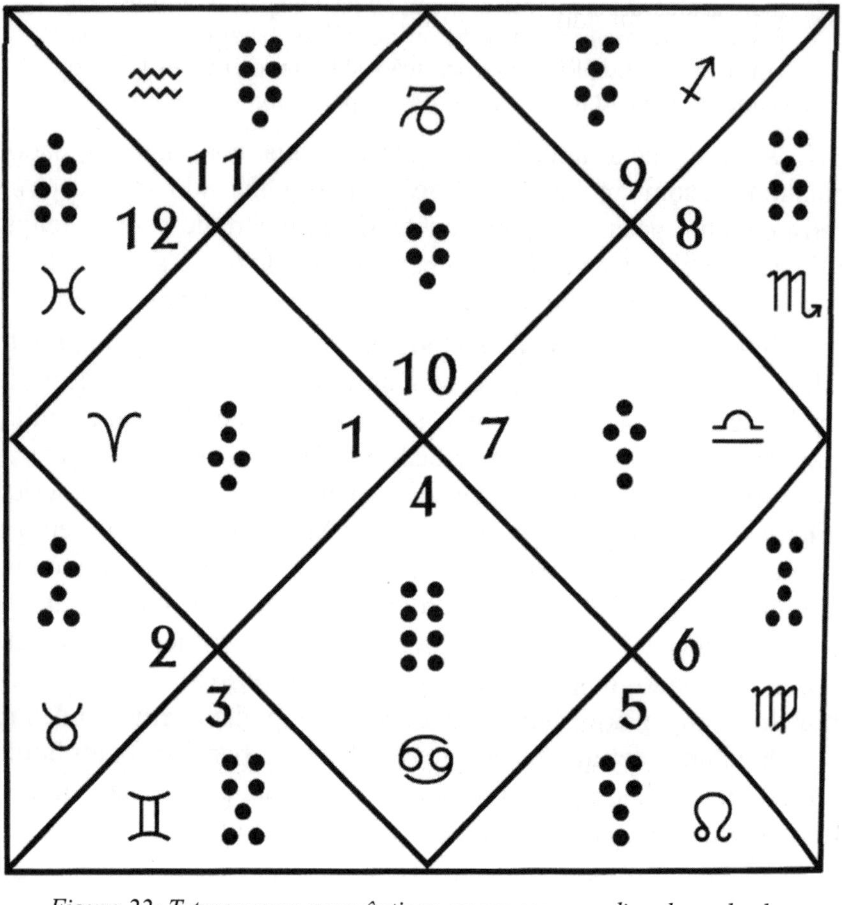


*Figura 22: Tetragramas geomânticos em um mapa zodiacal quadrado*

Dessas quatro figuras iniciais, numerosas outras figuras são criadas, até se formarem, por fim, 16 tetragramas. Perguntas simples do tipo sim/não podem ser rapidamente respondidas pela interpretação dos tetragramas finais criados. Se houver necessidade de uma resposta mais profunda, as 12 primeiras figuras são substituídas nas várias casas de um mapa zodiacal quadrado, para que suas implicações astrológicas possam ser interpretadas (ver figura 22).

Os 16 tetragramas geomânticos são incluídos entre as correspondências do sistema enochiano da Golden Dawn. Também são atribuídos aos 16 Príncipes e Princesas dos Ângulos Menores das Tábuas Enoquianas.[156] Os tetragramas costumam ser usados na Segunda Ordem como símbolos para o método de *skrying* e também para criar sigilos geomânticos, que podem ser pintados em talismãs com o intuito de atrair as energias por eles representadas.

## *Tarô*

O Tarô ou "Livro T", como às vezes é chamado, é um livro pictórico de sabedoria esotérica, eterna. Há séculos ele tem sido usado por magos, ocultistas e místicos com o propósito de adivinhação e meditação. Assim como a Cabala, o Tarô é um sistema completo e elaborado para descrever as forças ocultas por trás do Universo manifesto. Não só é a chave para toda a ciência oculta, mas também um mapa para desvelar as várias partes da psique humana. As cartas de Tarô podem ser consideradas os hieróglifos da Tradição de Mistério Ocidental.

O Tarô tradicional consiste em um baralho de 78 cartas compostas de duas divisões primárias. Os Arcanos Maiores contêm 22 cartas de trunfo ou cartas-chave que contam a história da alma. Os Arcanos Menores têm um total de 56 cartas divididas em quatro naipes de 14 cartas cada um. Cada naipe, por sua vez, é dividido em dez cartas numeradas ou de pontos e quatro cartas da corte.

156. Forrest, "Mysteria Geomantica", *The Golden Dawn Journal: Book One: Divination*, 199-200.

As origens exatas do Tarô não são conhecidas. Dizem que o Tarô existia desde o tempo dos egípcios e até antes; seu conhecimento remonta aos atlantes. Outra teoria diz que as grandes mentes esotéricas que testemunharam o incêndio da Biblioteca de Alexandria se reuniram em segredo e decidiram salvar a sabedoria das eras, não a deixando se perder, escondendo-a em um jogo de cartas. Outros ainda afirmam que o Tarô veio do Extremo Oriente ou dos ciganos.* Por mais românticas que sejam todas essas histórias, nenhuma delas até hoje é sustentada por fatos concretos.

O Tarô não é mais antigo que o baralho de jogo convencional, que foi introduzido na Europa pouco depois de 1375 d.C. As precursoras das cartas de jogo europeias provavelmente foram criadas na Pérsia ou Índia e levadas à Europa por volta de 1370. Um antigo baralho ancestral, conhecido como baralho de Mamluk, tinha 52 ou 56 desenhos elegantes contendo quatro naipes: espadas, varas de polo, copas e moedas. Os primeiros baralhos italianos, espanhóis e portugueses foram baseados no modelo Mamluk, embora o naipe de varas de polo tenha mudado para paus. Não se sabe ao certo se o baralho árabe continha 12 cartas da Corte como o baralho moderno, ou 16 como o Tarô.

As 22 cartas de trunfo dos Arcanos Maiores parecem ser um acréscimo posterior, além de puramente europeu. As cartas de trunfo mais antigas do Tarô, ainda existentes, surgiram por volta de 1450 d.C. Aquele que era considerado o Tarô mais antigo, o *Gringonneur*, pintado em 1392 por Carlos VI, teve recentemente sua origem atribuída ao século XV, sendo de origem veneziana. O Tarô mais antigo conhecido foi pintado pela família Visconti-Sforza, em Milão, por volta de 1428 d.C.[157] O nome "trunfo" foi tirado da palavra *trionfi*, que significa "triunfo".

Na primeira metade do século XV, o Tarô era usado quase exclusivamente nas cortes europeias da nobreza, pois havia se tornado um passatempo para a aristocracia. Entretanto, há parcas evidências de que ele tenha sido usado para previsões do futuro ou qualquer

* N.E.: Sugerimos a leitura de *Tarô do Cigano*, de J. DellaMonica, Madras Editora.

157. Atualmente disponível como *Visconti Tarots*, publicado por Lo Scarabeo e distribuído nos Estados Unidos pela Llewellyn Publications.

outro fim oculto — era considerado apenas um jogo. Os baralhos mais antigos eram pintados à mão. Com o advento da impressão em madeira no mesmo século, as cartas de Tarô se tornaram mais comuns. Em 1781, o interesse pelo Tarô ganhou maior popularidade quando Antoine Court de Gebelin, maçom e ministro protestante, afirmou que as cartas de trunfo do Tarô haviam sido tiradas de um livro secreto egípcio chamado *O Livro de Thoth*. A influente obra de Gebelin, *Le Monde Primitif*, foi a fonte de muitas histórias fantasiosas acerca das origens do Tarô.

Em 1890, Eliphas Levi publicou sua *magnum opus* da teoria mágica, *Dogma e Ritual de Alta Magia*. Levi certamente conhecia as teorias de Gebelin e de outros a respeito do Tarô. Na visão dele, o Tarô era um livro esotérico antigo de sabedoria espiritual, o que ele pôde confirmar quando traçou uma notável comparação entre as 22 cartas de trunfo do Tarô e as 22 letras do alfabeto hebraico:

> O Tarô italiano, do qual os originais góticos foram lamentavelmente perdidos, relaciona-se, pela disposição de suas figuras, ao alfabeto hebraico em uso após o cativeiro... Nós vemos também quais significados diversos são incluídos nas 22 Chaves que formam o alfabeto universal do Tarô, sustentando a verdade de nossa afirmação de que todos os segredos de Cabala e Magia, todos os mistérios do mundo antigo, toda a ciência dos patriarcas, todas as tradições históricas dos tempos primitivos, estão encapsulados no livro hieroglífico de Thoth, Enoch ou Cadmus.[158]

A revivificação do Ocultismo no século XIX trouxe um estudo sério do Tarô e suas associações cabalísticas. Ocultistas e magos começaram a vê-lo como a ferramenta quintessencial para meditação e estudos esotéricos.

Em um livreto publicado em 1888 com o título de *The Tarot: Its Occult Significance, Use in Fortune-Telling, and Method of Play, Etc.*, S. L. MacGregor Mathers afirmava que a palavra "Tarô" (ou *taro*) era um anagrama para as palavras que indicavam seu significado oculto: *tora*, ou o termo hebraico para "lei"; *troa*, hebraico para "portão";

158. Eliphas Levi, *Transcendental Magic* (York Beach, Maine: Samuel Weiser, Inc., 1995), 334-335, 342.

*rota*, termo latino para "roda"; *orat*, palavra latina para "algo que fala"; *Taor*, a deusa egípcia da Escuridão; e *Ator*, a Vênus egípcia. Isso implica que o Tarô é um portal escondido na escuridão para aqueles que são incapazes de acessar suas riquezas. É o portal de iniciação, assim como Vênus — ou Ator — também é. O Tarô é um livro que fala, ele descreve a lei divina e a roda eterna de ciclos universais que sustentam o Universo manifesto.

Assim como a Cabala, as cartas do Tarô passaram a ser vistas como um tipo de "arquivo esotérico", no qual um vasto acervo de correspondências ocultas podia ser categorizado e armazenado. Os quatro naipes do Tarô eram atribuídos aos quatro mundos da Cabala: Atziluth — o mundo divino; Briah — o mundo criativo; Yetzirah — o mundo formativo; e Assiah — o mundo material.[159] As cartas de pontos dos Arcanos Menores, numeradas de 1 a 10, eram facilmente atribuídas às dez *sephiroth* da cabalística Árvore da Vida.

Se os inventores originais do Tarô tiveram a intenção de colocar simbolismo cabalístico nas cartas, isso não importa. O fato é que os dois sistemas tanto da Cabala quanto do Tarô são tão semelhantes que facilmente se complementam e descrevem um ao outro, consistindo juntos em um sistema perfeito e coerente para o crescimento psíquico/espiritual.

## *O Tarô da Golden Dawn*

O baralho de Tarô usado pela Golden Dawn baseava-se na pesquisa de S. L. Mathers e nos subsequentes desenhos de Moina Mathers para as cartas. Mathers construiu seu sistema de correspondências a partir de observações anteriores de Eliphas Levi, embora não tenha usado as atribuições específicas que Levi dava das letras hebraicas às cartas. As cartas de Tarô usadas pela Stella Matutina foram ligeiramente modificadas das originais na Golden Dawn, principalmente em relação às cartas da Corte. Segundo algumas fontes, o dr. Wynn Westcott, que ajudou a desenhar o Tarô original da Golden Dawn, também auxiliou o dr. Felkin com algumas das mudanças feitas no baralho da Stella Matutina quase duas décadas após a confecção do original.

---

159. Os quatro mundos também são atribuídos aos elementos: Atziluth — fogo; Briah — água; Yetzirah — ar; e Assiah — terra. Atziluth — bastão; Briah — taça; Yetzirah — espada; e Assiah — pentáculo.

No sistema de Tarô da Golden Dawn, cada naipe dos Arcanos Menores contém dez cartas numeradas, como no baralho de jogo moderno, mas há quatro cartas da Corte, em vez de três: Rei, Rainha, Príncipe e Princesa.[160] Há, portanto, um total de 16 cartas da Corte. (Em alguns baralhos, essas cartas são referidas como Cavaleiro, Rainha, Imperador e Valete.) Os quatro naipes do Tarô são Bastão, comparável com paus e atribuído ao elemento fogo; Taça, análogo a copas e atribuído ao elemento água; Espada (igual a espadas) e atribuído ao elemento ar; e Pentáculo, equivalente a ouros e atribuído ao elemento terra.

Exceto por Ás, as cartas numeradas dos Arcanos Menores também são atribuídas aos 36 decanatos do zodíaco.

As *sephiroth* cabalísticas são representadas pelas cartas dos Arcanos Menores numeradas de 1 a 10. Simbolizam centros objetivos de energia emanando do divino. São pontos estáticos, fixos de força cujas qualidades são imparciais e imóveis. Essas cartas aludem às partes imutáveis da psique humana — aqueles componentes que são inerentes à mente humana.

Os 22 caminhos e suas correspondentes cartas de trunfo, por outro lado, são ativos e móveis. São canais condutores subjetivos ou canais de energia que passam entre as *sephiroth*, ligando as esferas. Essas são as cartas que contam a história da alma humana em sua eterna busca pela sabedoria. Representam a variedade de experiências pelas quais os buscadores espirituais passam quando percorrem os caminhos da Árvore da Vida, encontrando as diferenças que ocorrem entre uma *sephirah* e a próxima; representam ainda as energias dos planetas, os signos do zodíaco e os elementos dos antigos. As cartas de trunfo são consideradas verdadeiras forças iniciáticas, tendo um significado esotérico ou espiritual e outro exotérico ou mundano, ambos usados em adivinhação.

Inserido no Tarô há um completo mundo mitológico — um reino de símbolo, alegoria e metáfora. As cartas do Tarô são vislumbres do subconsciente em vários estágios de seu crescimento evolucionário.

160. As cartas da Corte também são atribuídas aos elementos: Reis — fogo; Rainhas — água; Príncipes — ar; e Princesas — terra.

As figuras humanas dos Arcanos Maiores podem ser comparadas aos vários arquétipos individuais que o indivíduo assume em diferentes estágios ao longo de sua jornada espiritual. Essas cartas também podem ser usadas para explorar e fazer associações com muitos arquétipos desconhecidos ou menos desenvolvidos na psique do indivíduo.

Todos os sistemas de adivinhação são usados para definir um padrão ou paradigma quantitativo do Universo. Um baralho de Tarô é uma ferramenta perfeita para adivinhação e crescimento pessoal porque o Universo é completamente definido, padronizado e mapeado dentro do contexto das 78 cartas. Em uma adivinhação, a disposição ou o arranjo das cartas pode ser comparado às divisões em casas de um mapa astrológico — ou seja, são divisões relativas do Universo que representam campos básicos de atividade. Na adivinhação, a escolha "casual" de uma carta determina qual aspecto do Universo deve ser examinado em relação à pergunta ou ao tema da leitura.

As cerimônias de graus elementais da Golden Dawn contêm descrições de certas cartas de trunfo do Tarô. No sistema da Ordem, informações preliminares sobre Tarô são passadas aos estudantes no grau do Practicus. Na Primeira Ordem, arranjos simples — como o método da Cruz Celta — são ensinados.[161] Os estudantes devem memorizar todas as correspondências cabalísticas e astrológicas das cartas de Tarô e serem capazes de interpretá-las.

Nos graus mais altos da R. R. et A. C., a adivinhação com Tarô é realizada por meio de um método conhecido como a "Abertura da Chave", uma técnica longa e detalhada que requer cinco arranjos distintos de cartas: 1) a formação do Tetragrammaton ou nome de Deus com quatro letras, 2) as 12 casas zodiacais, 3) os 12 signos do zodíaco, 4) os 36 decanatos e 5) a cabalística Árvore da Vida. Um ritual completo do nível do Adepto para invocar as forças superiores, divinas, antes de uma adivinhação é esmiuçado no documento da Ordem conhecido como "Z-2: A Fórmula da Magia de Luz."[162]

161. O arranjo da Cruz Celta tornou-se popular graças ao Adepto da Golden Dawn A. E. Waite, em seu livro *The Pictorial Key to the Tarot*. As cartas de Tarô criadas por Waite e pintadas pela artista Pamela Coleman Smith, conhecidas como o Baralho Rider-Waite, são as mais populares no mundo.

162. Ver Regardie, *The Golden Dawn* (6ª edição, St. Paul, Minn.: Llewellyn Publications, 1994), 393-395.

Nos subgraus de Adeptus Minor também há muita informação esotérica acerca do Tarô celestial, em um documento de Mathers intitulado "The Tree of Life as Projected in a Solid Sphere" (*A Árvore da Vida projetada em uma sólida esfera*).

### *Outras formas de adivinhação*

A adivinhação também é realizada nos graus da Segunda Ordem por meio dos métodos mais complexos do Anel e Disco e do Xadrez Enochiano. Entretanto, o Tarô ainda é o método preferido.

*Leitura recomendada*

*The Golden Dawn Journal, Book I: Divination*, de Chic Cicero e Sandra Tabatha Cicero (St. Paul, Minn.: Llewellyn Publications, 1994).

*Earth Divination, Earth Magic*, de John Michael Greer (St. Paul, Minn.: Llewellyn Publications, 1999).

*Golden Dawn Magical Tarot*, de Chic Cicero e Sandra Tabatha Cicero (St. Paul, Minn.: Llewellyn Publications, 2000).

*The Qabalistic Tarot*, de Robert Wang (York Beach, Maine: Samuel Weiser, Inc., 1983).

*The Book of Tokens: Tarot Meditation*, de Paul Foster Case (Los Angeles, Calif.: Builders of the Adytum, 1968).

## Alquimia

Cabala e Alquimia
A ti dão o remédio altíssimo.
Também a Pedra dos Sábios,
Única onde se encontra a Fundação,
Como claramente se mostra aos teus olhos
De forma oportuna nestas efígies.[163]

163. De Steffan Michelspacher, *Cabala* (1616), citado por Stanilas Klossowski De Rola em *The Golden Game, Alchemical Engravings of the Seventeenth Century* (London: Thames and Hudson, 1988), 58.

A palavra Alquimia é um termo composto do artigo *al* e do substantivo *khemi*, ambos árabes. A segunda palavra relaciona-se a *Khem*, o nome cóptico do Egito. Alquimia, portanto, significa "aquilo que pertence ao Egito". As palavras *Alquimia* e *química* nos lembram o legado científico do Egito. De acordo com um dicionário enciclopédico do século XI, conhecido como *Suidas*, a palavra Alquimia significa "o conhecimento da arte egípcia, *Chemi* ou *Cham* ou a "Terra Negra", antigo nome do Egito".[164] Depois da Astrologia, a Alquimia é uma das ciências mais antigas da humanidade.

## *Perspectiva histórica*

As origens da Alquimia ocidental remontam ao início do período helenístico (300 a.C. — 300 d.C.). Um dos textos de Alquimia mais antigos foi o *Physika*, escrito por Bolos Demócrito, no Egito, por volta de 200 a.C.[165] Outro texto foi escrito por Zósimos de Panópolis (Egito), intitulado a *Arte Divina de Fazer Ouro e Prata.*[166] Os autores medievais costumavam chamar a Alquimia de "Arte Hermética", sugerindo que a origem dela se deveu a ninguém menos que o célebre mestre Hermes Trismegisto. Depois de conquistarem o Egito no século VII, os árabes absorveram o conhecimento dos alquimistas alexandrinos.

Um dos mais influentes praticantes árabes da arte alquímica foi o persa Jabir ibn Hayyan (721-815 d. C.), que escreveu mais de 2 mil obras de Alquimia e era conhecido como "o pai da química árabe". Possivelmente o maior alquimista árabe foi ar-Razi (850-924), um médico de Bagdá. Enquanto os médicos gregos enfatizavam a criação de elixires de ervas para cura, os alquímicos árabes enfocavam a tentativa de produzir ouro, além da criação de elixires minerais para uso médico.

Como no caso de muitas outras ciências, a Europa ocidental deve muito aos árabes por seu conhecimento da prática de Alquimia e a cautelosa preservação de textos alquímicos gregos e árabes, que

---

164. C. J. S. Thompson, *The Lure and Romance of Alchemy* (New York: N.Y.: Bell Publishing Company, 1990), 10.
165. E. J. Holmyard, *Alchemy* (New York, NY.: Dover Publications, Inc., 1990), 25.
166. Westcott, "Flying Roll Nº VII: Alchemy" publicado na obra de Francis King, *Astral Projection, Ritual Magic, and Alchemy by S. L. MacGregor Mathers and Others* (Rochester, Vt.: Destiny Books, 1987), 179.

eles trouxeram à Espanha no século VIII. Entre os séculos XI e XII, a Espanha tornou-se um repositório de conhecimento alquímico. Estudiosos europeus ficavam intrigados com a Arte Hermética e, em 1350, vários tratados de Alquimia já estavam sendo copiados em mosteiros.

Um alquimista espanhol do século XIV adotou o nome de Geber Abinhaen (a forma latinizada de Jabir ibn Hayyan) para se beneficiar da fama do antigo autor e dar autoridade ao seu trabalho — cujo tom era mais europeu que árabe. Ele escreveu os livros *Summa perfectionis magisterii,* ou "A Suma da Perfeição ou o Perfeito Magistério" (1678) e *Liber fornacum* ou "O Livro das Fornalhas" (1678). Em um tema no qual os enigmas e a obscuridade são a norma, Geber escreveu algumas das obras mais lúcidas de teoria alquímica e as instruções mais claras para o trabalho no laboratório e na metalurgia da época. Seus influentes escritos eram muito procurados e lidos.

Alguns importantes alquimistas europeus foram o bispo dominicano e filósofo Alberto Magno, ou "Alberto, o Grande" (1200-1280), o autor mais prolífico de sua época e um defensor da ciência natural; o inglês Roger Bacon (1220-1292), principal advogado da ciência experimental na Idade Média; e o francês Nicholas Flamel (1330-1418), que estudou Astrologia e Cabala, além de Alquimia, e afirmava ter realizado a proeza de fazer ouro.

Possivelmente, o maior alquimista de todos foi o médico alemão Aureolus Paracelsus (Paracelso) (1493-1541). Ele assumiu o nome de *para-Celsus* ("além de Celsus") porque se considerava maior que Celsus, o famoso médico romano do século I Paracelso defendia a visão hermética de que a vida humana era inseparável da vida do Cosmos. A ele se atribui o início do que mais tarde seria a ciência da Farmacologia.

Os textos clássicos de Alquimia são ricos em simbolismo e alegoria. Alguns desses tratados continham pouco mais que ilustrações e impressões alquímicas. *Atalanta Fugiens*, ou "Atalanta em Fuga", de Michael Maier (1568-1622), um antigo rosa-cruz, e *The Book of Lambsprinck* (1625) são exemplos de livros ilustrados de Alquimia (ver figura 23).

*Figura 23: Enquadramento do círculo: um desenho alquímico originário da Atalanta Fugiens*

Outro exemplo é *Splendor Solis* ou "O Esplendor do Sol", atribuído a Salomon Trismosin (1598). Trismosin teria visitado adeptos da Alquimia, tendo sucesso em suas operações alquímicas por meio de "livros cabalísticos e mágicos na língua egípcia". Obras de Alquimia contendo numerosas ilustrações abordavam muito menos os aspectos práticos da Alquimia em laboratório que o conhecimento esotérico da Alquimia espiritual e a sublimação da alma humana. Esses livros teriam se tornado os livros-texto ilustrados do movimento Rosa-Cruz. "Alquimia não é apenas uma arte ou ciência que trata da transmutação metálica, mas também uma ciência sólida e verdadeira que ensina como conhecer o centro de todas as coisas, que na linguagem divina é chamada de o Espírito da Vida."[167] A contemplação de diagramas alquímicos e simbolismo pictórico tem o objetivo de intrigar e inspirar o observador em muitos níveis — conscientes e inconscientes — e falar diretamente à alma humana a respeito da verdadeira natureza do "ouro" do alquimista.

## *Os princípios da Alquimia*

Em sua costumeira definição limitada, Alquimia é uma ciência empírica que estuda a transmutação de metais inferiores em ouro. Para muitos, a palavra Alquimia conjura a imagem de um laboratório rudimentar, em que pseudocientistas se empenham em converter chumbo em ouro para que possam viver o resto da vida em luxo e abundância. Infelizmente, a história da Alquimia não passa sem seus embusteiros e "fanfarrões".[168]

Entretanto, o principal interesse de muitos filósofos alquímicos era espiritual. Esses alquimistas não se limitavam a procurar a substância do ouro; eles queriam dar a qualidade do ouro ao seu próprio ser — transmutar os metais inferiores (as partes rudimentares e impuras de sua natureza pessoal) em ouro espiritual (sabedoria divina). Para eles, o ouro — o metal que nunca mancha e não pode ser corrompido por fogo ou água — era um símbolo de iluminação e salvação.

---

167. Pierre-Jean Fabre, *Les Secrets chymiques*, 1636, citado por Stanislas Klossowski De Rola, *Alchemy the Secret Art* (New York: Bounty Books, 1973), 8.

168. Em inglês, *puffers*, nome pejorativo dado pelos verdadeiros alquimistas àqueles que, na ignorância do propósito sublime da arte, abusavam na tentativa de fazer "ouro de tolo".

O corpo externo da Alquimia é a Química; na verdade, ela é ancestral da Química moderna. Os campos especializados de Herbalismo, Mineralogia, Ciência natural, Química, Farmacologia e Medicina evoluíram a partir da ciência-mãe conhecida como Alquimia. Mas, além de ser uma ciência, essa antiga arte é também uma filosofia. A Alquimia é a ciência que se baseia na multiplicação e no fenômeno natural do crescimento; é o processo de aumentar e melhorar aquilo que já existe. Alquimia é evolução, a elevação de vibrações.

Os praticantes da arte consideravam a natureza o maior de todos os alquimistas, fazendo com que as sementes latentes de toda a vida (animal, vegetal ou mineral) se multiplicassem e crescessem pelo ato de transmutação. Um objetivo dos alquimistas era realizar em laboratório, na medida do possível, os processos que a natureza executa no Universo manifesto. Eles não só tentavam duplicar essas operações naturais, mas ainda realizá-las em um período de tempo relativamente curto — acelerando processos que a natureza levava um tempo enorme para completar:

> A visão que o metalurgista tem dos metais é muito diferente da visão do alquimista. Para este, os metais são seres vivos, embora ainda não feitos em forma permanente, do mesmo modo como o fazendeiro vê o milho antes de ser convertido em pão. Ambos contêm a semente do crescimento. Sob variadas condições, essa semente pode ser transformada pela natureza ou pode morrer, mas é sempre a natureza que faz o trabalho. O fazendeiro conhece as diferentes condições pelas quais as plantas podem se multiplicar, e o alquimista, por sua vez, deve saber qual tratamento os metais exigem da natureza para produzir seu resultado especial e característico, e as virtudes do metal certo para produzir a Pedra Filosofal... Para compreendermos bem como a mente do alquimista funcionava, é importante saber que ele acreditava que os metais têm vida, assim como os animais e vegetais.[169]

Muito do que se falou até agora de Alquimia tem a ver principalmente com a Alquimia física, de laboratório ou prática. Esse tipo de Alquimia é focado na transformação de metais e minerais, bem como de matéria animal e vegetal, em substâncias superiores, pedras, remédios e elixires de cura. Muito mais interessante para o estudante da Golden Dawn, porém, é o tipo de Alquimia conhecido como Alquimia teórica ou espiritual, que lida com a evolução humana. Os

169. Lapidus, *In Pursuit of Gold* (New York, NY.: Samuel Weiser, Inc., 1976), 18.

dois tipos de Alquimia, porém — prática e teórica — enfatizam que o alquimista deve se empenhar até aperfeiçoar o objetivo de seus experimentos alquímicos.[170] É impossível refinar uma sem refinar a outra.

Alquimia é a arte da transformação. Não é uma arte fácil de entender porque os textos clássicos de Alquimia foram deliberadamente escritos em fábulas e charadas para proteger a arte sagrada de uma possível perseguição religiosa e da ignorância dos profanos. Veja, por exemplo, o seguinte verso alquímico de *The Marrow of Alchemy*, ou o "Tutano da Alquimia", de Philalethes (Filalete):

> A Saturno, Marte se une com vínculos de amor,
> Que por ele é devorado com poderosa força,
> Cujo espírito o corpo de Saturno divide,
> E os dois, combinados, geram uma fonte secreta,
> Da qual flui uma água de pura clareza,
> Na qual o sol se projeta e perde sua luz.[171]

Nesse poema, Saturno é uma referência ao antimônio (um veneno que, em determinadas doses, age como um poderoso remédio, enquanto Marte é o ferro, e o Sol representa o ouro. O meio primário da expressão alquímica é o uso da alegoria do simbolismo mitológico, que pode ser interpretado ao mesmo tempo em nível material e místico. No jargão esotérico da Alquimia teórica, até mesmo o equipamento básico de laboratório da Alquimia prática se torna símbolo para vários princípios espirituais.

A meta primária da Alquimia é conduzir todas as coisas, principalmente a humanidade, ao seu estado preordenado de perfeição. Com essa finalidade, a teoria alquímica afirma que a sabedoria eterna se encontrará dormente na humanidade enquanto persistir o estado mundano de ignorância e superficialidade. O objetivo da Alquimia é a revelação dessa sabedoria interior, e a remoção dos véus e obstáculos entre a mente e sua intrínseca fonte divina pura.

170. Essa visão é dos alquimistas praticantes da atualidade, embora não se aplique necessariamente a todos os alquimistas medievais, alguns dos quais trabalhavam por motivos mercenários e para lucro pessoal. Outros, sem dúvida, eram inspirados com o espírito da investigação científica.

171. Citado em Lapidus, 78.

Uma das principais premissas da Alquimia é que todas as coisas no Universo derivam do material primário chamado de *prima materia* ou "primeira matéria" — substâncias complexas divergem entre si apenas porque contêm substâncias compostas e diferentes atributos. Quando esses atributos são removidos por meio do processo alquímico, a primeira matéria é revelada. Esse é um dos passos iniciais na criação da Pedra Filosofal, que representa a verdadeira realização e iluminação espiritual.

As premissas básicas da Alquimia podem ser descritas da seguinte maneira:

1) O Universo tem uma origem divina. O Cosmos é uma emanação do Único Ser Divino Absoluto; portanto, Tudo é Um.
2) Toda manifestação física existe em virtude de uma Lei de Polaridade ou Dualidade. Qualquer conceito pode ser suficientemente definido em relação ao seu oposto: macho-fêmea, sol-lua; espírito-corpo, etc.
3) Toda manifestação física, vegetal, animal ou mineral (os chamados Três Reinos) é composta de espírito, alma e corpo: os três Princípios Alquímicos de mercúrio, enxofre e sal.
4) Todo trabalho alquímico, seja trabalho prático em laboratório ou da Alquimia espiritual, consiste em três processos evolucionários básicos: separação, purificação e coobação (ou recombinação). Esses três processos evolucionários também são obra da natureza.
5) Toda matéria é composta dos quatro elementos: fogo (energia termal), água (líquido), ar (gás) e terra (sólido). O conhecimento e o uso habilidoso dos quatro elementos são partes essenciais do trabalho alquímico.
6) A Quintessência ou "quinta essência" está contida nos quatro elementos, mas não é um deles. Ela é um dos três Princípios essenciais, também chamado de Mercúrio Filosófico.
7) Tudo se move em direção ao estado preordenado de perfeição.

Em sua forma mais alta, a Alquimia:

> ... pertence a uma realidade oculta da mais alta ordem que constitui a essência subjacente de todas as verdades e todas as religiões. A perfeição dessa essência é chamada de o Absoluto, o qual só pode ser notado e percebido como a Beleza da Beleza, o Amor do Amor e o Altíssimo, se a consciência for radicalmente alterada e transmutada do nível ordinário (como chumbo) da percepção cotidiana em um nível sutil (como ouro) de percepção, de modo que todo objeto é visto em sua forma arquetípica, que está contida no Absoluto... A Alquimia é um arco-íris que cobre o abismo entre os planos terrestre e celestial, entre a matéria e o espírito. E, como o arco-íris, ela pode parecer acessível, só se esvaecendo quando o único objeto de busca é um pote de ouro. A sagrada ciência secreta, antiga e profunda da Alquimia, a arte real e sacerdotal, também chamada de Filosofia Hermética, esconde em textos esotéricos e emblemas enigmáticos o meio de penetrar os próprios segredos da Natureza, Vida e Morte, da Unidade, Eternidade e Infinidade.[172]

## *Alquimia na Golden Dawn*

É a Alquimia espiritual, diferente da arte química pura, que a Golden Dawn enfatiza. A iniciação de um mago aspirante no grau de Neófito dá início ao processo espiritual/alquímico. O Neófito é o material inferior (chumbo) que deve ser transmutado em ouro pela arte do caminho hermético. Outras iniciações aos graus elementais são análogas aos processos alquímicos de separação e purificação.

A iniciação nos graus do Portal e Adepto representa a coobação ou recombinação dos componentes elementais primários da psique do mago em um todo purificado. Referências alquímicas e simbolismo são abundantes nas cerimônias de iniciação desses graus. Mas o processo de transformação alquímica não para aqui. O Adepto deve incorporar a Quintessência do Espírito em seu ser, um feito que pode levar a vida inteira. Essa Grande Obra, a busca pelo ouro espiritual, é uma longa jornada. Embora a meta esteja distante, cada passo no caminho é infinitamente recompensador.

172. Klossowski De Rola, *Alchemy the Secret Art*, 7.

Na Ordem Externa da Golden Dawn, os estudantes devem estudar vários termos, símbolos e princípios da Alquimia. Não precisam praticar Alquimia de laboratório, mas devem se dedicar ao estudo da Alquimia espiritual.

Nos ensinamentos da Segunda Ordem, uma das fórmulas Z-2 da Magia de Luz esboça um experimento alquímico prático que é realizado em ambiente ritual completo.[173]

*LEITURA RECOMENDADA*

*The Philosopher's Stone*, de Israel Regardie (St. Paul, Minn.: Llewellyn Publications, 1978).

*Alchemy*, de Titus Burckhardt (Great Britain: Element Books, 1986).

*Psychology and Alchemy,* de C. G. Jung, traduzido por R. F. C. Hull (Princeton, NJ.: Princeton University Press, 1980).

*The Golden Game: Alchemical Engravings of the Seventeenth Century*, de Stanilsas Klossowski De Rola (London: Thames and Hudson, 1988).

*Jung and the Alchemical Imagination*, de Jeffrey Raff (York Beach, Maine: Nicolas-Hays, Inc., 2000).

## *Skrying* e Trabalho Astral

A palavra *skry* deriva do antigo termo inglês *descry*, que significa "ver" ou "observar". Ela se refere a uma forma de clarividência que geralmente emprega espelhos, cristais ou outros objetos de observação para ajudar na concentração da pessoa, treinar suas habilidades psíquicas e permitir que as visões espirituais venham para a consciência normal desperta. É o ato consciente de perceber, pelos meios subconscientes, eventos que estão fora do alcance dos sentidos normais. *Skrying* envolve enxergar não com os olhos físicos, mas com o olho da mente, o mundo astral — a matriz invisível subjacente a toda manifestação física. Uma pessoa que pratica essa arte é frequentemente chamada de vidente ou *skryer*.

173. Ver Regardie, *The Golden Dawn*, 395-400.

### *Perspectiva histórica*

Durante séculos, os videntes observaram cristais, espelhos, chamas, água e uma série de outros instrumentos como veículos para a vidência. Uma bacia com água, uma lâmpada a óleo, metal polido, pedras preciosas polidas, ou qualquer outra superfície reflexiva, estão entre os vários itens que foram empregados com esse propósito.

Na antiga Grécia, os videntes costumavam observar cursos de água fresca que eram reverenciados de forma especial para a prática de *skrying*. Em seu livro *Description of Greece*, o geógrafo Pausânias (143-176 d.C.) descreveu uma nascente usada para esses fins em Patrae:

> Eles amarram um espelho em um cordão fino e o abaixam de maneira que não afunde na água, mas apenas toque sua superfície. Então, após orar à deusa e queimar incenso, eles olham para o espelho e este lhes mostra a pessoa doente viva ou morta. Tão verdadeira é essa água.[174]

Tão venerados eram esses cursos de água que um córrego em Taenarum perdeu seu valor como local para *skrying* depois que uma mulher lavou suas roupas nele.

Os romanos, por outro lado, pareciam dar pouco valor a essa prática. Mas no mundo islâmico, assim como na Europa medieval, essa forma de vidência era comum. Videntes europeus corriam o risco de ser condenados pela Igreja.

Um famoso mago cujo trabalho de *skrying* teve uma grande influência sobre os fundadores da Golden Dawn foi o dr. John Dee* (1527-1608), um estudioso e filósofo que era o astrólogo pessoal da rainha Elizabeth. Usando um cristal especial, Dee e seu associado Edward Kelly, que dos dois era o verdadeiro vidente, registraram inúmeras visões de anjos. O trabalho deles se tornaria a fundação da Magia Enochiana.

---

174. Citado por Christopher McIntosh, de um artigo publicado na *Encyclopedia of the Unexplainde, Magic, Occultism and Parapsychology*, de Richard Cavendish (New York: McGraw-Hill Book Company, 1974), 222.

* N.E.: Sugerimos a leitura de *John Dee*, coletânea de Gerald Suster, Madras Editora.

No século XIX, os cristais de *skrying* do vidente rosa-cruz Frederick Hockley também exerceu uma profunda e imediata influência sobre os criadores da Golden Dawn, que eram seus contemporâneos.

## *Os princípios do* skrying

No capítulo 3 estudamos uma das leis da Magia desenvolvida em torno da ideia da luz astral, de Levi, uma substância invisível e fluídica que permeia todas as coisas no Cosmos. A manipulação sutil dessa substância astral é um dos procedimentos essenciais da Magia.

A Cabala ensina que tudo no Universo é criado ou "pré-fabricado" no mundo astral de Yetzirah antes de se manifestar no mundo físico. O plano astral é um nível de realidade superior ao mundo físico, mas inferior ao mundo espiritual. É um lugar que fica no meio — um reino de reflexões, imagens e sonhos. Esse reino é a matriz invisível subjacente a todas as formas físicas. Todas as coisas se manifestam no mundo astral antes de se manifestarem no mundo físico.

O plano astral é algumas vezes chamado de Casa do Tesouro das Imagens e diz-se que ele inclui o Registro Akáshico ou a Biblioteca Akáshica — uma parte do astral que supostamente contém todas as memórias e experiências da humanidade no curso da História, envolta na substância do éter. Assim, o Registro Akáshico existe fora de nosso conceito de tempo e espaço, contendo, então, informações a respeito de eventos futuros e memórias passadas. Ele é acessível àqueles videntes que alcançaram um determinado nível de pureza psíquica e habilidade na prática de *skrying*; mas, em ocorrências esporádicas, psiques menos desenvolvidas conseguem ter visões breves e distorcidas do Registro. Esse "estoque" de imagens pode ser usado por videntes habilidosos para obter conhecimento, que é universal e eterno. Não obstante, o vidente deve sempre se precaver contra a ilusão astral do autoengano. Um *skryer* deve ter a capacidade de saber a diferença entre fato astral e ficção astral. Essa é a razão pela qual o método do *skrying* é uma habilidade que deve ser cuidadosamente praticada, afiada e testada em veracidade repetidas vezes.

O trabalho astral é um instrumento muito importante para aprender como as coisas funcionam nos mundos não físicos. Com ele, o mago aprende a entrar em contato com reinos espirituais, examinar sua paisagem e trazer de volta valiosas informações. Estamos nos referindo às visões astrais controladas — experiências intensas e significativas que são compreensíveis por completo. Nessas visões, o vidente mantém total controle de seus poderes de escolha, força de vontade e julgamento. Por meio dessas experiências, o mago é capaz de alcançar os níveis mais profundos daquilo que Carl Jung chamou de inconsciente coletivo, ou que os filósofos herméticos denominaram *Anima Mundi* — a alma do mundo (ver figura 9).

Independentemente do objeto ou meio usado na prática de *skrying*, o vidente percebe as informações apenas por meio da mente. A mente então traduz essa informação em uma forma que a consciência normal possa compreender. A mente subconsciente comunica-se com a mente consciente por meio de símbolos e sensações. Em *skrying,* a mente traduz a informação percebida em uma imagem, uma visão dinâmica, uma impressão de sentido ou mesmo uma sensação audível.[175]

## *O trabalho astral na Golden Dawn*

As práticas de *skrying* e projeção astral na tradição da Golden Dawn podem ser descritas como uma forma de auto-hipnose que usa símbolos para provocar mudanças na consciência. A partir desses níveis mais elevados de consciência, o mago, com frequência, tenta ver as causas subjacentes das coisas — resolver um problema a partir de um ângulo ou perspectiva superior — penetrar a máquina do Universo e ver exatamente o que a faz funcionar.

Nos graus da Ordem Externa da Golden Dawn, os estudantes são encorajados a contemplar e meditar vários símbolos que são associados a seus respectivos graus. Contudo, eles não são encorajados a usar essas imagens como objetos de *skrying* nem a praticar *skrying* nesse estágio de seu desenvolvimento mágico; assim como também não são incentivados a assumir formas divinas. Esse tipo de trabalho astral é ensinado e realizado apenas na Segunda Ordem. Os símbolos utilizados em *skrying* podem ser qualquer coisa — cartas Tattva; triângulos elementais ou alquímicos; cartas de Tarô; símbolos astrológicos; tetragramas geomânticos; sigilos; pirâmides enochianas, etc. Todos esses símbolos podem ser usados como portais astrais para o trabalho visionário.

175. Ouvir sons ou vozes é considerado clariaudiência, em oposição à clarividência.

A Segunda Ordem da R.R. et. A.C. emprega três métodos de clarividência, embora eles não sejam facilmente distinguidos um do outro. São eles: *Skrying* na Visão Espiritual (ou apenas *skrying*); Viagem na Visão Espiritual (viagem astral ou projeção astral); e Ascensão aos Planos. Essas três técnicas podem ser descritas como ver, viajar e ascender.[176]

Em 1892, duas adeptas da Golden Dawn, Florence Farr e Elaine Simpson, foram coautoras de uma palestra rotulada "Flying Roll Number 4", que recebeu o título de "Um exemplo de como obter a visão espiritual e o que foi visto pelas duas adeptas". Elas assim descreveram de forma resumida seu método e experiência pessoal de uma visão pela prática de *skrying*:

> Fique totalmente livre de qualquer interrupção por uma hora ou mais. Então, sozinho, ou com um ou dois Adeptos, entre na câmara, ou em uma câmara privada. Permaneça em silêncio e contemplação por vários minutos.
>
> Levante-se e faça a Cruz Cabalística e a oração. Depois, proceda à contemplação de um objeto, por exemplo uma carta de trunfo do Tarô: colocando-a à sua frente e olhando-a fixamente, até que pareça estar enxergando através dela; ou colocando-a na testa ou em outro lugar e mantendo os olhos fechados; nesse caso você deverá ter estudado a carta previamente — seu simbolismo, cor, analogias, etc.
>
> Em ambos os casos, você deve se aprofundar no ideal abstrato da carta; tornando-se indiferente por completo àquilo que o cerca... Considere todo o simbolismo da carta do Tarô, depois tudo o que está implicado em suas letras, número, situação e caminhos a ela ligados.
>
> A visão pode começar pela concentração, entrando em um estado de devaneio; ou com uma distinta sensação de mudança; algo próximo a uma sensação de desmaio, com um sentimento insistindo para que você desanime, mas, se estiver altamente inspirado, não tenha medo, não resista; deixe-se levar; e então a visão chegará a você.[177]

176. Para mais informações acerca desses três procedimentos, ver Regardie, *The Golden Dawn*, 455-478. Ver também nossa edição de *A Garden of Pomegranates: Skrying on the Tree of Life*, de Regardie, capítulo 9, 193-215.

177. Ver Francis King, *Astral Projection, Ritual Magic and Alchemy*, 71.

No documento, Farr e Simpson prosseguem, descrevendo o que viram durante uma prática de *skrying* usando a carta do Tarô A Imperatriz.

Como um importante reino do macrocosmo maior, o plano astral é também o mundo interior da alma humana — uma dimensão interior. O mago observa esse mundo invisível procurando conhecimento esotérico. Utilizando-se de projeção astral, o mago entra nesse mundo e interage com anjos, elementais e outros seres. Quando os magos interagem com anjos e espíritos no plano astral, o que eles estão fazendo na verdade é trabalhar com aquelas partes ou arquétipos que existem como parte da própria estrutura psíquica do mago. Isso reflete o axioma hermético "como acima, também abaixo". Esses espíritos arquetípicos existem dentro da mente do mago, assim como existem em escala maior dentro da mente do divino criador do Universo. Interagir com um significa interagir com o outro.

Leitura recomendada

*Scrying for Beginners,* Donald Tyson (St. Paul, Minn.: Llewellyn Publications, 1998).

*Astral Projection, Ritual Magic, and Alchemy by S.L. MacGregor Mathers and Others,* editado por Francis King (Rochester, Vt.: Destiny Books, 1987).

*How to Make and Use a Magic Mirror: Psychic Windows into New World,* Donald Tyson (Blaine, Wash.: Phoenix Publishing, Inc., 1996).

*Projection of the Astral Body,* Sylvan Muldoon e Hereward Carrington (New York: Samuel Weiser, Inc., 1970).

## Magia Enochiana

Qualquer comentário sobre o sistema de Magia conhecido como enochiano tem de começar com a lenda e o mito da língua enochiana ou angelical, prosseguindo depois com os fatos do sistema enochiano, conforme se desenvolveram durante a era elisabetana.

## *A lenda de Enoch*

A história do profeta Enoch aparece pela primeira vez nas Escrituras Hebraicas, no livro do Gênesis 5:18-24. Enoch, o sétimo patriarca, teria "caminhado com Deus" durante 300 anos antes de "Deus levá-lo". No Novo Testamento, encontramos referência a Enoch na Carta aos Hebreus 11:5, que nos diz que o profeta foi "trasladado" (ou seja, transformado); não morreu, mas foi levado diretamente para o céu. O nome Enoch (ou, mais corretamente, Henoch) tem várias interpretações, entre as quais "mantenedor", "seguidor", "professor" ou "dedicado".

O *corpus* principal das lendas em torno de Enoch é encontrado em três livros apócrifos que narram a vida e as proezas do profeta. São eles *Enoch I* (também chamado de *Livro de Enoch* e *Enoch Etíope*), escrito no século II a.C.;[178] *Enoch II* (também conhecido como os *Segredos de Enoch* e *Enoch, o Eslavônio*),[179] e *Enoch III* (também chamado de *Enoch Hebreu*).[180]

Essas crônicas de Enoch descrevem a jornada celestial do profeta através dos sete céus, repleta de toda espécie de entidades espirituais: hostes de anjos e arcanjos, observadores, *grigris*, fênix, *chalkydri* e outras criaturas fantásticas. Chegando ao céu mais alto, Enoch encontra o Senhor Deus, que ordena a seus anjos que mostrem ao profeta um número de livros sagrados contendo todo o conhecimento do céu e da terra. Agindo como fiel escriba, Enoch registra o conteúdo da biblioteca divina em 366 livros para a instrução da

---

178. Enoch I foi descoberto na Abissínia, em 1773, por James Bruce. Foi traduzido de uma cópia etíope de um manuscrito grego, em 1821, por Richard Laurence, arcebispo de Cashel. [Ver Richard Laurence, *The Book of Enoch the Prophet* (San Diego, Calif.: Wizards Bookshelf, 1983)]. O original provavelmente foi escrito em aramaico. Antes considerado de origem pós-cristã, recentes descobertas de cópias desse texto entre os Pergaminhos do Mar Morto provam que o livro é anterior à Era Cristã. Há numerosas evidências de que os primeiros cristãos aprovavam o livro. O Novo Testamento contém mais de 100 frases que encontram precedentes no Livro de Enoch.

179. Uma cópia de Enoch II, escrito na língua eslavônia, foi descoberta em 1886 na Biblioteca Pública de Belgrado pelo professor Sokolov. Provavelmente foi copiada de uma versão grega de um texto original hebraico ou aramaico. Composto no Egito, esse texto remonta ao início da Era Cristã. Não há dúvida de que os autores do Novo Testamento receberam forte influência desse material. Ele foi traduzido por Morfill e Charles, em 1896. Ver Rutherford H. Platt, *The Forgotten Books of Eden* (New York: Bell Publishing Co., 1980), 81-105.

180. Enoch III foi traduzido por Hugo Odeburg em 1922 e publicado em 1928. Esse texto é uma versão da literatura *Hekhaloth*.

humanidade. Consequentemente, os segredos dos reinos celestes e o curso predeterminado dos eventos humanos lhe foram revelados. O *Livro Hebraico de Enoch* sugere que, quando ele ascendeu ao céu, o profeta foi transformado no arcanjo Metatron, "o grande escriba" e rei de todos os anjos.[181]

Tão grande era a reverência por Enoch que os magos e ocultistas o associaram ao deus egípcio Thoth, Hermes dos gregos e Cadmus dos fenícios — todos inventores de alfabetos.[182]

### *O sistema enochiano de John Dee*

A verdadeira origem do sistema enochiano encontra-se no *skrying* cerimonial dos ingleses, dr. John Dee e Edward Kelly, no fim do século XVI. O dr. Dee (1527-1608) foi um dos mais distintos pensadores de sua época — um filósofo hermético, alquimista, mago e também um respeitado cientista, matemático e astrônomo. Depois de lecionar e ministrar palestras no continente por dois anos, Dee voltou à Inglaterra, em 1551, onde passou os 30 anos subsequentes ensinando navegação oceânica a capitães-do-mar que desejavam explorar o novo mundo. Também passou muito tempo estudando as ciências ocultas. Dee foi preso por praticar Magia e preparar horóscopos em 1555, mas foi libertado depois de alguns meses. Após a morte da rainha católica Mary Tudor, em 1558, a tolerância religiosa ganhou certa firmeza na Inglaterra, conferindo aos magos e cientistas a liberdade para trabalhar. Dee acabou atraindo a atenção da jovem rainha Elizabeth I, e lhe pediram para formular um horóscopo que mostrasse a data mais favorável para sua coroação (15 de janeiro de 1589). Embora fosse procurado por muitos dignitários estrangeiros, ele resolveu permanecer no devoto serviço à sua rainha, que o consultava regularmente a respeito de questões astrológicas e outros temas místicos.

Por volta de 1570, Dee mudou-se para Mortlake, onde acumulou uma coleção de quase 3 mil livros impressos e mil manuscritos. Sua biblioteca particular superava qualquer outra na Inglaterra naquela época. A casa de Dee tinha bastante espaço para livros e todo o seu aparato científico.

---

181. Ver Karel Van der Toorn, Bob Becking e Pieter W. Van der Horst, *Dictionary of Deities and Demons in the Bible* (Grand Rapids, Mich.: Eerdmans/Brill, 1999), 303.
182. Lewis Spence, *An Encyclopedia of Occultism* (New York: Citidel Press, 1996), 148.

Além de suas pesquisas mágicas, as contribuições de Dee para as áreas de Geografia, Navegação, Filosofia, Mecânica, Óptica, Matemática, Medicina, Criptografia, Teologia e Astronomia não foram poucas. Ele era um verdadeiro homem da Renascença — com inclinações místicas e brilhante em todos os estudos intelectuais de sua época.

Foi em Mortlake que o interesse de Dee pela Magia angelical começou de fato. Sua técnica envolvia a adivinhação com cristais e espelhos (*skrying*) combinada com alguns dos métodos descritos nos *Três Livros de Filosofia Oculta*[183] de Agrippa. Uma deficiência no trabalho de Dee era o fato de ele mesmo não ser um hábil vidente. Para amenizar o problema, ele empregava alguns *skryers* para se comunicar com anjos, assumindo para si a função de escriba e registrador.

Em 1582, Dee conheceu Edward Talbot, que posteriormente assumiria o nome de Edward Kelly, o qual se revelou um excelente vidente para os propósitos de Dee, e os dois começaram uma rigorosa rotina, quase diária, da prática de *skrying*, que levou sete anos, resultando em volumes de comunicações angelicais que foram meticulosamente registradas nos diários de Dee. O método de comunicação dos dois com os anjos era complexo, e todos os seus aspectos, incluindo a construção de móveis adequados e vários itens mágicos, foram ditados pelos próprios anjos. Os magos receberam a instrução de fazer uma mesa mágica, a *Tabula Sancta* (Mesa Sagrada ou Mesa de Prática), o *Sigillum Dei Aemeth* (o "Selo da Verdade", um pentáculo de cera de 9 polegadas inscrito com desenhos complexos), sete talismãs adicionais, um anel mágico, um espelho mágico e uma nova *shewstone* ou cristal.

Munido desses dispositivos, os dois magos se puseram a trabalhar: Kelly sentava-se à Mesa de Prática, sobre a qual eram colocados selos mágicos e pentáculos de cera. Ele fixava os olhos no cristal. Dee se sentava a outra mesa, segurando uma espécie de mapa, dividido em 49 por 49 quadrados, cada um contendo uma letra. Quando Kelly começava o processo de *skrying*, ele afirmava ver um anjo segurando um mapa semelhante em uma mão e uma varinha na outra. O anjo, então, comunicava-se com Kelly apontando com a varinha para uma

183. Ver Robert Turner, *Elizabethan Magic* (Great Britain: Element Books, 1989), 19.

letra no mapa. Kelly descrevia a coluna e a fileira da letra para que Dee a encontrasse em sua folha. Usando essa técnica, uma série de mensagens angelicais era decifrada, letra por letra. Além disso, a mensagem era ditada a eles da maneira correta. No decorrer de sete anos, os anjos transmitiram uma vasta quantidade de material a Dee e Kelly — material que continha a complexidade do sistema enochiano em alguns subsistemas distintos ou diferentes aspectos dos sistema de Dee de Magia angelical. Os mais importantes são listados abaixo.

Um dos primeiros subsistemas a surgir foi o *Heptarchia Mystica* ("Os Mistérios do Reino Sétuplo", ou literalmente "A respeito do Domínio Sétuplo Místico"),[184] um sistema de Magia planetária enochiana contendo os nomes, sigilos e invocações de anjos ligados aos sete planetas ptolemaicos. O *Heptarchia* inclui um diagrama circular chamado *Tabula Angelorum Bonorum 49* — "A Tábua dos 49 Bons Anjos".

Em 26 de março de 1582, os anjos transmitiram uma série de 21 caracteres hieroglíficos — as letras de toda uma língua, com sintaxe e alfabeto únicos. Era a língua angelical ou enochiana. Cada letra recebia um nome e se correlacionava ao seu equivalente em latim.[185]

De 29 de março a 6 de abril de 1583, os anjos ditaram a primeira parte de *Liber Logeath* (também chamado de *O Livro de Enoch*, *Liber Myseriorum Sextus et Sanctus* ou *O Livro da Fala de Deus*).[186] *Liber Logeath* contém vários fólios, incluindo numerosas invocações e uma grande quantidade de tabelas de dois lados com 49 por 49 quadrados contendo as letras e números. *Liber Logeath* foi completado em 6 de maio de 1583, de acordo com a programação dos anjos.

*A Tábua Redonda de Nalvage*: em 10 de abril de 1584, foi estabelecido contato com um anjo chamado Nalvage, que comunicou a criação de uma tábua que seria usada para alocar as devidas funções de várias hierarquias angelicais.

---

184. Ver Robert Turner, *The Heptarchia Mystica of John Dee* (Wellingborough, Northamptonshire: The Aquarian Press, 1986), 75.

185. Não se trata do alfabeto enochiano citado em várias enciclopédias maçônicas. Ver Albert G. Mackey e Charles T. McClenachan, *Encyclopedia of Freemasonry* (New York: The Masonic History Company, 1924), Vol. Um, 246.

186. Ver Turner, *Elizabethan Magic*, 22.

De 13 de abril a 13 de julho de 1584, os anjos ditaram mais três subsistemas enoquianos mais ou menos interligados. Eram eles *48 Claves Angelicae*, *Liber Scientiae Auxillli et Victoriae Terrestris* e *Um Livro de Súplicas e Invocações* (*A Book of Supplications and Invocations*).

Usando o *Liber Logeath* de uma maneira que, desde então, se perdeu para nós, Dee e Kelly geraram *48 Claves Angelicae* ("O Livro de 48 Chaves Angelicais"). Tratava-se de uma série de "Chaves", "Chamados" ou invocações passados na língua enochiana e traduzidos para o inglês. Muitas dessas invocações são comparáveis, em estilo, às passagens do livro do Apocalipse.[187]

*Liber Scientiae Auxilii et Victoriae Terrestris* ("O Livro do Conhecimento, Ajuda e Vitória Terrestre"): Esse livro contém um intricado sistema de Magia que se baseia em uma grade de letras chamada "a Grande Tábua das Sentinelas", que consistia em quatro torres de Sentinela, do Leste, Oeste, Norte e Sul.[188] Encontrando-se na Grande Tábua, as Sentinelas eram ligadas por uma cruz central de quadrados chamada de "Cruz Negra".[189] *Liber Scientiae Auxilii et Victoriae Terrestris* também contém um volume de material associado aos nomes dos 29 "Governantes" dos 30 *Aethyrs* ou "Ares", que eram os vários reinos espirituais enochianos. Inclui instrução de como os sigilos desses nomes podem ser construídos. Esse livro está ligado às *48 Claves Angelicae* por meio do último "Chamado dos Aethyrs".

*O Livro das Súplicas e Invocações*[190] oferece extensa informação sobre as hierarquias angelicais associadas às quatro Sentinelas, incluindo invocações para chamá-las.

---

187. De acordo com os ensinamentos posteriores da Golden Dawn, havia 19 Chaves, mas apenas 18 que pudessem ser exprimidas oralmente. (Há uma Chave arquetípica que se relaciona à pureza do Divino. Como a carta do Bobo, no Tarô, seu número é 0.) A primeira Chave discernível é atribuída à Tábua da União como um todo, a segunda Chave, à regência do Espírito na Tábua da União. As quatro Chaves seguintes são atribuídas aos anjos das quatro Tábuas da Sentinela, como um todo. As 12 seguintes são atribuídas aos vários setores de cada Tábua. Em seguida, vêm as Chaves atribuídas aos 30 *Aethyrs* ou "Ares", que eram vários reinos espirituais enochianos. Só uma Chave havia para esses 30 reinos — o nome do *Aethyr* específico usado na Invocação é a única variante.

188. Mais tarde se tornariam as quatro tábuas Elementais ou das Sentinelas da Golden Dawn.

189. Posteriormente, a Golden Dawn empregou as letras da Cruz Negra para formar a Tábua da União, atribuída à Quintessência ou ao elemento superior do Espírito.

190. Ver nota 24, página 29, de Turner, *Elizabethan Magic*.

Dee e Kelly viajaram juntos pelo continente, onde continuaram a praticar suas comunicações angelicais. Foram bem recebidos em suas viagens por aficionados nas Cortes das artes ocultas. Após percorrer a Europa por seis anos, Dee retornou à Inglaterra em 1589. Kelly ficou em Praga para dar prosseguimento aos seus experimentos alquímicos, mas foi preso e, depois, morreu. Após a morte da rainha Elizabeth, em 1603, Dee perdeu sua patronagem real. Empobrecido, ele morreu em 1608, em sua casa, em Mortlake, com 76 anos de idade.

## *Magia enochiana da Golden Dawn*

Cerca de 300 anos mais tarde, o sistema enochiano de John Dee e Edward Kelly foi incorporado nos ensinamentos internos da Ordem Esotérica da Golden Dawn. Mas só quando S. L. MacGregor Mathers o integrou ao currículo da Golden Dawn, o sistema enochiano de Magia se tornou um sistema verdadeiramente efetivo e potente. Embora Dee e Kelly tivessem registrado o sistema que lhes fora dado pelo anjos, fizeram pouco ou nenhum trabalho prático com ele:

> Apesar da evidente sofisticação desses sistemas comunicados, é estranho observar que só o único exemplo prático real do uso de Dee de quaisquer das técnicas transmitidas vem de sua aplicação do *Heptarchia Mystica*, anterior e não refinado.... Foi essa Tábua [*Tabula Angelorum Bonorum 49*] que forneceu a base para o único exemplo registrado de Magia talismânica a ser extraído das Ações Angelicais. Ademais, parece que os caracteres do Alfabeto Angelical foram empregados aqui pela primeira vez com um propósito definido.[191]

Claro que talvez nós nunca venhamos a conhecer toda a extensão do sistema utilizado por Dee, pois, em determinada ocasião, uma empregada sem juízo usou metade de seus manuscritos para secar pias e atiçar o fogo. De qualquer forma, o sistema enochiano não chegou nem perto de seu pleno potencial, até ser adaptado pela Golden Dawn.

> Aquilo que distingue a Magia Enochiana, conforme ensinada pela Golden Dawn, é o que possibilita uma síntese efetiva e poderosa da filosofia oculta, tanto teórica quanto prática. Nas mãos de Dee e Kelly, o material enochiano era uma coletânea inútil de letras e quadrados; e enquanto Kelly o temia e Dee o reverenciava, o fato

191. *Ib.*, 25.

> é que nenhum dos dois fez coisa alguma com toda a informação. Mas, nas mãos de MacGregor Mathers e seus colegas, o sistema enochiano se revelou um verdadeiro ponto de convergência de todas as forças no microcosmo *sephirótico*, elemental, planetário e astral. Ele fundia Cabala, Tarô, Astrologia e Geomancia em um campo psicológico unificado. Seu mapa dos planos é o mais detalhado e, ao mesmo tempo, o mais prático que eu já encontrei. Em suma, o método funciona: ele destranca as portas da mente como nenhum outro sistema jamais publicado... Ao mesmo tempo, não quero sugerir que o sistema enochiano organizado pelos fundadores da Golden Dawn seja completo e perfeito, acima de qualquer possibilidade de melhorias.[192]

O sistema enochiano faz parte do currículo da Golden Dawn desde a primeira elaboração dos rituais de iniciação nos fólios do Manuscrito Cifrado. Nomes enochianos divinos, bem como as Tábuas da Sentinela das quais foram tirados (ver figura 24), são apresentados ao estudante nos graus de Zelator até o de Portal. Entretanto, o sistema enochiano não é estudado pelo aluno até ele entrar na Segunda Ordem e se tornar um Adeptus Minor.

É verdade que o sistema enochiano desenvolvido pela Golden Dawn difere em muitos aspectos do sistema inicial colhido por John Dee. Alguns autores sugerem que o sistema de Dee mais antigo é "mais puro" que o da Golden Dawn. Outros insinuam que o sistema enochiano de Dee foi elaborado para gerar o *Apocalipse* descrito na Bíblia. Talvez tenha sido por medo do sistema que alguns grupos inicialmente fundados com base nos ensinamentos da Golden Dawn resolveram remover de uma vez por todas o sistema enochiano.

Se os fundadores da Golden Dawn pensassem que a Magia apocalíptica era o verdadeiro propósito do sistema enochiano, eles certamente nunca o teriam incluído no currículo da Ordem — os Adeptos jamais teriam considerado sequer a hipótese de praticá-lo ou ensiná-lo a outros. Do mesmo modo, os magos da Golden Dawn atual não aceitam a teoria enochiana apocalíptica.

192. Thomas Head, "An Introduction to the Enochian Teaching and Praxis", publicado em *The Complete Golden Dawn System of Magic*, de Israel Regardie (Phoenix, Ariz.: Falcon Press, 1984), Vol. X, nº 2.

*Figura 24: Tábuas elementais da Golden Dawn; canto superior esquerdo, em sentido horário, ar, água, terra e fogo*

Seja como for, o sistema enochiano de Magia é muito poderoso. Anjos e arcanjos enoquianos parecem ser menos tolerantes quanto a erros que seus colegas hebreus. Eles não aceitam desaforo e, às vezes, se diz que os anjos enochianos "mordem". Não devem ser invocados à toa, por capricho ou motivos tolos.

O sistema enochiano, como qualquer sistema revelado por meio da adivinhação com *skrying*, é filtrado pela psique do adivinho. A clareza da visão depende da "transparência" psíquica do vidente, bem como da receptividade do mago. Nos diários de Dee, há exemplos em que os anjos enochianos, falando por intermédio de Kelly, foram repreendidos por Dee por sugerir ideias que soariam gnósticas demais aos ouvidos modernos, como, por exemplo, o conceito de reencarnação — algo que hoje em dia muitos leitores acham perfeitamente aceitável. Dee, porém, não estava disposto a ouvir coisas que ofenderiam sua fé. Ele tinha mais interesse em perguntar aos anjos a respeito de política mundial e assuntos estrangeiros. Não nos surpreende, portanto, que os anjos lhe comunicassem coisas que não o agrediam, como as invocações enochianas que parecem muito semelhantes às passagens apocalípticas do livro do *Apocalipse*, algo que Dee aprovaria.

Em nossa opinião, o verdadeiro propósito do sistema enochiano é oferecer um canal potente para as práticas teúrgicas. Com certeza, é o propósito para o qual ele é utilizado na Golden Dawn.

Nesse sentido, é importante enfatizar que o sistema enochiano da Golden Dawn, como todos os outros aspectos da Ordem, é uma tradição viva, passível de crescimento, experimentação, interpretação e mudança. O conhecimento da Golden Dawn da Magia enochiana não se limita ao que MacGregor Mathers compilou há um século, nem aos documentos enochianos incluídos no currículo do Zelator Adeptus Minor, como se encontra em *A Golden Dawn*, de Regardie. A partir de fontes publicadas como Regardie, alguns autores deduziram erroneamente que os magos da Golden Dawn só trabalham com as Tábuas da Sentinela e os Chamados Enochianos — eles pressupõem que os outros aspectos do sistema de Dee, como o *Heptarchia Mystica*, *Tabula Sancta*, o cristal para adivinhações, o Talismã Dourado, etc., não tenham seu lugar no sistema de Magia da Golden Dawn. Isso é incorreto. Talvez um dos maiores tributos ao sistema enochiano seja a posição de alto respeito que lhe é dada pela Golden Dawn — ele é considerado o ápice e a joia da coroa de todo o sistema. Por isso mesmo, o sistema enochiano não é ensinado até que todos os aspectos do currículo da Golden Dawn sejam assimilados pelo estudante.

> Que seja dito, desde o início, que muito estudo sistemático será necessário para apreciar o valor e o sutil significado desse sistema. Ele é um dos mais extraordinários esquemas mágicos que eu já vi, pois oferece uma síntese minuciosa, detalhada, de todo o sistema mágico da Golden Dawn... Portanto, como é um amálgama sintético de tudo da Ordem, é imperativo que o estudante esteja plenamente familiarizado com todos os outros conhecimentos ensinados pela Ordem. Deve conhecer o Tarô e as atribuições geomânticas tão bem que os nomes, símbolos e ideias estejam na ponta da língua — além, é claro, do conhecimento básico do alfabeto hebraico, da Árvore da Vida e da Cabala, de um modo geral. As fórmulas de Magia prática oriundas dos documentos-Z, tratando do simbolismo do Candidato, do Templo e da Cerimônia do Grau do Neófito devem ser não apenas memorizadas e conhecidas, mas também compreendidas. O estudante precisará estar perfeitamente familiarizado com os Rituais do Pentagrama e do Hexagrama, as fórmulas das Cerimônias de Consagração, a arte geral da invocação, com a formulação de imagens telesmáticas e o desenho de Sigilos.[193]

O sistema enochiano é o sistema unificado de Magia que está por trás de grande parte do trabalho prático do Adepto. Diferentes aspectos do sistema enochiano são estudados em cada grau e subgrau da Segunda Ordem.

Vários rituais da Segunda Ordem contêm material enochiano, em variados níveis. O Adeptus Minor estuda o alfabeto enochiano, aprende a realizar adivinhações por meio do Xadrez Enochiano, invoca entidades e anjos enochianos em Magia ritual e usa a prática de *skrying* com os variados quadrados enochianos que são associados às Tábuas da Sentinela. O *corpus* do material enochiano publicado, contido no currículo do Zelator Adeptus Minor, pode ser encontrado em *A Golden Dawn*, livro 9, de Regardie.[194]

---

193. Regardie, *The Golden Dawn.*

194. Outras fontes publicadas incluem a obra de Regardie, *The Complete Golden Dawn System of Magic*, Vol. Dez, 1-160. Ver também Pat Zalewski, *Golden Dawn Enochian Magic* (St. Paul, Minn.: Llewellyn Publications, 1994), e *Book H: Clavicula Tabularum Enochi*, de W. Wynn Westcott, publicado na obra de Carroll Runyon, *The Seventh Ray: Book I: The Blue Ray* (Silverado, Calif.: C.H.S. Publications, 1999).

## *LEITURA RECOMENDADA*

*John Dee: The World of an Elizabethan Magus*, de Peter French (New York: Ark Paperbacks, 1972).

*The Enochian Magick of Dr. John Dee*, de Geoffrey James (St. Paul, Minn.: Llewellyn Publications, 1994).

*The Heptarchia Mystica of John Dee*, editado por Robert Turner (Wellingborough, Northamptonshire: The Aquarian Press, 1986).

*Golden Dawn Enochian Magic*, de Pat Zalewski (St. Paul, Minn.: Llewellyn Publications, 1994).

*Enochian Chess of the Golden Dawn*, de Chris Zalewski (St. Paul, Minn.: Llewellyn Publications, 1994).

Capítulo 7

# O Trabalho de um Mago da Golden Dawn

Os capítulos anteriores apresentaram um breve resumo das influências históricas, os membros proeminentes, os princípios e os ensinamentos da Golden Dawn. O leitor que apenas começou a assimilar essa informação pode estar pensando em um envolvimento mais profundo com o sistema de Magia da Ordem. Nesse caso, as questões a seguir serão relevantes: devo seguir o caminho da iniciação da Golden Dawn? A autoiniciação é possível? A linhagem é importante? O que significa seguir uma disciplina mágica? O que significa ser um iniciado da Tradição Esotérica Ocidental?

## O propósito da iniciação

> É sabido que os semelhantes se atraem e que mais cedo ou mais tarde tendemos a fazer parte da sociedade de nossos companheiros. Isso é especialmente verdadeiro para aqueles que entraram em contato com o Divino; as grandes correntes mentais que agem através do Cosmos, assim como as correntes magnéticas invisíveis que atuam ao redor da terra, levam-nos a seu lugar apropriado. Essa é a razão pela qual a ciência esotérica jamais sai em busca de alunos.[195]

195. Dion Fortune, *The Training and Work of an Initiate* (York Beach, Maine: Samuel Weiser, inc., 2000), 30.

A iniciação simboliza um novo começo. É o começo de um novo estágio da vida; a passagem para um tipo inteiramente novo de existência. A iniciação representa crescimento espiritual; o despertar de uma nova vida dedicada a um novo grupo de princípios, que são diferentes dos da sociedade mundana ou materialista. Os marcos desse "novo nascimento" espiritual são indicados por uma expansão da mente, incluindo a percepção de níveis mais altos de consciência.

O rito da iniciação tem como objetivo purificar o Candidato e prepará-lo para receber os segredos e ensinamentos do grupo. É um processo de simbolismo e cerimônia que resulta na estimulação direta da vontade e êxtase da imaginação. Isso provoca a purificação da personalidade inferior (a parte "eu em primeiro lugar" da psique) e o estabelecimento de um nível elevado de consciência, de modo que o ego do mago aos poucos se torna limpo e capaz de se unir, com o passar do tempo, ao seu próprio Gênio Superior e Divino. Cada aspecto de uma cerimônia de iniciação da Golden Dawn — fala, ação e símbolo — afeta a aura do Candidato com energias mágicas específicas necessárias no Caminho da Luz. "Para o ataque à Cidade Sagrada, cada sentido e faculdade são deliberadamente mobilizados, e toda a alma individual do operador deve participar do ataque."[196]

As cerimônias de iniciação sempre desempenharam um papel fundamental nos grupos esotéricos, desde as religiões de mistério da era helenística até as organizações herméticas de hoje. Os buscadores espirituais dos tempos antigos eram atraídos aos Mistérios de Ísis e Osíris, Elêusis, Samotrácia e Orfeu por causa da sensação de vigor espiritual e euforia que eles propiciavam por meio de elaboradas cerimônias de iniciação. Ser um iniciado significa que a pessoa é aceita em um círculo interno cujos ensinamentos e rituais fazem sentido apenas para outros membros do grupo que partilham essa experiência comum. Isso é tão verdadeiro hoje quanto era na Antiguidade. A admissão nesse grupo confere um senso de companheirismo e de pertencer a algo; de receber informações arcanas; de ter sido elevado através da revelação da sabedoria divinamente inspirada. Portanto, não há nenhum sentido em se tornar um iniciado apenas para glorificar o ego ou ter mais conhecimento do que as outras pessoas — tal comportamento torna todo o processo de iniciação nulo e sem efeito. Um Candidato que

---

196. Israel Regardie, *The Tree of Life: An Illustrated Study of Magic* (St. Paul, Minn.: Llwellyn Publications, 2001), 150.

busca aceitação em uma Ordem deve em primeiro lugar provar que é digno de confiança e capaz de assumir as responsabilidades exigidas em uma disciplina mágica.

Há duas formas de iniciação: astral e física. A iniciação astral ocorre nos planos etéreos, mas nem sempre é reconhecida pelo indivíduo a não ser depois de um certo tempo (embora, algumas vezes, ela seja compreendida de imediato). Esse tipo de iniciação não é obtido por meio de outros seres humanos — ela é conferida à pessoa diretamente pelos arquétipos espirituais na psique.

O outro tipo de iniciação é uma cerimônia física realizada por um grupo de iniciantes em um templo físico. Alguns podem pensar que a iniciação astral é a única forma válida — sendo a física apenas uma representação. Isso não é verdade. A iniciação física reafirma o desejo espiritual do Candidato de se submeter ao processo da cerimônia de iniciação. A iniciação física fundamenta as energias da iniciação astral, independentemente de ser um ritual em grupo ou um rito de autoiniciação. É uma declaração visível ao Universo do desejo do mago em seguir o caminho dos mistérios sagrados.

## A questão da linhagem do grupo

As raízes hereditárias e os ritos de iniciação das organizações fraternais e grupos de Magia de hoje remontam às sociedades esotéricas e religiões arcaicas de tempos antigos — aos rosa-cruzes do século XVI; aos medievais cavaleiros templários; aos antigos israelitas, egípcios, babilônios; e mesmo aos habitantes de Atlântida,* perdida nas brumas do tempo. Embora essas lendas de antigas linhagens iniciáticas e mesmo "sucessões apostólicas" propiciem inspiração, informações alegóricas e conhecimento simbólico de grande valor ao iniciado, elas quase sempre se rompem sob o escrutínio do fato histórico. Até a Maçonaria, a mais antiga organização fraternal do mundo, mantém um elo lendário ou mitológico com os antigos construtores do Templo de Salomão em Jerusalém, embora a verdade histórica revele que o início da Maçonaria não data de antes de 1717.[197]

* N.E.: Sugerimos a leitura de *Lendas de Atlântida e Lemúria*, de W. Scott-Eliott, Madras Editora. Ver também *Maçonaria — A Escola de Mistérios*, de Wagner Veneziani Costa; *As Chaves de Salomão*, de Ralph Ellis; e *A Sombra de Salomão*, de Laurence Gardner, Madras Editora.

197. Ver nota no capítulo 2.

O "mito da origem" para qualquer grupo esotérico deve ser reconhecido pela porção de sabedoria, ensinamentos éticos, significados simbólicos e valores que tenta infundir dentro do grupo. Essas lendas são românticas e agradáveis à imaginação mágica, mas jamais devem ser consideradas precisas do ponto de vista histórico.

O mesmo vale para a Golden Dawn. Não existe uma "linha de sucessão apostólica" direta de Christian Rosencreutz a MacGregor Mathers. A Adepta Rosa-Cruz alemã de Wynn Westcott e Fraulein Sprengel foi uma invenção necessária, mas, mesmo assim, uma ficção. Como a Ordem Esotérica da Golden Dawn deixou de existir em 1903, separando-se em três grupos distintos, ninguém pode alegar uma linhagem institucional com a Ordem original — muito menos com o personagem mitológico de Christian Rosencreutz.[198]

Com muita frequência, questões concernentes à linhagem de um grupo mágico podem interferir muito no crescimento espiritual do estudante, se ele se deixar levar pelo *glamour* de obter uma medalha de mérito mágica conferida por uma suposta organização "legítima", em vez de focar a atenção no objetivo do crescimento espiritual pessoal. Gestos vazios, títulos imponentes e proclamações sem conteúdo pouco ou nada significam para o Eu Superior do indivíduo.

Também nos deparamos com a questão de se a linhagem é de fato desejável caso una o estudante a um grupo ou líder que tenha o grau apropriado escrito em um papel, mas cujas palavras e ações sejam opostas por completo aos ideais, princípios e ética sobre os quais a organização original foi fundada. (Em um exemplo hipotético, o que teria acontecido se a infame Madame Horos e seu marido Theo tivessem recebido uma carta de legitimação de MacGregor Mathers para administrar seu próprio templo A.O.? A linhagem desse casal injurioso teria sido considerada vantajosa para os buscadores da Golden Dawn? É claro que não.) É muito comum que esses grupos acabem

198. O fato de que muitos grupos ainda tentam fazer isso é uma triste constatação da insegurança espiritual e imaturidade dos líderes do grupo. Segundo a correspondência particular e as cartas pública de R.A. Gilbert, muitos indivíduos e grupos ainda tentam reivindicar uma linhagem institucional, cartas e outras impossibilidades — no entanto, eles quase sempre impedem que historiadores qualificados da Golden Dawn, como Gilbert, examinem a autenticidade desses documentos. (A linhagem iniciatória, reconhecida pela lei maçônica, não é a mesma coisa que linhagem institucional).

como uma concha vazia ou, pior, sem nenhum "centro" espiritual em seu cerne. "Se o manancial não é puro, não podemos esperar que o córrego o seja."[199]

Na era da Internet é ainda mais fácil propagar meias-verdades e mentiras absolutas a respeito da linhagem. São poucos os recursos disponíveis para verificar a precisão do conteúdo de *sites* esotéricos — e os próprios comentários em *sites* também não podem ser considerados imparciais. Infelizmente, os *newsgroups* e fóruns *on-line* são uma faca de dois gumes, trazendo uma grande quantidade de informações àqueles que não têm outro acesso a ela, mas também trazendo à tona os aspectos mais inferiores e básicos da natureza humana, na forma de discussões, lutas por território e ataques. Esse problema não atinge apenas os magos cerimoniais, mas é um infeliz subproduto da egomania que às vezes infesta os magos ocidentais, que não participaram apropriadamente do verdadeiro trabalho espiritual e psicológico da Teurgia. É também um problema que tende a afastar um grande número de buscadores sinceros. Diante dos fóruns e *newsgroups* que mais parecem ser meios para destilar veneno e fazer fofoca, o buscador sincero deve se perguntar: "Que peso deve ser dado a um artigo escrito por alguém que esconde sua verdadeira identidade sob um nome falso na tela?"[200] Alguém que constantemente posta injúrias odiosas contra outras pessoas e/ou grupos pode ser considerado, de fato, espiritual? O postador espera ganhar alguma coisa, como dinheiro, poder, gratificação do ego ou influência sobre os outros, atacando pessoas e/ou grupos? Não existem coisas mais produtivas para se fazer?

---

199. Texto extraído de uma carta datada de 1916 de George Winslow Plummer a Edward Brown.

200. Alguns indivíduos desabafam sua frustração com o mundo atacando outros por meio do anonimato de um monitor de computador e um nome falso na tela. É a maneira que eles encontram para atrair a atenção que tanto desejam, sem ter de assumir a responsabilidade pessoal por suas palavras e ações. Esses indivíduos carentes costumam usar muitos nomes com personalidades separadas para criar a ilusão de que um único indivíduo é uma multidão que tem a mesma opinião. Esses vários postadores atingem o alvo desejado por meio de inúmeros ataques; criando a ilusão de que "todo o mundo" está contra esse alvo, portanto, ele deve ser falho. Usando esse tipo de engodo, o atacante empurra suas ideias para o público diversas vezes, na esperança de que acreditem nelas. Outro truque usado pelo postador sem princípios é atacar o alvo usando diferentes nomes e depois usar seu nome real e fingir que assume uma posição moral e "defende" o alvo.

O buscador sincero deve se lembrar da recomendação dada pelo grimório *A Chave de Salomão* àqueles que procuram praticar as artes da alta Magia:

> É absolutamente necessário ordenar e prescrever cuidado e observação; abster-se de todas as coisas ilegais e de todos os tipos de impiedade, impureza, vileza ou imodéstia, tanto do corpo quanto da alma, como, por exemplo, beber e comer em excesso; de toda a sorte de palavras vãs, fanfarrices, difamações, calúnias e outras falas inúteis; mas, ao contrário, praticar boas ações, falar com honestidade, manter uma rígida decência em todas as coisas, jamais deixar de ser modesto no andar, falar, comer e beber, e em todas as coisas.[201]

## Autoiniciação

A autoiniciação tornou-se objeto de debate nos últimos anos, geralmente por razões que nada têm a ver com a Grande Obra, e sim com o interesse de alguns grupos em solicitar membros novos para aumentar o número de seus associados pagantes. Muitos dos fundadores das grandes religiões do mundo ensinaram que a verdadeira espiritualidade é um processo pessoal de autoanálise, autossacrifício e autocrescimento. Alguns professores mais influentes da Tradição Esotérica Ocidental também acreditavam que a autoiniciação não era apenas possível, mas, na verdade, a única iniciação verdadeira.

> Todo crescimento espiritual vem de dentro do indivíduo, nascendo da disciplina e do autodesenvolvimento. Nenhum homem pode aumentar a espiritualidade de outro. Tentar fazer isso significa desconsiderar uma das mais fundamentais leis da natureza — a lei do Carma. O homem obtém sabedoria pelo pensamento e ações corretos. As escolas legítimas da sabedoria antiga e os professores legítimos da doutrina não oferecem a espiritualidade a ninguém. Eles apenas indicam um caminho para seguir, que, se for seguido com consagração e inteligência por longos anos, resultará em um certo aperfeiçoamento de caráter e conhecimento.[202]

201. S.L. MacGregor Mathers, *The Key of Solomon the King* (York Beach, Maine: Samuel Weiser, Inc., 1974), Livro II, capítulo 4, 88.
202. Manly P. Hall, *Words to the Wise: A Practical Guide to the Esoteric Sciences* (Los Angeles, Calif.: The Philosophical Research Society, Inc., 1963), 30.

Outra fonte nos diz:

> Nunca é demais lembrar nossos leitores de que o Grande Iniciador vem em Silêncio à consciência superior; e nunca é um ser humano, mas sim sobrenatural e isolado. Tudo o que pode ser feito pelos Servos dos Mestres no plano físico é a preparação do Candidato.[203]

O mesmo sentimento é expresso aos Candidatos, em termos claros, quando são recebidos no grau de Neófito:

> Lembre-se de que apenas Deus é nossa Luz e Aquele que Concede a Sabedoria Perfeita; e que nenhum poder mortal pode realizar mais do que levá-lo ao Caminho dessa Sabedoria...[204]

Israel Regardie acreditava na ideia de que um estudante poderia iniciar a si mesmo por meio dos diferentes níveis de crescimento espiritual. Segundo Regardie, pela realização repetida de rituais, como a Abertura pela Sentinela[205] e o Exercício do Pilar do Meio, o aspirante a mago poderia ser eficazmente considerado um iniciado da corrente da Golden Dawn. Mas ele também acreditava que o sucesso dessa tentativa dependia da força e determinação pessoais do estudante. A responsabilidade pelo progresso espiritual, seu sucesso ou fracasso, dependia do indivíduo.

> Quando se afirma que um estudante isolado pode agora ser seu próprio iniciador, uma importante frase torna-se imperativa. Que ele deve ser persistente e tão completo e preciso quanto um iniciador regularmente constituído pelo templo da Golden Dawn, sob o constante escrutínio do oficialato e das autoridades adeptas superiores.[206]

A maior parte do currículo da Golden Dawn, desde o Neófito até o Zelator Adeptus Minor, foi publicada e está disponível a qualquer estudante interessado que seja dedicado o suficiente para seguir os estudos por conta própria. Não é necessário ser um membro de uma organização ou templo reconhecidos para realizar a Grande Obra.

---

203. Fortune, *The Training and Work of an Initiate*, 52.
204. Israel Regardie, *The Golden Dawn* (6ª edição., St.Paul, Minn.: Llewellyn Publications, 1994), 130.
205. Um ritual criado por Regardie. É baseado no Ritual do Pentagrama da Suprema Invocação e na Cerimônia de Consagração da Câmara dos Adeptos. Veja nosso livro *Self-Initiation into the Golden Dawn Tradition* (St. Paul, Minn.: Llewellyn Publications, 1995), 692-696.
206. Israel Regardie, *The Complete Golden Dawn System of Magic* (Phoenix, Ariz.: Falcon Press, 1984), Vol. Um, 9.

A autoiniciação é de fato possível, mas jamais se deve presumir que é um caminho fácil ou que possa ser seguido sem encontrar obstáculos. O solitário mago da Golden Dawn deve ter a força para escalar a Árvore da Vida seguindo os próprios passos, por assim dizer. A desvantagem para o mago que trabalha sozinho é que não há nenhum colega de templo que possa dar conselhos se surgir algum problema; e o estudante terá de depender de livros ou correspondência com outros magos para esclarecimentos de questões de Magia. A vantagem de trabalhar sozinho é que o estudante não precisa ter receio de ser explorado por um grupo ou professor de Magia corruptos que exigem dos seguidores dinheiro, sexo, trabalho, obediência e lisonjas — abusos infelizmente muito comuns nesta era de proliferação de gurus — e veem os ensinamentos esotéricos apenas como um meio de ganhar dinheiro ou de obter gratificação do ego.

## Grupos de tradição mista

É importante notar que por todo este livro nosso enfoque principal é a Golden Dawn tradicional — ou seja, a ênfase principalmente osiriana[207] da Ordem Externa e a ênfase basicamente rosa-cruz da Ordem Interna. Contudo, muitos grupos nos dias de hoje estão acrescentando outros elementos ou misturando diferentes tradições aos ensinamentos da Golden Dawn. Não há nada de errado nisso, desde que esses grupos deixem claras essas distinções aos membros em potencial.

Alguns buscadores espirituais podem se sentir atraídos aos ensinamentos tradicionais da Golden Dawn, enquanto outros preferirão uma combinação da Golden Dawn com Thelema, Wicca, etc. É o estudante quem deve escolher que tipo de grupo prefere. Os estudantes não devem esperar que uma tradição mista de repente realize o trabalho tradicional da Golden Dawn. Do mesmo modo, os estudantes que se juntarem a um grupo tradicional da Golden Dawn não devem esperar encontrar outras tradições espirituais nele.

## Salvaguardas do sistema da Golden Dawn

Como vimos no capítulo 4, o sistema tradicional da Golden Dawn, concebido por Westcott e Mathers, foi fundado com um

207. Osíris, o deus egípcio da ressurreição e do renascimento.

objetivo absolutamente decisivo de treinamento espiritual gradual. Um dos marcos do sistema da Golden Dawn é que muito pouco de Magia prática é de fato ensinado aos estudantes da Ordem Externa. Isso não se deve apenas ao fato de a Ordem Externa da Golden Dawn ser uma escola em que os alunos devem em primeiro lugar memorizar os rudimentos do conhecimento oculto antes de começar a praticar o trabalho de Magia. Isso acontece para que a psique do estudante não seja dominada pelas forças espirituais despertadas nela pelo processo alquímico de iniciação — um processo delicado que, se arruinado, pode resultar em um ego inflado — o que é muito comum — e em uma megalomania infantil. Infelizmente, uma grande porcentagem de magos persiste em desrespeitar o honorável processo de iniciação da Golden Dawn e ignorar as salvaguardas essenciais criadas no sistema por seus próprios fundadores.

É isso que torna tão importantes o currículo de estudo e o processo iniciático da Ordem Externa da Golden Dawn. O comprometimento consciente em aprender o alfabeto simbólico e mágico do inconsciente antes de se lançar às águas mais profundas do plano astral resulta no desenvolvimento de reflexos psíquicos que ajudam o mago e fazem com que todo o trabalho cerimonial flua com mais facilidade e segurança. Mas, mais importante, a memorização dos dados mágicos muda a própria estrutura da psique, que é aos poucos infiltrada pelos símbolos sagrados que falam em um nível subconsciente ao Ser Divino que existe em cada um de nós. A mente do mago é constantemente purificada por esse processo à medida que uma porcentagem crescente de pensamentos e impulsos mundanos é suplantada ou transformada pelos pensamentos espirituais.

Se procedimentos mágicos mais avançados, como a evocação, forem apresentados ao iniciado durante esse delicado processo de purificação interna e reequilíbrio da psique, os resultados podem ser desastrosos. Isso não é uma exigência apenas da Golden Dawn; a maioria dos grimórios medievais, como o *Santo Anjo Guardião — A Magia Sagradas de AbraMelin, o Mago**, insiste que o mago seja de uma pureza absoluta em coração, corpo e mente antes de tentar entrar em contato e comandar os habitantes do mundo espiritual — caso contrário, ele poderá ser destroçado nas encostas rochosas do

* N.E.: Lançado pela Madras Editora.

astral inferior. O sistema AbraMelin apresentou uma disciplina rígida e árdua para alcançar a pureza necessária, incluindo longos e exaustivos períodos de oração, abstinência, jejum, confissão dos pecados, etc. No mundo medieval, a pureza da mente, do corpo e da alma era considerada um pré-requisito absoluto para o trabalho mágico. Cornélio Agrippa, cujo trabalho exerceu uma grande influência sobre a Golden Dawn, parecia entender as implicações psicológicas da "pureza" e sabia que alcançar tal pureza é crucial antes da realização de operações de Magia:

> É, portanto, mister que aqueles dentre nós que se empenham em alcançar tão grande altura meditem de modo especial em duas coisas: a primeira, como deixar as afeições carnais, o fraco sentido e as paixões materiais; a segunda coisa, de que modo e por qual meio nós podemos ascender a um intelecto puro e imbuído dos poderes dos deuses.[208]

> Todo aquele que, desejoso de entrar no estado supremo da alma, procura receber oráculos deve buscá-los com castidade e devoção, estando puro e limpo para que sua alma não esteja poluída com imundícies, livre de toda culpa. Deve também purificar ao máximo a mente e o corpo de todas as doenças e paixões, e de todas as condições irracionais que aderem a ela como ferrugem ao ferro, aplicando e se valendo daquelas coisas que pertencem à tranquilidade da mente. Pois, só assim, receberá os oráculos mais verdadeiros e eficazes.[209]

E, por fim:

> Recebemos, pois, essa influência (da virtude divina) somente quando nos livramos dos pesados impedimentos e das ocupações terrenas e carnais, e de toda agitação externa; tampouco pode um olho turvo ou impuro vislumbrar coisas leves, nem receber coisas divinas aquele que ignora a purificação de sua mente. Devemos chegar a essa pureza da mente por graus: tampouco consegue uma pessoa recém-iniciada nesses mistérios compreender logo todas as coisas, pois sua mente precisa se acostumar gradualmente, até o intelecto se tornar mais iluminado e se aplicar à luz divina, mesclando-se a ela.[210]

---

208. Cornélio Agrippa, *Três Livros de Filosofia Oculta*, compilação e notas de Donald Tyson; Livro III, capítulo 3, Madras Editora, São Paulo.
209. *Ib.*, Livro III, capítulo 53.
210. *Ib.*

No sistema de Magia da Golden Dawn, o processo alquímico e psicológico de purificação é de suma importância para os graus da Ordem Externa. Aqueles que adotam os complexos procedimentos mágicos da Segunda Ordem no currículo da Primeira Ordem não estão mais seguindo os ensinamentos da Golden Dawn de acordo com o objetivo para o qual foram desenvolvidos.

A Primeira Ordem da Golden Dawn foi e é uma fundação sólida em que o estudante reúne as ferramentas, os materiais de construção e a informação necessária para: (1) receber um influxo de Luz Divina; (2) estabelecer um alinhamento na Árvore da Vida e, de forma correspondente, imprimir a Árvore na psique; (3) estabilizar as partes desequilibradas da psique por meio do equilíbrio elemental; e (4) criar a base e a sólida subestrutura necessárias para um trabalho mágico mais adiantado nos graus dos Adeptos.

O trabalho da alma deve preceder qualquer desejo de acelerar o processo. A Luz Divina não pode ser despejada em vasos quebrados — e todos somos vasos quebrados até que decidamos dar os passos necessários para nossa própria restauração. É por essa razão que o estudante da Primeira Ordem deve evitar a prática das operações mágicas mais avançadas da Segunda Ordem. Essas técnicas causam um efeito muito poderoso na psique; e combinadas com o efeito da fragmentação elemental causado pelos graus da Ordem Externa, podem aumentar o estresse sobre o corpo etérico do estudante.

Um estudante da Ordem Externa que ainda está passando pelo processo alquímico da fragmentação e ainda não começou o processo da reintegração espiritual terá muita dificuldade em conseguir o respeito dos anjos superiores e divinos, e em comandar os espíritos. (Nesse caso, pode ser que os espíritos estejam comandando!)

Quando consideramos que a psique humana é um mecanismo muito complexo — as metades consciente e inconsciente da mente funcionando juntas como centro do pensamento, emoção e comportamento —, fica evidente que a psique tem grandes implicações na felicidade e tristeza humanas. Ela tem o potencial de atingir a mais alta percepção espiritual ou sucumbir aos mais básicos impulsos egoístas — iluminação ou loucura — ou chegar a qualquer nível entre os dois. É por essa razão que o gradual e cuidadoso treino da psique, nas artes mágicas, é o caminho correto a seguir; e também o motivo pelo qual compelir a psique a realizar práticas de Magia para as quais ela ainda não está adequadamente preparada pode levar a um desastre. Às vezes, supostos ocultistas e magos que não levam a sério as salvaguardas mágicas têm seus complexos psicológicos reforçados.

Herpetólogos que se preparam para lidar com cobras venenosas algumas vezes injetam um antídoto (produzido do veneno da cobra) em si mesmos. Por meio de repetidas injeções de antídoto, ou pequenas doses do veneno da cobra, eles aumentam sua imunidade, o que torna mais seguro lidar com essas cobras de veneno mortal. Do mesmo modo, o mago da Golden Dawn gradualmente aprende a prática da Magia e passa pelos processos alquímicos de iniciação. Assim, quando enfrenta seus demônios pessoais na forma da serpente de sete cabeças de *qlipphoth*, o mago já estará inoculado com sabedoria contra esse veneno. Só então estará preparado para enfrentar outros dragões possivelmente maiores. Pobre do mago que se apressa em evocar espíritos goéticos sem ter ao menos um entendimento rudimentar do alfabeto hebraico — armado apenas de bravata, fanfarrice e ignorância de seu próprio funcionamento psíquico interno!

Um médico deve estudar muito e por um longo tempo antes de ter permissão para realizar cirurgias complicadas. Será que devemos esperar menos dos magos cerimoniais cuja área de trabalho é a psique humana — o mais poderoso instrumento de Magia já criado?

## O problema do ego

Quando o processo iniciático de separação alquímica, a dissolução das impurezas psicológicas e recombinação é interrompido — quando o estudante se apressa em passar pelos graus sem o trabalho da alma —, então ele jamais é completado e não ocorre uma verdadeira reintegração. O resultado é um ego superinflado e complexos messiânicos, bem como o surgimento de inúmeros magos afirmando ser a reencarnação de Crowley ou Mathers. Combater o problema do ego inflado é um dos mais importantes aspectos do trabalho de Magia; e recomenda-se ao iniciado que permaneça atento aos sinais dele. Não se trata de um problema existente apenas na Golden Dawn — a egomania corre desenfreadamente em tradições mágicas de todos os tipos. Existem várias razões para isso. Uma delas é o ressurgimento da megalomania infantil provocado pelos efeitos estimuladores da Magia.

Todos nós, seres humanos, experimentamos a megalomania infantil quando, na infância, acreditamos que o mundo gira ao nosso redor. À medida que nos tornamos adultos, esse conceito superinflado de autoimportância se dissolve e o saudável ego adulto emerge.

A prática da Magia trabalha para liberar a energia latente do subconsciente e expandir o horizonte mental. Quando o mago se torna proficiente nas artes mágicas, por meio da invocação, *skrying* e trabalho ritual, ele experimenta um aumento na percepção da psique, no conhecimento, na autoconfiança e nos sentimentos de um novo propósito e direção para a vida. Mas a Magia também pode algumas vezes despertar o mecanismo do mega-ego infantil, causando ilusões de grandeza e autoimportância. Assim:

> Essa lisonja subjuga o ego. A pessoa toma os poderes impessoais e universais que experimenta como se os tivesse criado... Essa excessiva autoadmiração leva a um ego superinflado que, no fim, provoca um desastre e contradiz inteiramente o propósito da Grande Obra.[211]

O problema do ego costuma se desenvolver de forma gradual e sem que os indivíduos afetados por ele percebam. Ele pode se desenvolver em magos que trabalham seguindo a orientação de um templo ou por conta própria, embora seja mais fácil percebê-lo quando um grupo de magos trabalha junto. Existem mais salvaguardas no ambiente do templo, em que o mago com o ego inflado pode ser alertado por seu Hierofante para tomar medidas corretivas — ou pode ser repreendido por seus colegas de templo, que percebem que ele está seguindo o caminho da megalomania. Infelizmente, existem também casos em que o Hierofante caiu na armadilha do ego, quando:

> ... o guru foi enfeitiçado por suas próprias fantasias messiânicas e vaidades. Se isso aconteceu, ele transmitirá essa doença fatal aos estudantes. E estará completamente cego à debandada que ocorrerá entre seus alunos.[212]

A preocupação com o ego inflado levou Israel Regardie a insistir para que qualquer estudante sério de Magia procure algum tipo de psicoterapia para evitar o problema.

---

211. Regardie, *The Complete Golden Dawn System of Magic*, Vol. Um, 18.
212. *Ib.*, 20.

Uma das conjunturas mais críticas na qual um estudante da Golden Dawn não deve demonstrar nem experimentar nenhum sinal do problema do ego é quando ele se prepara para admissão na Segunda Ordem. É de importância vital ter completado o processo alquímico dos graus da Ordem Externa antes disso. A razão: no sistema iniciático da Golden Dawn, a esfera de Tiphareth é a sede do Eu Superior — o Santo Anjo Guardião que faz a mediação entre o Eu Divino e o Eu Inferior em Yesod. Mas também é a sede do ego nas divisões cabalísticas da alma. Portanto, se algum resquício do problema do ego permanecer, quando a esfera de sensação do iniciante for elevada a Tiphareth, ele será aumentado e o mago poderá confundir a ego-consciência infantil com o conceito do Eu Superior, trocando um pelo outro:

> Em vez de ser guiado por um Gênio Superior, a pessoa na verdade está à mercê das "vozes" e valores infantis, conhecidos como as tagarelices do cérebro. Isso não causa apenas indevidos sofrimentos e decepções individuais, mas também provoca uma parada por completo em qualquer progresso real nas artes e ciências teúrgicas.[213]

A escolha errada nesse ponto crucial pode colocar um fim em qualquer progresso futuro na Grande Obra. Escolha sabiamente.

## Seguindo uma disciplina mágica

No rápido mundo de hoje, novas religiões e grupos de Magia surgem em uma proporção surpreendente. Alguns indivíduos mudam seu caminho espiritual quase uma vez por mês. É comum e compreensível que muitas pessoas fiquem desiludidas com a fé ortodoxa de seus pais e busquem a realização espiritual em outro lugar. No entanto, muitas cometem o erro de escolher um caminho espiritual baseando-se no que pode ser chamado de só "um certo nível de conforto" — elas buscam um caminho espiritual sentimental, descontraído, não ameaçador e que não exige esforço. Por ironia, esses mesmos caminhos descontraídos podem às vezes levar a uma sensação de tédio, estagnação e insatisfação, porque na maioria das vezes eles não incluem a ideia de disciplina. Se um caminho espiritual for muito fácil, o indivíduo não é desafiado a progredir nem a se aprimorar.

---

213. *Ib.*, 17.

Muitas vezes, as pessoas procuram um caminho mágico por razões egoístas em vez de buscar o autodesenvolvimento. Em vez de obter fama, riquezas ou poder sobre os outros, elas logo aprendem como é difícil ter controle sobre si mesmas.

> A maioria dos estudantes não parece perceber o que o termo Adepto significa exatamente... nem o porquê da necessidade absoluta de uma severa disciplina e treinamento envolvendo todas as áreas da natureza do homem.[214]

Uma disciplina é descrita como uma rotina de treinamento e autocontrole com a qual se espera produzir um caráter ou padrão de comportamento específicos; de modo especial, um treinamento que resulta em um aperfeiçoamento moral, ético ou mental. Seguir uma disciplina mágica é o primeiro passo na vida e na evolução de um mago. Representa uma dedicação obrigatória a uma profunda vida mágica/mística, pois se exigirá do iniciado que ele deixe para trás os desejos inferiores do ego e assuma uma profunda obrigação de empreender de modo ativo a Grande Obra de desenvolvimento espiritual. Embora esse treinamento seja feito pelo indivíduo, espera-se que o equilíbrio psíquico e o autodesenvolvimento resultante também sejam benéficos à sua família, aos amigos, ao círculo de associados e à humanidade como um todo.

A dedicação a uma disciplina espiritual como a da Golden Dawn envolve uma quantidade de pré-requisitos para o caráter do mago. Entre eles se incluem integridade, discernimento, paciência, diligência, moderação, responsabilidade, autossacrifício e serviço aos outros.

## *Integridade*

A integridade implica constante seguimento de um rígido código de ética. "A integridade é o irresistível impulso interior de fazer o que é sábio, nobre e belo."[215] Um mago que alega ter princípios espirituais elevados, mas age em oposição direta a esses princípios, jamais conquistará a confiança de seus companheiros iniciados ou completará a Grande Obra.

214. Regardie, *My Rosicrucian Adventure* (1936), republicado como *What You Should Know About the Golden Dawn* (Phoenix, Ariz.: Falcon Press, 1987), 99.
215. Hall, 52.

Infelizmente, algumas pessoas que se juntam a grupos de Magia ou Ordens fraternais forjam a aparência de integridade. Elas proferem as palavras de um juramento ou obrigação para conseguir o que desejam de um grupo sem ao menos considerar a possibilidade de seguir as palavras e os valores que juraram defender.

Tomemos um exemplo hipotético: uma organização fraternal judaica que só admite candidatos devotados aos judeus. Seria errado para um budista, um cristão ou um neopagão praticantes se juntar à organização e proferir um juramento de que são, de fato, judeus. Esses candidatos podem justificar para si mesmos sua ação alegando: "Eu acredito que todas as religiões do mundo têm a mesma essência da verdade, portanto, posso afirmar que, em certo sentido, sou judeu". Esse tipo de pensamento pode não parecer insensato nem desonesto, porém cria um desculpa para desmoronar e desrespeitar um elemento-chave dos princípios básicos da hipotética fraternidade judaica.

Quando as palavras proferidas em um juramento nada significam, quando são repetidas pela pessoa apenas para se juntar a um grupo, sem respeito pelos princípios fundamentais da organização, então a verdadeira intenção delas foi distorcida e colocada fora de contexto; perdeu o significado e foi distorcida para passar por brechas inventadas.

O mesmo vale para um iniciado da Golden Dawn que jurou jamais realizar atos de Magia negra em nenhuma circunstância. No Juramento do Neófito, o Candidato jura: "Eu não depreciarei meu conhecimento místico realizando o trabalho da Magia do Mal em nenhum momento e sob nenhuma tentação".[216] Na iniciação do Portal, o Candidato jura: "usar todo o conhecimento prático que (eu) possuo agora, ou venha a possuir no futuro, apenas para o bem...".[217] Na cerimônia do Adeptus Minor, o iniciado mais uma vez jura: "não depreciar meu conhecimento de Magia Prática com propósitos maus e egoístas... e se eu fizer isso, não obstante meu juramento, eu invoco o Anjo Vingador HUA para que o mal e o material reajam sobre mim".[218] É difícil imaginar como alguém poderia confundir o significado e a intenção de um juramento tão importante.

216. Regardie, *The Golden Dawn*, 123.
217. *Ib.*: 203.
218. *Ib.*: 230.

### *Discernimento*

O discernimento requer um bom julgamento e clareza de visão. É a habilidade de descobrir a verdade quando ela não é evidente e de escolher com sabedoria entre opções confusas ou opiniões conflituosas. A habilidade de discernir significa ter perspicácia e visão para fazer a opção correta quando precisamos pesar escolhas difíceis e agir de acordo com elas. Também envolve a habilidade de detectar a falsidade mascarando a verdade; ou uma ilusão com aparência de realidade. O discernimento é algo inestimável na busca pela sabedoria espiritual:

> O discernimento nos permite distinguir, sem cometer erros, a estrela polar em uma galáxia de constelações. Na metafísica moderna, milhares de estudantes perambulam de culto em culto seguindo uma maré de humores e emoções. Não podemos fazer real progresso até mapearmos o curso de nossos propósitos. O discernimento remove as incertezas da ação. Não vagamos mais, pois, seguindo um curso certo, chegamos por fim ao porto seguro que procuramos.[219]

### *Escolha, responsabilidade e autossacrifício*

Com frequência na sociedade de hoje presumimos que "podemos ter tudo". Em nosso mundo material temos muitas opções, mas poucas pessoas querem escolher uma coisa e deixar outras. Ninguém deseja ter de escolher entre comer um *cheesecake* de chocolate ou ter uma cinturinha fina, entre diminuição de impostos ou a implementação de serviços municipais. A escolha entre ter tempo ou dinheiro é global em nossa sociedade, pois poucas pessoas podem se dar ao luxo de ter os dois. Ironicamente, fazer uma escolha é às vezes visto como algo ruim, pois limita as opções. Se você não tivesse opção, não teria de escolher e assumir a responsabilidade por isso. Assim, as ideias de escolha e responsabilidade caminham juntas. É natural para os seres humanos desejar ter tudo — é um desejo básico do ego inferior.

Todas as pessoas mantêm o desejo infantil de ter todas as coisas; todavia, uma das lições básicas da vida adulta é que, quando fazemos escolhas para ter algumas coisas, existem outras que não podemos possuir. Se você compra um carro, é possível que não tenha dinheiro

219. Hall, 53-54.

para adquirir um computador, embora ainda deseje ter um. Se você se casa, não mais está livre para namorar outras pessoas, ainda que se sinta atraído por elas. Se você se torna um imame muçulmano, não mais pode ser admitido em um seminário teológico católico, ainda que acredite que no seminário aprenderá muitas coisas que o ajudarão em seu caminho espiritual. Todos esses exemplos são escolhas que precisam ser feitas. Quando você escolhe uma coisa à outra, é preciso assumir a responsabilidade que vem com essa opção, e quase sempre será preciso sacrificar algo que também é desejável. Essa ideia é comum em muitas tradições espirituais — para mostrar uma verdadeira dedicação ao seu comprometimento espiritual, você deve sacrificar alguma coisa à qual também dá valor. Sacrificar algo sem importância para você não representa sacrifício algum; e não prova nada.

A dedicação ao caminho do mago da Golden Dawn requer o sacrifício pessoal. Muito tempo e esforço devem ser dedicados aos estudos e exercícios exigidos. Quando um mago jejua como parte de uma disciplina espiritual, ele sacrifica o prazer de uma refeição. Quando faz um juramento de manter alguma coisa em segredo, o mago sacrifica o prazer de contar isso a outra pessoa.

Se um estudante da Golden Dawn também for membro de mais 20 grupos esotéricos e mágicos, será difícil, para não dizer impossível, se comprometer com as exigências de todos; e o estudo pessoal do indivíduo pode sofrer prejuízos por ser excessivamente diversificado. O mago terá de escolher quais interesses são os mais importantes para ele e sacrificar os demais.

Aqueles que esperam ganhos mundanos ou sociais para si por meio desta Ordem ficarão desapontados. Porém, nenhum de nós que fizer sacrifícios por ela, com a correta disposição espiritual, ficará desapontado com o resultado.[220]

Quanto mais o estudante ganha em conhecimento esotérico e habilidades psíquicas, mais se esperará que ele trabalhe em seu benefício e no da humanidade como um todo. Trata-se mais de uma lei cósmica básica do que uma exigência da Ordem. O equivalente universal a "você colhe aquilo que planta" é parte fundamental da Grande Obra.

---

220. "Flying Roll Nº XVIII", por Annie Horniman, publicado em *Astral Projections, Ritual Magic, and Alchemy: By S.L. MacGregor Mathers and Others*; de Francis King (Rochester, Vt.: Destiny Books, 1987), 113.

E isso requer sacrifícios — de tempo, dinheiro, emoção, energia, etc. É por essa razão que todas as grandes escolas de mistério usam a imagem do deus sacrificado — da divindade morta e ressuscitada — para simbolizar o trabalho de transformação e crescimento espiritual.

Exige-se o autossacrifício do ego inferior. Para a pessoa comum, sacrificar uma parte do ego parece ser algo tolo, mas a submissão da personalidade inferior ao Eu Superior resulta na conquista de uma coisa que é muito mais satisfatória e duradoura que os desejos temporários. Resulta na iluminação da alma humana pela Luz Divina interior — o verdadeiro ouro espiritual dos alquimistas.

### *Serviço*

Nas últimas décadas, as pessoas têm dado muito valor ao eu (especificamente ao eu inferior, individual; não ao Eu Divino). Da preocupação com a "autoestima" de nossos filhos à "autorrealização" de nós mesmos e de nossos parceiros, tornamo-nos uma sociedade absorvida em si mesma. A glorificação do ego pessoal está sempre em alta.

Com certeza precisamos de nosso ego para funcionar na vida diária. Ter um ego não apenas nos dá um ponto de referência para a interação entre nós mesmos e os outros, mas também nos propicia a motivação para autopreservação diante do perigo. Contudo, o ego inflado é um problema constante entre os magos do Ocidente. Quanto mais habilidade em Magia o estudante adquire, mais ele é ameaçado pela soberba do ego. Israel Regardie sugere com veemência que o mago procure uma boa forma de psicoterapia para evitar o ego inflado e canalize sua energia em objetivos mais construtivos.

Um desses objetivos deve ser o serviço prestado aos outros — algo que se espera de um Adepto da Tradição Esotérica Ocidental. Tal serviço requer enxergar além dos objetivos e autogratificações imediatos. Envolve mais que estudar Magia porque "eu quero ser feliz". Uma das grandes ironias da condição humana, reconhecida há mais de 2 mil anos por Aristóteles, é que não podemos encontrar a felicidade perseguindo-a como objetivo — a felicidade é um efeito colateral de termos um bom caráter e uma vida bem vivida. A "vida boa" não é apenas focada em coisas que dão prazer, mas também em fazer o que é certo e cumprir com as responsabilidades para com os outros.

> Em uma Fraternidade, o treinamento do caráter é ressaltado de modo especial; e as grandes lições de irmandade e serviço altruísta devem ser aprendidas.[221]

Um mago que se esforça para completar a Grande Obra não trabalha só para melhorar sua vida, mas também para beneficiar a humanidade como um todo. Como todos os seres humanos estão ligados na "grande corrente de consciência", o mago que trabalha para alcançar o crescimento pessoal pode avançar a evolução de toda a humanidade por meio de um tipo de osmose espiritual. Mais ainda, à medida que escalamos os galhos da Árvore da Vida, espera-se que estendamos a mão para aqueles que nos seguem no Caminho. Ao fazer isso, o mago não deve esperar elogio nem recompensa; frequentemente isso não acontecerá. A verdadeira recompensa está no fato de ser um curador espiritual no real sentido rosa-cruz e em se focar em uma "vida bem vivida".

### *Paciência e persistência*

O trabalho da Primeira Ordem da Golden Dawn é preparar o iniciado para a alta Magia ritual — estabelecendo uma fundação sólida e firme de conhecimento mágico. Como isso é feito? Pela gradual e constante obtenção de conhecimento esotérico, por meio do equilíbrio dos elementos arquetípicos na psique; pela realização das meditações e outros trabalhos de grau exigidos. Não é um curso de ação que pode ser acelerado. O processo de treinar uma pessoa no trabalho da Ordem Externa pode ser comparado, em certo nível, ao processo de treinar alguém para uma profissão importante. A Golden Dawn é uma escola de conhecimento hermético que trabalha para refinar os estudantes e transformá-los em magos equilibrados e éticos e também seres humanos melhores.

É importante ressaltar que os estudantes não devem tentar avançar pelos graus no menor período de tempo possível. O crescimento espiritual não é uma competição ou uma corrida. Os vários graus são períodos de tempo em que a composição elemental da psique do iniciado é explorada e equilibrada. Alguns iniciados são capazes de equilibrar esses

221. Dion Fortune, *The Esoteric Orders and Their Work* (York Beach, Maine: Samuel Weiser, Inc., 2000), 84.

componentes da psique mais rápido que outros. A pressa em completar os graus arruína o propósito do equilíbrio e, em longo prazo, revela-se prejudicial. A proficiência intelectual no trabalho de grau não é suficiente para justificar o avanço a um grau mais alto. É importante que os estudantes se esforcem para equilibrar a iniciação prévia antes de partir para a próxima.

Paciência, diligência e persistência são necessidades no caminho mágico. Muitos autores deram aos leitores a impressão errada de que a iluminação pode acontecer de repente, após alguns dias ou semanas de exercício espiritual, ou após um ritual de iniciação específico. Em uma verdadeira disciplina espiritual, essa não é a realidade. Assim como a evolução darwiniana, a Grande Obra não é realizada da noite para o dia. Ela requer um comprometimento de longo prazo. Às vezes, o trabalho do iniciado dará a sensação de êxtase; em outras, parecerá cansativa. Na espiritualidade, nada de valor pode ser alcançado sem paciência. Em vez de esperar o "momento único, poderoso e arrebatador da Iluminação Absoluta", os iniciados devem esperar uma série de visões místicas graduais e momentos de clareza psíquica de acontecimentos que farão a terra tremer, mas que, na verdade, sejam muito valiosos. A União Divina acontece aos poucos e em estágios graduais, como o cuidadoso e trabalhoso processo de Alquimia. Com o tempo, esses *flashes* de visão serão mais frequentes, constituindo um crescimento psíquico real e duradouro.

## Um verdadeiro iniciado

Embora este livro lide de modo específico com estudantes e iniciados da tradição da Golden Dawn, os valores que tentamos passar são comuns a todos os iniciados da Tradição Esotérica Ocidental.

Um verdadeiro iniciado é humilde — ele não se vangloria de suas maravilhosas façanhas mágicas, de sua superioridade nem de sua grandiosa posição de mago de grande poder. Os magos fanfarrões revelam seu próprio desequilíbrio, egotismo e imaturidade. O iniciado reconhece suas próprias falhas e entende que a Magia real não resulta na criação de um "Mestre Enaltecido" com poderes sobrenaturais. A verdadeira condição de Adepto traz uma percepção consciente da Luz Divina e uma comunicação com ela. Também produz um desejo sincero de levar às outras pessoas a beleza dessa Luz Eterna.

Um iniciado esforça-se para alcançar o equilíbrio psíquico e tenta cultivar, o máximo possível, suas próprias habilidades latentes para desenvolver seu supremo potencial espiritual. Um iniciado entende a necessidade de purificação e consagração em nome dos princípios mais altos e divinos. O iniciado é aquele que deseja se comprometer com a disciplina espiritual e trabalha arduamente com ela. Um iniciado é um teurgista — um alquimista espiritual que é o sujeito de seu próprio experimento alquímico, eliminando as impurezas e sublimando a essência. Ele entende que o Caminho da Magia de Luz não é uma estrada rápida nem fácil. Um iniciado dedica toda a sua vida à busca da Pedra Filosofal, da Sabedoria Verdadeira, da Felicidade Perfeita e do Bem Maior.

O resultado que o Mago deseja alcançar acima de tudo é a reconstrução espiritual de seu próprio universo consciente e, por conseguinte, de toda a humanidade; a maior de todas as mudanças concebíveis. A técnica da Magia é aquela pela qual a alma voa, reta como uma flecha impelida por um forte arco, para a serenidade, para um repouso profundo e impenetrável.

> Mas é apenas o próprio homem que pode fortalecer a corda do arco; ninguém mais pode realizar essa tarefa por ele. A "Salvação" deve ser autoinduzida e autocriada. As essências universais e centros cósmicos estão sempre presentes, mas o homem deve dar os primeiros passos em direção a eles, e então, como Zoroastro disse nos Oráculos Caldeus, os "mortais abençoados vêm com prontidão". A causa e o criador da sorte e do destino é o próprio homem. Seu modo de agir determina o curso de sua existência futura. Além do mais, na palma de sua mão está o destino de toda a humanidade. Nem todos os indivíduos se sentirão do mesmo modo em relação ao despertar da coragem adormecida e à séria determinação que controla o Universo, para que assim, por uma estrada direta e sem obstáculos, a humanidade seja conduzida a um ideal mais nobre e a um estilo de vida mais harmonioso. Ainda que apenas alguns homens se esforcem para descobrir o que eles são na realidade e sintam, sem nenhuma sombra de dúvida, a refulgência cintilante da glória e da sabedoria ardendo no fundo do coração, e descubram os elos que os conectam ao Universo. Então, eu acredito que eles terão realizado não apenas seu propósito individual na vida e cumprido seu próprio destino,

> mas também, o que é infinitamente mais importante, eles terão cumprido o destino do Universo, considerado como um vasto organismo vivo e consciente.[222]

Você sente que o Hermeticismo é o seu caminho espiritual? Você se sente atraído pelos ensinamentos da tradição da Golden Dawn? Nestas páginas que você acabou de ler, tentamos apresentar algumas diretrizes para responder a essas perguntas. Encorajamos os estudantes interessados a buscar mais informações acerca desses assuntos lendo os livros de Israel Regardie ou nossos livros a respeito da Golden Dawn. Procure livros de Pat Zaleswski, Darcy Küntz, John Michael Greer e R.A. Gilbert. Se você deseja se juntar a um grupo de Magia, faça sua própria pesquisa sobre os diferentes grupos existentes e converse com pessoas que estão, ou estiveram, envolvidas com eles. Faça perguntas. Tire suas próprias conclusões. Como um bom amigo nosso aconselha: "Pense por si mesmo e questione a autoridade". Esse sempre foi um bom conselho.

Lembre-se de que o crescimento espiritual nem sempre é fácil. Quando assumimos o compromisso de trilhar o caminho dos mistérios, o Universo tende a nos dar o que precisamos para a evolução pessoal, e nem sempre o que desejamos para um momento de prazer. Isso deve ser entendido logo no início. No entanto, se seguidos com determinação e perseverança, os ensinamentos da Golden Dawn aprofundarão seu entendimento de si mesmo e do Universo Divino onde vive. Você terá uma visão mais clara das forças invisíveis que fluem e dão forma ao mundo material. Mas, acima de tudo, você terá dado um passo substancial, o primeiro de muitos, no caminho da verdadeira evolução pessoal — a realização da Grande Obra.

222. Regardie, *The Three of Life, An Illustrated Study in Magic*, 20.

## Apêndice 1

# Linha Secular da Golden Dawn

1º de março de 1887: Westcott decodifica o Manuscrito Cifrado. Convida Mathers e Woodman a se juntarem a ele na criação da nova Ordem.

1º de março de 1888: O Templo Ísis-Urânia nº 3 é inaugurado. Westcott, Woodman e Mathers são os Três Chefes. Mina Bergson (Moina Mathers) é a primeira iniciada.

(O sistema numérico marca o templo mítico de Fraulein Sprengel na Alemanha, Lich, Liebe und Leben como nº 1. O Templo Hermanoubis nº 2, em Londres, é inaugurado, mas nunca se tornou ativo.)

O Templo de Osíris nº 4, em Weston-super-Mare, é inaugurado. Todos os membros são maçons.

O Templo de Hórus nº 5, em Bradford, é inaugurado.

Primavera de 1891: A R.R. et A.C. é criada.

Dezembro de 1891: O dr. Woodman morre. Ninguém é indicado para seu lugar.

7 de dezembro de 1891: Annie Horniman é a primeira iniciada na R.R. et. A.C.

21 de maio de 1892: Os Mathers mudam-se para Paris.

Março de 1893: Westcott renuncia ao cargo de Praemonstrator. Florence Farr assume a posição. Annie Horniman é indicada como Sub-Praemonstrator.

8 de junho de 1893: O Templo Amon-Rá nº 6 é inaugrado em Edimburgo. Entre os membros estavam J.W. Brodie-Innes e o dr. Felkin.

6 de janeiro de 1894: O Templo Ahathor nº 7, de Mathers, é consagrado em Paris. O famoso ocultista francês Papus (dr. Gerard Encausse) é um dos membros.

6 de janeiro de 1896: Florence Farr inicia o "Grupo Esfera", um grupo separado de videntes dentro da Golden Dawn.

Primavera de 1896: Annie Horniman e MacGregor Mathers se desentendem.

29 de outubro de 1896: Mathers lança um manifesto exigindo a submissão por escrito dos membros da Segunda Ordem à sua autoridade.

3 de dezembro de 1896: Annie Horniman é expulsa da Golden Dawn por insubordinação.

Primavera de 1897: A associação de Westcott com a Ordem torna-se pública. Ele se afasta do cargo na Golden Dawn e na R.R. et A.C. Florence Farr assume sua posição como líder da Ordem na Inglaterra.

O Templo Thmé nº 8 é inaugurado em Chicago, Illinois.

O Templo Thoth-Hermes nº 9 é inaugurado em Nova York.

23 de janeiro de 1900: Mathers inicia Aleister Crowley no grau $\textcircled{5}=\boxed{6}$ em Paris, após Londres ter recusado sua iniciação. Os Adeptos de Londres recusam-se a reconhecer a iniciação de Crowley.

Janeiro de 1900: Florence Farr escreve a Mathers. Ele a acusa de tentar trazer Westcott de volta como líder da Ordem. Ela renuncia.

Fevereiro de 1900: Mathers apresenta Madame Horos como Fraulein Sprengel em Ahathoor.

16 de fevereiro de 1900: Mathers não aceita a renúncia de Farr. Ele acusa Westcott de forjar as cartas de Sprengel.

Março de 1900: Membros do comitê da Segunda Ordem em Londres investigam as acusações de fraude e expulsam MacGregor e Moina Mathers. Annie Horniman é reconduzida ao cargo.

Abril de 1900: Cisma. Mathers anula o comitê da Segunda Ordem e envia Aleister Crowley para assumir o controle das propriedades da R.R. et A.C. em Londres. Isso não dá certo.

O Templo de Ísis nº 11 é criado pelo dr. Berridge em Londres. Ele se mantém leal a Mathers. (Esse templo também é chamado Alpha et Omega 1.)

Abril de 1901: Disputas internas referentes ao "Grupo Esfera", de Florence Farr, os julgamentos de Horos e publicidade indesejada.

Janeiro de 1902: Florence Farr retira-se da Golden Dawn.

A Golden Dawn muda o nome para Sociedade Hermética de Morgenröthe.

Junho de 1902: O Templo de Hórus, em Bradford, gradualmente se afasta dos ensinamentos da Golden Dawn. Por fim, abraça os ideais da S.R.I.A., e aceita apenas Mestres Maçons.

Julho de 1903: Cisma. Brodie-Innes, Felkin e os membros com inclinação à Magia formam a Stella Matutina. O templo-mãe é chamado Amoun.

Novembro de 1903: Waite, Blackden, o rev. Ayton e os membros com mais inclinação ao Misticismo assumem o que restou de Ísis-Urânia Nº 3. Waite forma o Rito Independente e Retificado da R.R. et A.C. (e a posterior Irmandade da Cruz Rósea em 1916).

Fim de 1903: Os templos leais a Mathers assumem o nome Alpha et Omega.

Fim de 1912: Felkin inaugura o Templo Smaragdum Thalasses da Stella Matutina, em Havelock North, Nova Zelândia.

Fim de 1912--começo de 1913: Alpha et Omega 2 (templo) é formado em Edimburgo como um templo-filha de Amon-Rá. Brodie-Innes é nomeado chefe do templo, após se reconciliar com Mathers e romper com Felkin.

1913: O Templo Amon-Rá também dá origem a uma ramificação híbrida chamada Templo Cromlech ou a Ordem Solar — uma colaboração entre Alpha et Omega 2 e clérigos anglicanos.

Brodie-Innes estabelece um templo A.O. em Londres como uma filial sulista do seu reavivado Templo Amon-Rá em Edimburgo. (Ele funciona separadamente do Alpha et Omega 3, de Moina Mathers.)

1916: Felkin inaugura os seguintes templos da Stella Matutina: Loja de Hermes em Bristol; a Escola Secreta em Londres (aberta apenas a membros da S.R.I.A.); e a Loja de Merlin em Londres.

Felkin cria outra Ordem — a Guilda de São Rafael — uma guilda da Igreja Anglicana.

1918: Paul Foster Case é iniciado no grau 0=0 no Templo Thoth-Hermes nº 9 em Nova York (novembro).

| | |
|---|---|
| 1919: | Moina Mathers retorna a Londres depois da morte de MacGregor e inaugura o Alpha et Omega 3.<br>Dion Fortune junta-se ao templo A.O. de Broddie-Innes em Londres.<br>A A.O. estabelece o Templo Ptah nº 10 na Filadélfia. |
| 1920: | O Templo Amoun da Stella Matutina em Londres é fechado por causa do comportamento paranoico de sua chefe (A sra. Stoddart).<br>A A.O. estabelece o Templo Atoum nº 20 em Los Angeles. |
| Janeiro de 1922: | Moina expulsa Paul Foster Case da Golden Dawn. Case cria sua própria Ordem — os Construtores do Adito ou B.O.T.A.<br>Tendo deixado a Alpha et Omega, Dion Fortune cria a Fraternidade da Luz Oculta.<br>[Grupos derivados da Fraternidade da Luz Oculta incluíam A Guilda do Mestre Jesus (Londres, 1925); Hélios (Gareth Knight — Toddington, 1956); o Templo Enochiano (Londres, 1969); e os Servos da Luz (W.E.Butler.).] |
| Janeiro de 1923: | A Stella Matutina está perto de sofrer um colapso. Yeats renuncia.<br>O Templo Ahathoor nº7 possivelmente entra em pendência. |
| Janeiro de 1926: | Israel Regardie é iniciado na S.R.I.A. (a Ordem americana), que usava rituais da Golden Dawn. |
| Janeiro de 1933: | Israel Regardie junta-se ao Templo de Hermes da Stella Matutina em Bristol. |
| Novembro de 1934: | Regardie passa no Exame Enochiano, o teste final exigido no subgrau de Z.A.M. (Zelator Adeptus Minor), e obtém o subgrau de Th.A.M. (Theoricus Adeptus Minor). |
| Dezembro de 1934: | Regardie renuncia, após ficar desiludido com o estado das coisas na Ordem. |
| 1937: | Regardie começa a publicar os ensinamentos da Ordem como *The Golden Dawn: An Account of the Teachings, Rites, and Ceremonies of the Order of the Golden Dawn.* |
| 1939: | A maioria dos templos da A.O. e da Stella Matutina torna-se inativo (com exceção do Templo de Hermes em Bristol, que funcionou esporadicamente até o início da década de 1960 e fechou no início dos anos de 1970; e o Templo Smaragdum em Nova Zelândia, que durou até o fim da década de 1970). |

| | |
|---|---|
| 1960: | O Templo de Hermes entra em pendência. |
| | O Templo Cromlech entra em pendência. |
| 1972: | O último templo britânico da Stella Matutina, Hermes, em Bristol, fecha para sempre. |
| 1977: | Um templo da tradição da Golden Dawn é inaugurado em Columbus, Geórgia. Começa o trabalho de criação da Câmara dos Adeptos. |
| 1978: | O último templo na Nova Zelândia, Smaragdum Thalasses, fecha. |
| 1982: | Israel Regardie consagra a Câmara dos Adeptos em Columbus, Geórgia, e inicia duas pessoas no grau ⑤=6, restabelecendo a Ordem Hermética da Golden Dawn na América. |
| | Um casal da Nova Zelândia (Pat e Chris Zalewski) funda um templo da Golden Dawn no país. |
| 2003: | Agora um número cada vez maior de pessoas tem acesso aos ensinamentos da Golden Dawn. Muitos indivíduos ativos se referem a si mesmos como magos praticantes da Golden Dawn. |

Apêndice 2

# Uma Breve Lista dos Lemas Mágicos da Golden Dawn

Ayton, rev. W.A.: *Virtute Orta Occident Rarius* — "Aqueles que ascendem pela virtude raramente caem"

Bennet, Allen: *Yehi Aour* — "Faça-se a Luz"

Berridge, dr. E.: *Resurgam* — "Eu me erguerei novamente"

Blackwood, Algernon: *Umbram Fugat Veritas* — "A verdade afasta as trevas"

Broddie-Innes, J.W.: *Sup Spe* — "Sob esperança"

Bullock, Percy: *Levavi Oculos* — "Erguerei os olhos"

Case, Paul Foster: *Perseverantia* — "Perseverança"

Cox, Benjamin: *Crux Dat Salutem* — "A cruz traz a salvação"

Crowley, Aleister: *Perdurabo* — "Eu viverei para sempre"

Dickson, W.E. Carnegie: *Fortes Fortuna Juvat* — "A sorte ajuda os bravos"

Farr, Florence: *Sapientia Sapienti Dono Data* — "A sabedoria é uma dádiva dada aos sábios"

Felkin, dr. R.W.: *Finem Respice* — "Tenha consideração até o fim"

Firth, Violet: *Deus Non Fortuna* — "Por Deus, não por acaso"

(Dion Fortune)
Gardner, Frederick L.: *De Profundis Ad Lucem* — "Das profundezas da Luz"

Gonne, Maud: *Per Ignum Ad Lucem* — "Através do fogo para a Luz"

Horniman, Annie: *Fortiter et Recte* — "Com coragem e justiça"

Horton, William: *Spes Mea Christus* — "Cristo é minha esperança"

Mathers, Moina: *Vestigia Nulla Retrorsum* — "Nenhum vestígio"

Mathers, Samuel L.: *'S Rioghail Mo Dhream* — "Real é a minha tribo"
*Deo Duce Comite Ferro* — "Com Deus como meu líder e a espada como companheira"

Peck, William: *Veritas et Lux* — "Verdade e Luz"

Pullen, Burry, dr. H.: *Anima Pura Sit* — "Que a alma seja pura"

Rand, Helen: *Vigilate* — "Vigiai"

Regardie, Israel: *Ad Majorem Adonai Gloriam* — "À Glória Suprema de Adonai"

Waite, A.E.: *Sacramentum Regis* — "O sacramento do rei"

Westcott, dr. W.W.: *Sapere Aude* — "Ouse ser sábio"
*Non Omnis Moriar* — "Eu não morrerei por completo"

Wilde, Constance: *Qui Patitur Vincit* — "Aquele que suporta, conquista"

Woodman, dr. W.R.: *Magna Est Veritas Et Praelavebit* — "Grande é a Verdade; e ela prevalecerá"
*Vincit Omnia Veritas* — "A Verdade Vence Todas as Coisas"

Yeats, William Butler: *Demon Est Deus Inversus* — "O Diabo é o reverso de Deus"

# GLOSSÁRIO

**A.O.:** (Ver Alpha et Omega).

**Abertura da Chave:** Um método complexo para a leitura do Tarô, usado na Segunda Ordem da Golden Dawn. Utiliza cinco disposições consecutivas das cartas do Tarô em uma única leitura.

**Abramelin:** Nome do mago egípcio citado em *Santo Anjo Guardião — A Magia Sagrada de AbraMelin, o Mago*, um texto mágico traduzido por S.L. Mathers. O manuscrito em francês foi escrito no século XVIII, mas afirma-se ser a tradução de um texto original em hebraico de 1458. O grimório contém instruções elaboradas na forma de um programa de seis meses de purificação e oração, com o objetivo de levar o mago a um estado mais elevado de consciência, no qual "o conhecimento e a conversação com o Santo Anjo Guardião" são possíveis.

**Adão Kadmon:** O "homem celestial" ou corpo de Deus. O protótipo divino da humanidade, que é circunscrito pela Árvore da Vida". A coroa de Kether fica sobre sua cabeça e Malkuth está a seus pés. Adão Kadmon encerra em si toda a humanidade, cuja verdadeira morada está nas esferas da Árvore, na qual os corpos celestiais também estão localizados.

**Adepto:** Um iniciado que alcançou determinado nível de realização.

**Adepto Chefe:** O título do principal oficial na R.R. et A.C.

**Adeptus Exemptus:** O "adepto isento". O terceiro grau da Ordem Interna da Golden Dawn.

**Adeptus Major:** O "adepto maior". O segundo grau da Ordem Interna da Golden Dawn.

**Adeptus Minor:** O "adepto menor". O primeiro grau da Ordem Interna da Golden Dawn.

**Adivinhação:** A arte de descobrir o significado divino por trás de acontecimentos fortuitos. Na Golden Dawn, é usada como um instrumento para alcançar bem-estar psíquico e crescimento espiritual. Há vários métodos de adivinhação, incluindo cartomancia (leitura das cartas do Tarô) e Geomancia (adivinhação com o pó da terra).

**Adivinho:** Aquele que faz adivinhações.

**Adonai:** Termo hebraico que significa "Senhor". Associado ao sul no RMBP.

**Adonai ha-Aretz:** Frase hebraica que significa "senhor da terra". Nome divino associado a Malkuth. Entoado no Exercício do Pilar do Meio.

**Agla:** Acrônimo hebraico para a frase *Atah Gebur Le-Olahm Adonai* ou "Tu és grande para sempre, meu Senhor". Associado ao norte no RMBP.

**Ain Soph:** Frase hebraica que significa "sem limite". O véu do meio dos três Véus Negativos. O termo mais próximo que podemos usar para definir a Divindade Inefável.

**Ain Soph Aur:** Frase hebraica que significa "luz ilimitada". O mais íntimo dos três Véus Negativos.

**Alma:** A porção do meio da constituição tripla do homem: corpo, alma e espírito. A alma é a parte pessoal de um indivíduo e a mediadora entre o corpo físico e o espírito divino.

**Alma do Mundo:** (Ver *Anima Mundi.*)

**Alquimia:** Uma antiga ciência de purificação e transformação. Existem dois tipos de Alquimia que frequentemente se sobrepõem. A Alquimia prática, de laboratório, ou externa, que busca a transformação de material básico em uma substância mais purificada e superior — como a transformação do chumbo em ouro ou a extração da substância medicinal de uma planta para criar um elixir de cura. A Alquimia espiritual, teórica, ou interna, que se volta para a transformação da alma humana, de um estado básico à iluminação espiritual.

**Alpha et Omega (A.O.):** Uma das Ordens derivadas da Golden Dawn após o colapso da Ordem original.

**Amém:** Um acrônimo para a frase hebraica *Adonai Meleck Na'amon*, que significa "Senhor, rei fiel". Seu significado implícito é "que assim seja".

**Anjo:** Uma entidade na hierarquia divina. Um espírito superior e de bondade pura em posição e operação. Os anjos são símbolos antropomórficos daquilo que consideramos ser bom ou sagrado. Os anjos e arcanjos são considerados aspectos específicos de Deus, cada um com propósito e jurisdição próprios. Cada um deles tem deveres específicos, como trazer ensinamentos, avisos ou mensagens do Divino para os seres humanos. Os nomes dos anjos cabalísticos geralmente terminam com o sufixo *el* ou *yah*, que são nomes divinos de Deus, indicando que os próprios anjos são "de Deus". A palavra *anjo* é derivada do termo grego *angelos*, que significa "mensageiro".

**Anima:** Palavra latina para "alma". Na psicologia junguiana, ela se refere à imagem feminina da alma. A incorporação da natureza feminina reflexiva no subconsciente do homem.

**Anima Mundi:** Expressão latina para "a Alma do Mundo". A essência divina que permeia todas as coisas.

**Animus:** Na psicologia junguiana, refere-se à imagem masculina da alma. A incorporação da natureza criativa do homem no subconsciente da mulher.

**Antimônio:** Na Alquimia, um veneno que em certas doses age como um poderoso remédio.

**Árvore da Vida:** Em hebraico *Etz ha-Chayim*. Um glifo ou símbolo central da Cabala. É um desenho simétrico de dez círculos ou esferas conhecidos coletivamente como *sephiroth*, dispostos de certa maneira com 22 caminhos que os ligam, passando entre as esferas. É considerada a matriz para o entendimento de todas as coisas e relacionamentos no Universo, incluindo a essência de Deus e da alma da humanidade. (Ver Cabala; *Sephiroth*.)

**Apeiron:** Termo grego para "ilimitado".

**Arcanjo:** Um anjo poderoso que governa grandes grupos ou hostes de anjos inferiores. (Ver Anjo). Segundo alguns estudiosos, os arcanjos têm vontade própria, ao contrário dos anjos.

**Arcanos Maiores:** "O Segredo Maior". Refere-se aos 22 trunfos do Tarô.

**Arcanos Menores:** "O Segredo Menor". Refere-se às cartas de pontos e da Corte do Tarô.

**Archon:** Termo grego para "regente".

**Arquétipo:** Um protótipo ou modelo original no qual se baseiam os padrões de outras coisas semelhantes. Um exemplo ideal de um tipo. Um conceito universal. Na psicologia junguiana, é referido como ideia preexistente, modelo de pensamento ou forma de Deus que se manifesta pelo inconsciente coletivo da humanidade.

**Aretz:** Palavra hebraica que significa "terra".

**Ascensão nos Planos:** Um método de trabalho astral que se desenvolveu a partir da técnica da Golden Dawn da Viagem na Visão Espiritual. É um processo puramente espiritual que usa a cabalística Árvore da Vida. A consciência do mago é colocada dentro do corpo astral que ascende aos vários níveis da Árvore.

**Ash:** Palavra hebraica que significa "fogo".

**Assiah:** O "Mundo Material". O quarto, último e mais denso dos quatro mundos ou estágios cabalísticos da manifestação. Assiah é o mundo denso da ação e da matéria. É atribuído a Malkuth, o elemento terra, e à letra hebraica Heh (a última letra Heh, em oposição à segunda letra Heh no nome de Yod Heh Vah Heh). (Ver os Quatro Mundos Cabalísticos.)

**Astral:** Da palavra grega *astrum*, ou "estrela". Aquilo que pertence ao nível incorpóreo do ser, que está além do material ou físico.

**Astrologia:** Uma antiga ciência que examina a ação dos corpos celestes em todos os seres humanos, objetos não-viventes e condições terrestres; bem como suas reações a tais influências. Enquanto a Astronomia moderna é considerada uma ciência objetiva de distâncias, massas e velocidades estelares, a Astrologia é considerada uma ciência subjetiva e intuitiva que não apenas lida com a delineação astronômica dos horóscopos, mas também é vista como uma filosofia que explica a essência espiritual da vida.

**Assunção da Forma Divina:** Uma técnica mágica em que o adepto trabalha com as energias de uma divindade específica, assumindo sua forma. A imagem arquetípica da divindade é criada no plano astral por visualização focada, vibração do nome da divindade, o traçado de seu selo, etc. O mago então penetra essa imagem astral e a veste como uma roupa ou máscara, continuando a fortalecer a imagem com a concentração focada. Isso é feito com o objetivo de criar um veículo para aquele aspecto específico da divindade com a qual o mago está trabalhando. O mago imita, mas não "canaliza" nem se identifica com a divindade durante o processo. (Regardie afirmava com frequência que o mago que se identifica totalmente com uma divindade em particular "está perdido" e pode ser iludido pelo egoísmo.)

**Atah:** Palavra hebraica para "Tu és". Associada a Kether no RMBP.

**Atziluth:** O "Mundo da Nobreza". O mais alto e abstrato dos quatro mundos ou estágios cabalísticos da manifestação. Atziluth é o mundo divino dos arquétipos. É atribuído a Kether, o elemento do fogo, e à letra hebraica Yod. (Ver Quatro Mundos Cabalísticos.)

**Aura:** Uma casca ou camada de substância astral que cerca e permeia o corpo físico. Um halo ou invólucro de luz/energia espiritual que cerca a pessoa e pode ser visto por clarividentes. Também chamada a Esfera da Sensação.

**Bahir:** (Ver Sepher Bahir.)

**Banquete Místico:** Uma partilha dos elementos. Semelhante à Eucaristia cristã. (Ver Eucaristia.)

**Bastão:** Um dos quatro naipes do Tarô, atribuído ao elemento fogo e ao mundo cabalístico de Atziluth.

**Biblioteca Akáshica:** (Ver Registros Akáshicos.)

**Binah:** Palavra hebraica que significa "entendimento", referindo-se à terceira *sephirah* na Árvore da Vida.

**Briah:** O "Mundo da Criação". O segundo dos quatro mundos cabalísticos, que consiste em Chokmah e Binah. Briah é o reino dos arcanjos. É atribuído ao elemento água e à letra hebraica Heh. (Ver Quatro Mundos Cabalísticos.)

**Cabala:** Palavra hebraica que significa "tradição". É derivada da palavra *qibel*, que significa "receber". Refere-se a um antigo costume de transmitir oralmente o conhecimento esotérico. A palavra *Cabala* compreende um corpo inteiro de antigos princípios místicos hebraicos, que são a pedra fundamental da Tradição Esotérica Ocidental.

**Caduceu:** O bastão alado, com duas serpentes enroscadas, de Hermes. Na Golden Dawn, o caduceu é portado pelo Keryx.

**Caldeu:** Sinônimo grego de "babilônio". Semelhante ao nome da Kaldu assíria, que era parte da Babilônia. No livro de *Daniel,* a palavra é usada para indicar uma classe de homens sábios. A palavra *Caldeu* passou a significar um grupo de elite de profetas, videntes, astrólogos e alquimistas.

**Câmara dos Adeptos:** A câmara ritual da Segunda Ordem.

**Cancellaria:** Forma feminina de Cancellarius.

**Cancellarius:** Palavra latina que significa "chanceler" ou "alto oficial". Guardião dos registros. Um dos Três Oficiais Chefes na Sala do Neófito.

**Candidato:** Um iniciante em potencial.

**Cartas da Corte:** As seis cartas reais ou "de rosto" dos Arcanos Menores. Elas incluem o Rei, a Rainha, o Príncipe e a Princesa.

**Cartas de Pontos:** As 40 cartas numeradas dos Arcanos Menores do Tarô.

**Chesed:** Palavra hebraica que significa "misericórdia", referindo-se à quarta *sephirah* na Árvore da Vida. Também chamado Gedulah, que significa "grandeza, magnificência, glória".

**Chokmah:** Palavra hebraica que significa "sabedoria", referindo-se à segunda *sephirah* na Árvore da Vida.

**Circumambulação:** Caminhar formando um círculo, especialmente como parte de uma cerimônia ritual ou mágica.

**Clarividência:** Do francês *clairvoyant* — "que tem a visão clara". A habilidade de um vidente, adivinho ou *skryer* para ver pessoas ou acontecimentos que estão distantes no tempo ou no espaço, usando métodos diferentes dos sentidos mundanos comuns. Algumas vezes referida como PES, ou Percepção Extrassensorial. A clarividência pode ou não incluir o uso de objetos — cristais, espelhos mágicos ou símbolos mágicos — como meios de ajuda para promover as habilidades de percepção da pessoa.

**Conhecimento e Conversação:** Especificamente, "Conhecimento e Conversação do Santo Anjo Guardião". Uma frase adaptada de AbraMelin, usada por Crowley e outros.

**Consagrar:** Tornar sagrado. A dedicação ritual de uma pessoa ou objeto a um propósito espiritual específico.

**Contemplação:** Observação meditativa e constante de alguma coisa enquanto ela é experienciada.

**Coobação:** Na Alquimia prática, uma série de destilações repetidas de um solvente sobre uma substância. Recombinação. Reunificação.

**Corpo de Luz:** O corpo astral ou duplo etérico. Com frequência usado para descrever um veículo construído ritualmente para viagem astral.

**Corpo Sutil:** O circuito psicofísico de um ser humano por meio do qual flui a força da vida. Marca de energia para o corpo físico. Às vezes chamado corpo astral, duplo etérico ou corpo de luz.

**Cosmos:** Da palavra grega *kosmos*, ou "boa ordem". Descreve o Universo como um sistema ordenado, em oposição a um caótico.

**C.R.C.:** (Ver Rosenkreutz, Christian.)

**Cruz Cabalística (C.C.):** Um ritual breve que é incorporado ao RMBP. A Cruz Cabalística forma uma cruz equilibrada de luz na esfera de sensação do mago.

**Cruz Celta:** Uma forma de dispor as cartas do Tarô, que se tornou popular com A. E. Waite e é ensinada na Primeira Ordem da Golden Dawn.

**Cruz da Cavalaria:** A cruz cristã ou latina.

**Cruz em Círculo:** (Ver Rosa-cruz.)

**Cruz Fylfot:** Uma cruz equilátera com os braços inclinados e ângulos retos. Um símbolo de energias giratórias também chamado *swastika* (suástica), *crux gammata* (cruz gamada), Martelo de Thor e Cruz Hermética.

**Cruz Maltesa:** Uma cruz formada por quatro triângulos. Esse símbolo coroa a varinha do Praemonstrator.

**Daath:** Palavra hebraica que significa "conhecimento". A chamada "*Sephirah* Invisível" na Árvore da Vida, Daath não é de fato uma *sephirah*, mas uma conjunção de energias de Chokmah e Binah. Pode ser associada a uma passagem sobre um abismo.

**Dadouche:** Forma feminina de Dadouchos.

**Dadouchos:** Palavra grega que significa "portador da tocha". Um oficial na Sala do Neófito que realiza consagrações.

**Decanato:** Uma seção de dez graus de um signo zodiacal. (Os signos zodiacais são compostos de 30 graus.)

**Decania:** (Ver Decanato.)

**Demiourgos:** Termo grego que significa "criador". Um termo cunhado por Platão e depois adotado pelos gnósticos para descrever uma entidade inferior que reina sobre as criaturas do Universo. O demiurgo não é o Deus supremo, mas apenas um instrumento de poderes superiores.

**Demiurgo:** (Ver Demiourgos.)

**Dissolução:** Dissolver.

**Ego:** A parte da psique que é consciente, governa mais diretamente o pensamento e o comportamento, e se volta para a realidade exterior. Também chamado eu consciente.

**Eheieh:** Palavra hebraica que significa "Eu sou". Nome divino associado a Kether e entoado no Exercício do Pilar do Meio.

**Elemento:** Na Magia existem quatro elementos básicos (fogo, água, ar e terra), que são considerados reinos ou divisões da natureza. São os modos básicos da existência e da ação; e os blocos de construção de tudo o que existe no Universo. A teoria dos quatro elementos foi adotada pela primeira vez por Empédocles (século V a.C.) e depois elaborada por Aristóteles. Diz-se que um quinto elemento, o Espírito, une e governa os quatro inferiores.

**Enochiano:** Uma língua genuína e um sistema de Magia que foi descoberto pelo dr. John Dee e seu assistente, Edward Kelly. Iniciando em 1582, o mago elizabetano Dee e seu vidente Kelly continuaram a descobrir o sistema enochiano por um período de sete anos. Os dois homens acumularam uma grande quantidade de trabalho, incluindo uma língua completa com seu alfabeto e sintaxe próprios e únicos. Essa língua, conhecida como a "Língua Secreta dos Anjos", passou a ser conhecida como Enochiana porque, supostamente, foi a linguagem angelical revelada a Enoch pelo anjo Ave.

A estrutura do sistema Enochiano foi baseada em uma cifra de permutações numerológicas de elementos dispostos em tabelas de letras conhecidas como Tábuas da Sentinela ou Tábuas Elementais e a Tábua da União. Dessas tábuas derivaram os nomes de vários poderes elementais, anjos, seres e reinos espirituais conhecidos como *aethyrs*. A Magia enochiana é um sistema complexo de hierarquias elementais e espirituais que foi posteriormente desenvolvido pela Golden Dawn.

**Enoch (ou Henoch):** "Aquele que caminhou com Deus". Profeta hebreu que, acredita-se, é o sétimo mestre do mundo depois de Adão. (Ver Enochiano.)

**Esfera de Sensação:** Um termo usado pelos magos da Golden Dawn para descrever a aura.

**Esotérico:** Oculto ou secreto. Interior. (Ver Exotérico.)

**Espada:** Um dos quatro naipes do Tarô atribuído ao elemento terra e ao mundo cabalístico de Yetzirah.

**Espelho Mágico do Universo:** A alma humana como um reflexo do divino.

**Espírito:** O quinto elemento transcendente que une e governa os outros quatro. O princípio vital ou força de vida nos seres vivos. Também se refere a uma entidade senciente, incorpórea. A porção superior da constituição tripla do homem: corpo, alma e espírito.

**Espiritualismo:** Um movimento que teve início na América por volta de 1848. No Espiritualismo, acredita-se que indivíduos receptivos, conhecidos como médiuns, recebem mensagens de seres humanos já falecidos e se comunicam com entidades do outro mundo enquanto estão em um estado passivo de transe.

**Etz ha-Chayim:** Hebraico para "Árvore da Vida".

**Eucaristia:** O sacramento principal do culto cristão, no qual o pão e o vinho, representando o corpo e o sangue de Jesus Cristo, são consagrados e consumidos. Comunhão. Na Golden Dawn, realiza-se um rito semelhante, chamado Banquete Místico ou Banquete de Osíris, no qual os iniciantes participam dos quatro elementos — ele representa o corpo reconstituído de Osíris.

**Eu Superior:** Uma personificação do eu espiritual transcendente que reside em Tiphareth e faz a mediação entre o Eu Divino e a personalidade inferior. Algumas vezes referido como Santo Anjo Guardião, Gênio Inferior e Augoeides.

**Evolução:** O ato de desembaraçar. Reduzir a complexidade; adquirir simplicidade. Em termos esotéricos, é a ascensão ou liberação do espírito dos confinamentos da matéria. O "caminho do retorno" de volta ao divino. Simbolizado pela escalada da Árvore da Vida. Desenvolvimento progressivo da mente e da alma. (Ver Involução.)

**Exotérico:** Público, exterior, externo.

**Fama Fraternitatis:** O primeiro dos três famosos e misteriosos Manifestos Rosa-Cruz, o *Fama* apareceu pela primeira vez na cidade alemã de Kassel, em 1614, e estimulou o interesse do movimento Rosa-Cruz.

**Flâmula do Leste:** Na Golden Dawn, o símbolo primário da Luz; portada pelo Hierofante.

**Flâmula do Oeste:** Na Golden Dawn, o símbolo primário das Trevas; portada pelo Hiereus.

**Fanfarrões:** Falsos alquimistas.

**Forma divina:** Uma imagem arquetípica de um deus ou deusa que é criada pela visualização no plano astral. A expressão externa de uma divindade. (Ver Assunção da Forma Divina.)

**Fórmula Vibratória:** Um método pelo qual os nomes e palavras divinos são entoados com força e autoridade em uma "vibração". Realizada de maneira apropriada, a vibração deve ser sentida por todo o corpo e imaginada atingindo todo o Universo.

**Gabriel:** Hebraico para "Força de Deus". Arcanjo hebreu da água elemental, invocado no RMBP. Também o nome do arcanjo de Yesod e da Lua.

**Geburah (ou Gevurah):** Palavra hebraica que significa "poder". Referido com frequência como "severidade", Geburah é a quinta *sephirah* na Árvore da Vida.

**Gedulah:** Palavra hebraica que significa "grandeza, magnificência, glória". Um título de Chesed.

**Gênio:** Um espírito regente ou protetor. A forma plural é genii.

**Geocêntrico:** "centrado na Terra". A antiga visão de mundo segundo a qual os planetas giravam ao redor da Terra como o centro do Universo.

**Geomancia:** Uma antiga forma de adivinhação associada ao elemento terra que utiliza correspondências astrológicas.

**Geomantria:** Parte da Cabala Literal — o segmento da Cabala que interpreta os códigos encontrados nas palavras hebraicas contidas nos textos místicos. A geomantria é uma forma de numerologia hebraica que usa os valores numéricos das letras do alfabeto hebraico. Nomes ou palavras são convertidos em números para encontrar significados ocultos. Acredita-se que as palavras com o mesmo valor numérico têm um relacionamento importante e significativo.

***Gnose*:** Palavra grega que significa "conhecimento".

**Gnosticismo:** Uma palavra derivada do termo grego *gnostikos*, significando aquele que adquiriu a *gnose* ou "conhecimento" (literalmente, "aquele que sabe".) Qualquer uma das várias seitas gnósticas que floresceram no mundo mediterrâneo durante a época de Cristo, de modo particular durante os séculos II e III d.C., e por muitos séculos depois. As duas maiores ramificações do Gnosticismo eram o Gnosticismo setiano ou judaico e o Gnosticismo valentiniano ou cristão.

**Grande Obra:** Um termo emprestado do *magnum opus* da Alquimia. Refere-se ao caminho esotérico da evolução espiritual, crescimento e iluminação humanos, que é o objetivo da Teurgia. Ele indica a busca espiritual pela união com o Divino.

**Grimório:** Palavra de origem francesa (*grimoire*) que significa "gramática". Um texto mágico. Qualquer livro medieval que contenha procedimentos mágicos ou encantamentos para invocar espíritos. O *Oxford English Dictionary* cita Arthur Edward Waite como a primeira fonte do uso da palavra.

**Hegemon:** Palavra grega que significa "guia". Um oficial principal na Sala do Neófito que guia o Candidato ao redor do Templo.

**Hegemone:** Forma feminina de Hegemon.

**"Hekas! Hekas! Este Bebeloi!":** Uma frase mágica originalmente proferida nos Mistérios de Elêusis que significa "Longe, muito longe esteja o profano". Na Golden Dawn, essa frase é usada para indicar que um ritual está para começar.

**Helenos:** Os gregos.

**Helenístico:** Pertencente ao período pós-clássico da história e cultura gregas, desde a morte de Alexandre, o Grande, à ascensão de Augusto. Referente a grego. Pensamento e costumes gregos.

**Hermes Mercúrio Trismegisto:** "Hermes, o Três Vezes Grande". O deus grego Hermes e o deus egípcio Thoth fundidos em uma figura; considerado o primeiro e maior mago. Afirmava-se que Hermes Trismegisto fora um antigo sacerdote e mago egípcio que teria escrito 44 livros conhecidos coletivamente como a literatura hermética. Esses livros, incluindo a *Tábua de Esmeralda* e o *Divino Pimandro*, descrevem a criação do Universo, a alma da humanidade e o modo de alcançar o renascimento espiritual.

**Hermeticismo:** Uma manifestação posterior da tradição hermética que surgiu do antigo Hermetismo. A Magia e o Misticismo do mundo ocidental que descendem da Mesopotâmia, do Egito, da Grécia e de Roma. Também indica tradições espirituais rosa-cruzes, judaicas, árabes e nativas da Europa. A Tradição Esotérica Ocidental.

**Hermetismo:** A Tradição Esotérica Ocidental, a origem do Hermeticismo (ver capítulo 1).

**Hermético/a:** De ou relacionado a Hermes Trismegisto ou às obras a ele atribuídas. Relacionado às ciências ocultas, de modo especial à Alquimia, Astrologia e Magia derivadas de fontes ocidentais (babilônicas, egípcias, judaico-cristãs e greco-romanas).

**Hexagrama:** Uma figura geométrica com seis pontas, formada por dois triângulos sobrepostos. Os dois triângulos correspondem às forças opostas do fogo e da água. O hexagrama mostra essas energias rivais em equilíbrio e harmonia. Também conhecido como a Estrela de Davi e a Estrela do Macrocosmo. É também um símbolo do ser humano perfeito e significa o princípio hermético "Como acima, também abaixo". Entende-se que a penetração de um triângulo pelo outro representa a penetração da natureza inferior do homem pelas forças superiores e divinas. Na Golden Dawn, os rituais do hexagrama são usados para invocar ou banir forças planetárias ou *sephiróticas*.

**Hiereia:** Forma feminina de Hiereus.

**Hiereus:** Palavra grega que significa "sacerdote". Um oficial principal na Sala do Neófito, que barra e ameaça o Candidato, impedindo que ele avance até que a purificação e consagração apropriadas sejam realizadas.

**Hierofante:** Palavra grega que significa "sacerdote iniciador". O primeiro oficial iniciador na Ordem Externa da Golden Dawn.

**Hierofantisa:** Forma feminina de Hierofante.

**Hipnotismo:** A indução a um estado de sono no qual o indivíduo hipnotizado pode experimentar memórias suprimidas ou esquecidas, alucinações e aumento da sugestionabilidade. O método de induzir outra pessoa a um estado de transe, durante o qual o julgamento e a vontade da pessoa hipnotizada são subservientes à vontade do hipnotizador.

**Hod:** Palavra hebraica que significa "esplendor", referindo-se à oitava *sephirah* na Árvore da Vida.

**Imanente:** Presente. Existente.

**Imperator:** Palavra latina que significa "líder, comandante". Aquele que dá a lei. Um dos três Oficiais Chefes na Sala do Neófito.

**Imperatrix:** Forma feminina de Imperator.

**Inconsciente Coletivo:** Na psicologia junguiana, os padrões mentais e imagens primordiais que são partilhados por toda a humanidade.

**Individuação:** Na psicologia junguiana, o processo pelo qual uma pessoa se torna autorrealizada ou diferenciada como uma unidade indivisível separada, ou "todo" que contém todos os aspectos do eu.

**Imagem Telesmática:** Uma imagem criada ou visualizada de uma divindade ou anjo; particularmente imagens que foram criadas na imaginação usando correspondências a letras hebraicas. Cada letra no nome do anjo contribui para uma parte da imagem construída por meio de associações esotéricas.

**Iniciação:** Uma cerimônia, ritual, teste ou período de instrução no qual um novo membro é admitido em uma organização fraterna ou mágica, ou um nível específico de realização.

**Iniciado:** Implica um "novo começo". Uma pessoa que passou pela iniciação em grupo de Magia. O ato de iniciar um novo membro em um grupo fraterno ou de Magia.

**Iniciador:** Aquele que realiza iniciações.

**Invocação:** Um ritual, ou parte de um ritual, destinado a estabelecer uma comunicação íntima com a entidade espiritual superior. Uma potente oração usada para invocar uma divindade. (Ver Invocar.)

**Invocações Enochianas:** Invocações aos anjos enochianos. Essas invocações foram reveladas pelos anjos a Dee e Kelly por meio de seu trabalho de *skrying*. A Golden Dawn fez um extenso uso das Invocações Enochianas em seu trabalho de Magia.

**Invocar:** "Chamar" uma entidade espiritual. Chamar o poder ou a presença de uma entidade espiritual superior para a psique.

**Involução:** O ato de envolver ou embaraçar. Ganhar complexidade. Em termos esotéricos, é a descida do espírito à matéria. O "envolvimento" do Princípio da Vida na matéria. Uma forma de sacrifício divino em que o espírito se limita por estar encerrado na matéria. A formação das esferas da Árvore da Vida é um exemplo de involução. (Ver Evolução.)

**Ipsissimus:** Na Golden Dawn, refere-se ao hipotético ou honorável grau ⑩=[1] associado à *Sephirah* de Kether.

**Israel:** Na Golden Dawn, um termo usado para indicar um estado de ordem e equilíbrio.

**Kabiri:** Divindades dos Mistérios da Samotrácia. Referidos na Cerimônia do Practicus. (Ver Mistérios da Samotrácia.)

**Kerykissa:** Forma feminina de Keryx.

**Keryx:** Palavra grega que significa "arauto". Um oficial na Sala do Neófito que conduz as circumambulações e faz anúncios.

**Kether:** Palavra hebraica que significa "coroa", referindo-se à primeira *sephirah* na Árvore da Vida.

**Khem:** O antigo nome do Egito.

**Lamen (pingente):** Um símbolo mágico suspenso em um colar e usado sobre o peito. Um símbolo de autoridade oculta usado durante rituais. Um lamen é geralmente uma placa redonda, algumas vezes feita de metal, que contém símbolos mágicos inscritos. Os lamens modernos costumam ser feitos de madeira ou papelão.

**Lema Mágico:** Uma frase ou nome mágico especial escolhido pelo mago para usar em uma Loja de Magia. Esse nome é escolhido para que o mago se dissocie do mundo profano durante o trabalho de Magia. Muitos magos escolhem nomes com um significado espiritual pessoal para eles. Os lemas da Golden Dawn são em latim e hebraico para que não façam parte da linguagem normal usada na vida secular.

**"Le-Olahm, Amen"**: Frase hebraica que significa "Para sempre, Amém".

**Licença de Partida:** Uma declaração ritual que dá a uma entidade espiritual permissão para deixar o templo ou círculo depois que o trabalho de Magia foi completado.

**Logos:** Um termo grego que significa "palavra". Para os gnósticos, esse era o termo para a manifestação da divindade no Universo. O princípio criador e a lei subjacente do

Universo. Criador do mundo visível que existia antes da criação do Universo. Vida e luz do mundo e iniciador de toda a vida, evolução e ritmo.

**Luz Astral:** Um fluido ou meio onipresente que a tudo permeia, de uma matéria extremamente sutil, essa luz se difunde por todo o espaço, interpenetrando e permeando todas as formas e objetos visíveis.

**Macrocosmo:** O "Universo Maior". (Ver Microcosmo.)

**Magia da Luz:** A Magia prática da Ordem Interna da Golden Dawn classificada sob as cinco letras do Pentagrammaton — YHShVH ou Yesheshuah יהשוה. Evocações e invocações pertencem à categoria da letra hebraica Yod י e ao elemento fogo. Consagrações de talismãs e a produção de fenômenos naturais são classificadas sob a segunda letra Heh ה e o elemento água. Todos os trabalhos de desenvolvimento espiritual e transformações são atribuídos à letra Shin ש e ao elemento Espírito. Todos os trabalhos de adivinhação são atribuídos à letra Vav ו e ao elemento ar. Todos os trabalhos de Alquimia são classificados sob a última letra Heh ה e o elemento terra. (Ver Pentagrammaton.)

**Magister Templi:** "Mestre do Templo". Na Golden Dawn refere-se ao grau hipotético ou honorário ⑧=3⃞ , associado à *sephirah* de Binah.

**Magnum Opus:** A "Grande Obra". Refere-se ao objetivo da Alquimia.

**Magus:** Um mago adepto ou treinado. Derivado do nome *magi*, a casta sacerdotal zoroastrista, e da palavra grega *magas* ou "grande", indicando "grande ciência". Na Golden Dawn, o termo se refere ao grau hipotético ou honorário ⑨=2⃞, associado à *sephirah* de Chokmah.

**Maim:** Palavra hebraica que significa "água".

**Malkuth:** Palavra hebraica para "reino"; refere-se a décima *sephirah* na Árvore da Vida.

**Manuscrito Cifrado:** O manuscrito que contém diretrizes codificadas de cerimônias de iniciação. Westcott usou o Manuscrito Cifrado para criar o ritual da Golden Dawn.

**Meditação:** O ato de aquietar a mente para ouvir as comunicações interiores ou a inspiração do Eu Superior.

**Metatron:** Possível tradução grega: "Perto de Teu Trono". O arcanjo de Kether é o mais poderoso entre todos os arcanjos hebreus. Supostamente, o arcanjo que governa toda a Árvore da Vida, em geral, e o pilar branco, especificamente. É também o querubim à direita na Arca da Aliança.

**Microcosmo:** O "Universo Inferior". A humanidade como um reflexo ou miniatura do macrocosmo.

**Miguel:** Palavra hebraica que significa "o Deus perfeito", ou "Aquele que é como Deus". O arcanjo de Hod. Também o nome do arcanjo do fogo invocado no RMBP.

**Mistérios de Elêusis:** A religião de mistério mais secreta e antiga. Os ritos em Elêusis (perto de Atenas) tiveram origem na história da deusa Deméter e a busca por sua filha, Perséfone. Os Mistérios de Elêusis começavam com a jornada dos *mystai*, ou iniciados, em uma procissão cerimonial de Atenas a Elêusis, para o Telestarion, ou Sala de Iniciação.

**Mistérios Órficos:** Também chamados Orfismo. Um culto religioso da antiga Grécia atribuído a Orfeu. Os órficos acreditavam na origem divina da alma, mas também no aspecto dual da natureza humana, como o bem e o mal. Eles acreditavam que, passando pela iniciação aos mistérios e pelo processo de transmigração, a alma era libertada do mal e alcançava a bem-aventurança eterna.

**Mistérios da Samotrácia:** Assim denominados por causa da ilha grega da Samotrácia. Supostamente a mais antiga religião de mistério da Grécia. (Ver Kabiri.)

**Nemyss:** Tipo de antigo ornamento de cabeça egípcio usado pelos magos da Golden Dawn.

**Neófito:** Termo originário da palavra grega *neophytos*, ou "recém-plantado". Um iniciante. O grau do Neófito é a primeira iniciação na Golden Dawn. É simbolizado pelo número 0 dentro de um círculo e o número 0 dentro de um quadrado,⓪=⓪. Uma pessoa que foi admitida no grau do Neófito.

**Neófito Adeptus Minor (N.A.M.):** O primeiro subgrau do grau do Adeptus Minor.

**Neoplatônico:** (Ver Neoplatonismo.)

**Neoplatonismo:** A última escola de filosofia grega, fundada no século III d.C. por Plotino. O neoplatonismo dominou o pensamento grego até o século VI d.C. Combinava as doutrinas de Platão com o Misticismo oriental. Os neoplatônicos acreditavam que a razão sozinha não podia satisfazer a alma humana.

**Neshamah:** Na Cabala, a parte superior da alma. A Neshamah Superior inclui Kether, Chokmah e Binah. As aspirações mais nobres da alma. A Neshamah apropriada, ou alma intuitiva, é encontrada em Binah.

**Netzach:** Palavra hebraica para "vitória"; refere-se à sétima *sephirah* na Árvore da Vida.

**Nome Divino:** Um nome sagrado ou mágico associado a uma divindade ou a um aspecto de Deus que é vibrado ou entoado durante um ritual.

**Oculto:** Termo originado da palavra latina *occuiere,* que significa "esconder". Escondido ou secreto. Sabedoria oculta significa sabedoria secreta. A sabedoria mantida em segredo para que não seja profanada. Sabedoria ou conhecimento que não é de conhecimento público. Sabedoria divina que só pode ser comunicada a partir do interior da pessoa.

**Oráculos Caldeus:** Fragmentos de um texto oracular levado a Roma por Julianus, o mago, no século II d.C. Acredita-se que esses fragmentos, supostamente escritos por Zoroastro, contêm doutrinas e filosofias sagradas dos antigos sacerdotes babilônicos que chegaram a nós por meio de traduções gregas. Parafraseados na literatura e filosofia neoplatônicas, os Oráculos formam uma parte importante da literatura da Tradição Esotérica Ocidental.

**Ordem:** Uma irmandade ou fraternidade. Uma associação ou sociedade de pessoas que pensam de maneira semelhante.

**Ordem Externa:** (Ver Primeira Ordem.)

**Ordem Interna:** A Rosae Rubeae et Aureae Crucis (R.R. et A.C.). A Segunda Ordem no sistema da Golden Dawn.

**Palavras de Poder:** Uma palavra ou nome divino que é entoado em rituais e que, acredita-se, tem força mágica.

**Panteísmo Cristão:** O sistema espiritual seguido por Anna Kingsford. O panteísmo cristão examinava o significado das lendas e do simbolismo bíblicos. Ele incorporava a Cabala e os mitos egípcios, gregos e romanos.

**Paranormal:** Uma pessoa suscetível às influências ou energias psíquicas. Um sensitivo.

**Paroketh:** Uma fronteira que existe entre Tiphareth e as quatro *sephiroth* inferiores na Árvore da Vida. Frequentemente chamado "o Véu".

**Pedra Filosofal:** Em latim é a *Lapis Philosophorum*. Um símbolo alquímico da transmutação da natureza inferior da humanidade para um estado superior, mais purificado. Na Alquimia prática, a pedra significa a criação de ouro a partir de um metal básico. Na Alquimia espiritual, é a transmutação do inferior para o superior. Um símbolo de verdadeira conquista e iluminação espiritual. A busca pela Pedra Filosofal é a busca pela verdade e pureza supremas. (Ver Alquimia.)

**Pentáculo:** Um dos quatro naipes do Tarô, atribuído ao elemento terra e ao mundo cabalístico de Assiah. Um pentáculo é um diagrama mágico, geralmente redondo, inscrito em pergaminho, metal ou outro material para criar um talismã.

Também, um dos instrumentos elementais de um mago da Golden Dawn.

**Pentagrama:** Uma figura geométrica baseada no pentângulo, que tem cinco linhas e cinco "pontos". As figuras baseadas no pentângulo incluem o pentagrama e o pentágono. O pentagrama, ou estrela de cinco pontas, é atribuído aos cinco elementos — fogo, água, ar, terra e Espírito. Às vezes chamado "Estrela Flamejante", "pé do mago (*wizard*)", "Estrela dos Magos" e a "Estrela do Microcosmo". Também chamado pentalfa porque pode ser construído com cinco letras gregas "alfa".

**Pentagrama de Invocação Menor:** A forma do pentagrama usada no RMIP.

**Pentagrama do Banimento Menor:** A forma do pentagrama usada no RMBP.

**Pentagrammaton:** Palavra grega que significa "nome de cinco letras". Refere-se ao nome hebraico de YHShVH יהשוה (Yeheshuah), ou nome hebraico de Jesus, que é o Tetragrammaton יהוה, com a letra Shin ש colocada no centro do nome. (Ver Yeheshuah, Tetragrammaton.)

**Philosophus:** Termo originado da palavra grega que significa "amante da sabedoria". O grau do Philosophus é a quinta iniciação na Golden Dawn e o último dos quatro graus elementais que compreendem o Primeiro Grau da Ordem. É associado ao elemento fogo e à sétima *sephirah* de Netzach. É simbolizado pelo número 4 dentro de um círculo e o número 7 dentro de um quadrado, ④=[7]. Uma pessoa que foi admitida no grau do Philosophus. A forma plural é Philosophi.

**Phylakissa:** Forma feminina de Phylax.

**Phylax:** Palavra grega que significa "sentinela". Um oficial que guarda a Sala do Neófito.

**Pilar da Direita:** (Ver Pilar da Misericórdia.)

**Pilar da Misericórdia:** O pilar à direita na Árvore da Vida, compreendido pelas *sephiroth* de Chokmah, Chesed e Netzach. O Pilar Branco é chamado Jachin.

**Pilar da Temperança:** Também chamado Pilar do Meio ou Pilar do Equilíbrio. O pilar central na Árvore da Vida, compreendido pelas *sephiroth* de Kether, Daath, Tiphareth, Yesod e Malkuth. (Ver Pilar do Meio.)

**Pilar da Severidade:** O pilar à esquerda na Árvore da Vida, compreendido pelas *sephiroth* de Binah, Geburah e Hod. O Pilar Negro é chamado Boaz.

**Pilar do Meio:** O pilar central da Árvore da Vida. O Exercício do Pilar do Meio é uma técnica da Golden Dawn para despertar as *sephiroth* ou Galgalim do Pilar do Meio dentro da esfera de sensação do mago.

**Pilar Esquerdo:** (Ver Pilar da Severidade.)

**Plano Astral:** Um nível de realidade intermediário e invisível, entre o plano físico e os reinos superiores mais divinos. É o limite comum entre a realidade individual e numenal. Um nível de existência não-físico que é a base do plano físico.

**Plataforma:** Um tablado erguido na parte leste da Sala do Neófito. O local dos Oficiais Chefes da Segunda Ordem.

**Pirâmide Enochiana:** A forma astral de um quadrado enochiano, com as unidades das tabelas de letras das Tábuas da Sentinela. A forma astral do quadrado enochiano é uma pirâmide truncada, tendo em cada lado um tetragrama elemental, astrológico, planetário, uma carta de Tarô, geomântico ou uma letra hebraica correspondente.

**Portal:** O grau intermediário entre a Primeira e a Segunda Ordens da Golden Dawn. O Segundo Grau da Ordem.

**Practicus:** A quarta iniciação na Golden Dawn, o terceiro dos quatro graus elementais que compreendem o Primeiro Grau da Ordem. O nome *practicus* indica aquele que está apenas começando a colocar a teoria em prática. É associado ao elemento água e à oitava *sephirah* de Hod. É simbolizado pelo número 3 dentro de um círculo e o número 8 dentro de um quadrado, ③=[8]. Uma pessoa que foi admitida ao grau do Practicus. A forma plural é Practici.

**Praemonstrator:** Palavra latina que significa "guia" e "aquele que profetiza". O professor. Um dos três Oficiais Chefes na Sala do Neófito.

**Praemonstratrix:** Forma feminina de Praemonstrator.

**Primeira Ordem:** A Ordem Hermética da Golden Dawn. Também chamada Ordem Externa.

**Primeiro Grau:** O primeiro dos três graus no sistema da Golden Dawn. Inclui os cinco graus da Ordem Externa, do Neófito ao Philosophus.

**Prisci Theologi:** Os "Teólogos Prístinos" — Moisés, Hermes Trismegisto e Zoroastro — considerados pelos filósofos da Renascença os três grandes professores espirituais do mundo que previram os ensinamentos de Jesus.

**Psique:** Palavra grega que significa "alma". A mente funcionando como o centro do pensamento, emoção e comportamento. A porção incorpórea de um ser psicofísico. Inclui as funções conscientes e inconscientes.

**Psíquico:** Da ou relativo à psique.

**Quintessência:** A "quinta essência". Refere-se ao Espírito que, às vezes, é chamado de quinto elemento. Aquilo que une e governa os quatro elementos: fogo, água, ar e terra.

**Qliphoth:** Uma palavra hebraica que significa "cascas". Forças ou entidades caóticas e desequilibradas. Demônios do mal. Espíritos caídos. Opostos negativos das *sephiroth* harmônicas. A forma singular é Qlippah.

**Quatro Mundos Cabalísticos:** Uma divisão quádrupla da Árvore da Vida, que a separa em quatro níveis de manifestação, de acordo com a fórmula YHVH. O nível mais alto é o mais abstrato e etéreo; e o mais baixo é o mais denso. São Atziluth, Briah, Yetzirah e Assiah. (Ver YHVH.)

**Querube:** Um anjo da hoste conhecida como Querubim.

**Querubim:** Palavra hebraica que significa "Os Fortes". Os grupos de anjos designados a Yesod.

**Rafael:** Palavra hebraica que significa "Curador de Deus". O nome do arcanjo de Tiphareth; também o nome do arcanjo do elemento ar, invocado no RMBP.

**Registros Akáshicos:** Memória cósmica guardada. Um nível de tempo-consciência no plano astral que contém todos os acontecimentos, pensamentos, imagens e atividades passados da humanidade desde o início dos tempos. Essa "crônica do mundo" pode ser acessada pelo místico e pelo mago.

**Reinos de Edom:** Na Golden Dawn, um termo usado para indicar os agentes da desordem e do caos.

**Ritos de Elêusis:** (Ver Mistérios de Elêusis.)

**Ritual:** Uma cerimônia formalizada incluindo uma série de ações, físicas e mentais, que resulta na liberação da energia mágica e na realização de um objetivo específico.

**Ritual de Banimento:** Um ritual com o objetivo de afastar as energias mundanas, astrais ou espirituais indesejadas. Os Banimentos definem um círculo mágico ou espaço sagrado no astral. Geralmente, são um prelúdio de rituais mais complexos.

**Ritual Menor de Banimento do Pentagrama (RMBP):** Um ritual básico da Golden Dawn que usa a figura do pentagrama para limpar o Templo e/ou o espaço ritual de energias indesejadas.

**Ritual Menor de Invocação do Pentagrama (RMIP):** Um ritual básico da Golden Dawn que usa a figura do pentagrama para invocar energias elementais para o Templo.

**Ritual do Pentagrama:** Qualquer ritual que emprega o pentagrama como símbolo principal. Frequentemente se refere ao Ritual Menor de Banimento do Pentagrama da Golden Dawn.

**Ritualista:** Aquele que realiza rituais.

**RMBP:** Ritual Menor de Banimento do Pentagrama.

**RMIP:** Ritual Menor de Invocação do Pentagrama.

**Rosacruz:** Um movimento místico, filosófico, que surgiu no século XVII e deu origem a várias organizações ou ordens secretas devotadas ao estudo do Misticismo religioso, Alquimia, Cabala e à profissão de crenças espirituais esotéricas. O simbolismo rosa-cruz é principalmente cristão, e o caminho rosa-cruz enfatiza a transformação por meio do impulso de Cristo. (Ver Rosencreutz, Christian.)

**Rosa-Cruz:** Um símbolo-chave da Segunda Ordem da Golden Dawn. É baseado no simbolismo rosa-cruz da Rosa Vermelha e da Cruz de Ouro. O Lamen Rosa-Cruz é usado pelos Adeptos.

**Rosae Rubeae et Aureae Crucis (R.R. et. A.C.):** A Segunda Ordem ou Ordem Interna da estrutura hierárquica do sistema da Golden Dawn.

**Rosencreutz, Christian:** O fundador alegórico da Fraternidade Rosacruz. Às vezes referido como C.R.C. (Ver Rosa-Cruz.)

**Ruach:** Palavra hebraica que significa "respiração", "ar" e "espírito". A parte do meio da alma cabalística que representa a mente e os poderes de raciocínio.

**Sala:** A sala ou espaço do Templo em que as cerimônias da Ordem Externa são realizadas.

**Sandalphon:** O arcanjo de Malkuth. Supostamente o arcanjo que governa o pilar negro. É também o querubim à esquerda na Arca da Aliança. (Metraton.)

**Santo Anjo Guardião:** Um termo usado por AbraMelin para descrever o Eu Superior. Um ser ligado a cada indivíduo, ou parte dele, que serve como um guardião ou guia. (Ver Eu Superior.)

**Segunda Ordem:** (Ver Rosae Rubae et Aureae Crucis.)

**Segundo Grau:** O segundo dos três graus no sistema da Golden Dawn. Inclui apenas o grau do Portal.

**Sepher Bahir:** O "Livro do Esplendor", um texto cabalístico do século XII, atribuído por alguns ao rabino Nechuriah ben Hakan, um sábio talmúdico do século I. O *Bahir* descreve os métodos meditativos dos antigos cabalistas, particularmente em relação aos sons das letras hebraicas em mantras, etc.

**Sepher Yetzirah:** O "Livro da Formação". O nome de um dos mais antigos textos cabalísticos. Os ensinamentos foram transmitidos em variadas formas orais até o ano 100 a.C., chegando a 200 d.C., quando foi padronizado. O texto descreve a formação do Universo comparando-o à criação das 22 letras do alfabeto hebraico. Um curto tratado do texto hebreu, escrito em 1642 por Joannes Stephanus Rittangelius, chamado "Os vinte e dois caminhos da sabedoria", foi depois acrescentado ao *Sepher Yetzirah.*

**Sepher Zohar**: O "Livro do Esplendor", um longo texto cabalístico publicado pela primeira vez no século XIV, mas supostamente escrito por Simeão Ben Yohai. O *Zohar* traz comentários à Tora. Moses de Leon é o provável autor.

**Sephirah:** (Ver Sephiroth.)

**Sephiroh:** Palavra hebraica que significa "números, esferas, emanações". Refere-se aos dez estágios divinos, ou energias divinas, representados na Árvore da Vida cabalística. A forma singular é *sephirah.*

**Shaddai El Chai:** Palavra hebraica que significa "Deus Vivo Todo-Poderoso". Nome divino de Yesod entoado no Exercício do Pilar do Meio.

**Shem ha-Mephoresh:** Frase hebraica que significa "Os Setenta e Dois Nomes de Deus". Diz-se que é uma extensão do Tetragrammaton. Um nome divino de 216 letras derivado de três versículos do livro do *Êxodo* (14, 19-21). Um dos sistemas da *temurá* (gematria) é usado nesses versículos para obter os 72 nomes de Deus, cada um atribuído a um dos 72 grupos de cinco graus do zodíaco. Os nomes de 72 anjos são formados acrescentando-se os sufixos *yah* ou *el* aos 72 nomes de Deus.

**Shewstone:** Uma esfera de cristal usada para *skrying*.

**Sigilos:** Selos, sinais ou assinaturas. Um símbolo utilizado para representar uma força espiritual, como um anjo, arcanjo ou um nome divino de Deus. Qualquer nome ou palavra que possa ser transformada em um sigilo.

**Símbolo *Skrying*:** Qualquer símbolo usado como portal astral para a prática de *skrying*.

**Sinal do entrante:** Também chamado Sinal de Projeção, Sinal de Ataque e Sinal de Hórus. É um dos dois sinais de grau de um Neófito da Golden Dawn.

**Sincretismo:** União ou fusão de diferentes sistemas de crenças, como na filosofia ou na religião.

**Sincronicidade:** Uma palavra usada por Carl G. Jung para descrever coincidências significativas que não têm uma ligação aparente ou explicável.

***Skry*:** Termo derivado da palavra em inglês antigo *descry*, que significa "ver" ou "observar". Uma forma de clarividência na qual se costuma usar espelhos, cristais, bacia de água ou outros objetos de observação. O objeto utilizado ajuda na concentração, acalmando o vidente e o auxiliando a focar a mente consciente, induzindo a um estado de transe que permite que as visões espirituais aconteçam.

***Skryer*:** Aquele que pratica *skrying*. Um vidente.

***Skrying*, na Visão Espiritual:** *Skrying,* realizada pela Golden Dawn, é geralmente feita com o uso de um símbolo pintado, como uma carta tattva ou um símbolo mental, em vez de um cristal ou espelho para observar. Símbolos geomânticos, planetários ou cartas de Tarô também podem ser usados para esse procedimento. Em alguns aspectos, é semelhante à projeção astral.

**Sofia:** Palavra grega que significa "sabedoria".

**Solve et Coagula:** Frase em latim que significa "dissolver e coagular". Axioma alquímico que indica a prática de reduzir um sólido a um líquido e depois torná-lo sólido de novo. Usado como uma metáfora para a prática de psicoterapia e autointegração, ou os processos mágicos de iniciação e crescimento espiritual.

**Sombra:** Na psicologia junguiana, a soma de todos os elementos pessoais e coletivos que são rejeitados ou têm sua expressão negada na vida e, como consequência, se unem em um tipo de personalidade dissidente independente.

**Stella Matutina:** "Estrela Matutina". O nome de uma das três Ordens dissidentes da Golden Dawn, depois do colapso da Ordem original. A dissidência maior e de mais longa duração.

**Stolistes:** Palavra grega que significa "preparador". Um oficial na Sala do Neófito, que é responsável por todos os ornamentos e purificações.

**Summum Bonum:** O "Bem Maior".

**Supernal:** Celestial ou divino. Na Cabala, refere-se às três *sephiroth* superiores na Árvore da Vida que costumam ser chamadas de Supernais ou Tríade Supernal.

**Swastika (suástica):** (Ver Cruz Fylfot.)

**Tábua de Esmeralda:** Um dos mais antigos textos alquímicos, datado do século II ao III a.C. Acredita-se que a

*Tabula Smaragdina,* ou "Tábua de Esmeralda", foi escrita por Hermes Trismegisto. É a fonte da frase muito citada: "Como acima, também abaixo". (Ver Hermes Trismegisto.)

**Tábuas Enochianas (Tábuas Elementais):** Quatro gráficos que se originaram dos *skrying*s enochianos de John Dee e Edward Kelly. Elas contêm várias fileiras de letras e são atribuídas aos quatro elementos: fogo, água, ar e terra. Os nomes de numerosos anjos, arcanjos e entidades espirituais são derivados das letras nesses gráficos. As Tábuas Elementais têm um importante papel nas cerimônias da Ordem Externa da Golden Dawn e são usadas nos trabalhos de alta Magia da Segunda Ordem. Diz-se que as quatro tábuas são unidas e regidas pela Tábua da União.

**Taça:** Um dos quatro naipes do Tarô, atribuído ao elemento água e ao mundo cabalístico de Briah.

**Talismãs:** Objetos que são energizados ou consagrados para alcançar um fim específico. Com frequência são usados para atrair algo para o mago.

**Tarô:** Um baralho de cartas contendo imagens esotéricas usadas para adivinhação. Um baralho de Tarô geralmente tem 78 cartas no total, das quais 22 são cartas de trunfo, relacionadas às 22 letras do alfabeto hebraico — coletivamente chamadas Arcanos Maiores. As 56 cartas restantes são conhecidas como Arcanos Menores. Ao que parece, o Tarô surgiu na Itália, no século XIV.

**Tattva:** Palavra em sânscrito que significa "qualidade". Os cinco tattvas principais (Prithivi, Vayu, Apas, Tejas e Akasa) correspondem aos cinco elementos: terra, ar, água, fogo e Espírito.

**Taumaturgia:** Palavra grega que significa "realização de milagres". Magia usada para provocar mudanças no mundo material ou inferior.

**Telesma:** A energia colocada em uma imagem telesmática usada para ativar e energizar essa imagem.

**Terceiro Grau:** O último dos três graus no sistema da Golden Dawn. Inclui os graus da Ordem Interna.

**Tetragrama:** Palavra grega que significa "com quatro letras". Uma palavra ou nome divino composto de quatro letras. Também se refere à figura geomântica composta de quatro linhas. Existem 16 tetragramas usados na Geomancia.

**Tetragrammaton:** Palavra grega que significa "nome com quatro letras". Refere-se ao mais divino nome hebraico de Deus, יהוה.

**Teurgia:** Palavra grega que significa "trabalho de Deus". Alta Magia usada para crescimento pessoal, evolução espiritual e alinhamento íntimo com o divino. O tipo de Magia defendida pela Golden Dawn.

**Teurgista:** "Trabalhador de Deus". Um mago. Aquele que pratica a Teurgia. (Ver Teurgia.)

**Theoricus:** Termo originado da palavra grega que significa "observador", "espectador" ou "estudante". O grau do Theoricus é a terceira iniciação na Golden Dawn e o segundo dos quatro graus elementais que compreendem o Primeiro Grau da Ordem. É associado ao elemento ar e à nona *sephirah* de Yesod. É simbolizado pelo número 2 dentro de um círculo e o número 9 dentro de um quadrado,②=9⃞. Uma pessoa que foi admitida no grau de Theoricus. A forma plural é Theorici.

**Theoricus Adeptus Minor (Th. A.M.):** O terceiro subgrau do grau do Adeptus Minor.

**Theos:** Palavra grega que significa "Deus".

**Theurgia:** (Ver Teurgia.)

**Tiphareth:** Palavra hebraica que significa "beleza"; refere-se à sexta *sephirah* na Árvore da Vida.

**Tradição Esotérica Ocidental:** (Ver Hermeticismo e/ou Hermetismo.)

**Transmutação:** O processo de mudar de uma forma, substância, natureza ou estado para outro. Na Alquimia, o termo refere-se à transformação de algo básico em algo mais superior ou sublime.

**Três Princípios Alquímicos:** Três substâncias fundamentais na Alquimia que, afirma-se, existem em todas as coisas. São o enxofre, o mercúrio e o sal, que se relacionam aos ideais da alma, do espírito e do corpo. Essas substâncias não devem ser confundidas com as substâncias comuns de mesmo nome.

**Três Véus Negativos:** O Ain, o Ain Soph e o Ain Soph Aur. Três estágios ou níveis abstratos do "nada", dos quais emanou a Árvore da Vida. Os Véus da existência negativa desafiam todas as tentativas feitas para descrevê-los.

**Triângulos Alquímicos:** Também chamados triângulos elementais. Uma série de triângulos usados para representar os quatro elementos: o triângulo de fogo, o triângulo da água, o triângulo do ar e o triângulo da terra.

**Triângulos Elementais:** (Ver Triângulos Alquímicos.)

**Trinta e dois Caminhos da Sabedoria:** As dez *sephiroth* e os 22 caminhos que as ligam.

**Trionfi:** Palavra italiana que significa "triunfo". Refere-se às cartas de trunfo do Tarô.

**Uriel:** Palavra hebraica que significa "Luz de Deus". Arcanjo da terra elemental invocado no RMBP.

**Ve-Gevurah:** Palavra hebraica que significa "e o Poder". Refere-se a Geburah ou Gevurah. Entoado na C. C.

**Vidente:** (Ver *Skryer.*)

**Visualização:** A prática de imaginar alguma coisa, como um lugar ou divindade, com intensa clareza.

**Xadrez Enochiano:** Também chamado xadrez rosa-cruz. Uma forma complexa de adivinhação que usava partes das

Tábuas da Sentinela. Foi desenvolvido a partir dos antigos jogos de xadrez a quatro mãos, incluindo o jogo indiano Chaturanga e o jogo persa Shjatranji.

**Yeheshuah:** Também chamado o Pentagrammaton, uma palavra grega que significa "nome com cinco letras". Refere-se ao Tetragrammaton ou "nome com quatro letras" de YHVH, com a letra Shin colocada no centro do nome. Assim, os quatro elementos de YHVH (fogo, água, ar e terra) são completados, coroados e governados por um quinto, o Espírito, resultando em יהשוה. (Ver Pentagrammaton.)

**Yehovashah:** Nome alternativo para Yeheshuah.

**Yesod:** Palavra hebraica que significa "fundação"; refere-se à nona *sephirah* na Árvore da Vida.

**Yetzirah:** O "Mundo da Formação". O terceiro dos quatro mundos cabalísticos ou estágios da manifestação e o reino dos anjos. Yetzirah é atribuído às esferas de Chesed, Geburah, Tiphareth, Netzach, Hod e Yesod. É atribuído ao elemento ar e à letra hebraica Vav. (Ver Quatro Mundos Cabalísticos.)

**YHVH:** Quatro letras — Yod Heh Vav Heh — que significam o mais supremo nome hebraico de Deus, cujo nome real é considerado desconhecido e impronunciável. Essas letras também são atribuídas aos quatro elementos — fogo, água, ar e terra. Com frequência, é referido como Tetragrammaton ou "Nome com quatro letras". Às vezes, é incorretamente citado como "Jehovah" ("Jeová"). (Ver Tetragrammaton.)

**YHVH Eloah ve-Daath:** Nome divino hebraico de Tiphareth, significando "Senhor, Deus do Conhecimento". Entoado no Exercício do Pilar do Meio.

**YHVH Elohim:** Nome divino hebraico de Binah, significando "o Senhor, Deus". Associado a Binah e Daath, quando entoado no Exercício do Pilar do Meio.

**Zelator:** Termo originado da palavra grega equivalente a "zelote". O Grau do Zelator é a segunda iniciação na Golden Dawn e o primeiro dos quatro graus elementais que compreendem o Primeiro Grau da Ordem. É associado ao elemento terra e à décima *sephirah* de Malkuth. É simbolizado pelo número 1 dentro de um círculo e o número 10 dentro de um quadrado, ①=⑩. Uma pessoa admitida ao grau de Zelator.

**Zelator Adeptus Minor (Z.A.M.):** O segundo subgrau do grau de Adeptus Minor.

**Zohar:** (Ver Sepher Zohar.)

**Zoroastro ou Zaratustra:** (c. 628-551 a.C.). Um líder religioso iraniano, também reformista, sacerdote e fundador do Zoroastrismo, ou Parsismo, como é chamado na Índia. Com Moisés e Hermes Trismegisto, Zoroastro foi considerado pelos filósofos da Renascença um dos grandes líderes espirituais do mundo — o *Prisci theologi* — que previu os ensinamentos de Cristo.

**Zoroastrismo:** A religião fundada por Zoroastro.

# Índice Remissivo

**A**

**D**

**M**

## P

**Q**



**R**



**S**

U



V

## W



## X



## Z

# BIBLIOGRAFIA


AGRIPPA, Cornélio. *Three Books of Occult Philosophy.* Edited and annotated by Donald Tyson. St.Paul, Minn.: Llewellyn Publications, 1993.

ALBERTUS SPAGYRICUS, F.R.C. *The Alchemist's Handbook,* Salt Lake City, Utah: The Paracelsus Research Society, 1960.

BLAVATSKY, H.P. Notas compiladas por Lina Psaltis. *Dynamics of the Psychic World*, Wheaton, Ill.: Theosophical Publishing House, 1967.

BOWERSOCK, G.W., Peter Brown, e Oleg Grabar. *Late Antiquity: A Guide to Postclassical World.* Cambridge, Mass.: Belknap Press/Harvard University Press, 1999.

BURCKHARDT, Titus. *Alchemy.* Longmead, Shaftesbury, Dorset: Element Books, Ltd., 1986.

BURKERT, Walter. *Ancient Mystery Cults.* Cambridge, Mass.: Harvard University Press, 1987.

CAVENDISH, Richard. *The Encyclopedia of the Unexplained: Magic, Occultism and Parapsychology.* New York: McGraw-Hill Book Company, 1974.

CHRISTIAN, Paul. *The History and Practice of Magic.* Secaucus, N.J.: The Citadel Press, 1972.

CICERO, Chic e Sandra Tabatha Cicero. *Creating Magical Tools*. St. Paul, Minn.: Llewellyn Publications, 1999.

————————. *Experiencing the Kabbalah.* St. Paul, Minn.: Llewellyn Publications, 1977.

————————. *The Golden Dawn Journal: Book One: Divination.* St. Paul, Minn.: Llewellyn Publications, 1994.

————————. *The Golden Dawn Journal: Book Two: Qabalah: Theory and Magic.* St. Paul, Minn.: Llewellyn Publications, 1994.

——————. *The Golden Dawn Journal: Book III, The Art of Hermes.* St. Paul, Minn.: Llewellyn Publications, 1995.

——————. *The Magical Pantheons: A Golden Dawn Journal.* St. Paul, Minn.: Llewellyn Publications, 1988.

——————. *The New Golden Dawn Ritual Tarot.* St. Paul, Minn.: Llewellyn Publications, 1991.

——————. *Self-Initiation into the Golden Dawn Tradition.* St. Paul, Minn.: Llewellyn Publications, 1995.

CICERO, Sandra Tabatha, "Re-creating the Golden Dawn Tarot." *The Proceedings of the Golden Dawn Conference — London 1977*, publicado por Allan Armstrong & R.A. Gilbert. Bristol, England: Hermetic Research Trust, 1998.

CLARK, R. T. Rundle. *Myth and Symbol in Ancient Egypt.* London: Thames and Hudson, Ltd., 1995.

CROWLEY, Aleister. *Magick in Theory and Practice.* New York: Dover Publications, Inc., 1976.

DAVIDSON, Gustav. *A Dictionary of Angels: Including the Fallen Angels.* New York: The Free Press, 1967.

DE ROLA, Stanislas Klossowski. *Alchemy: The Secret Art.* New York: Bounty Books, 1973.

——————. *The Golden Game: Alchemical Engravings of the Seventeenth Century.* Londres: Thames and Hudson, 1988.

DEUEL, Leo. *Testaments of the Time: The Search for Lost Manuscripts and Records.* New York: Alfred A. Knopf, 1965.

DE VORE, Nicholas. *Encyclopedia of Astrology.* New York, N.Y.: Philosophical Library, 1947.

DUNGAN, David Laird. *A History of the Synoptic Problem: The Canon, the Text, the Composition, and the Interpretation of the Gospel.* New York; Doubleday, 1999.

ESSENTIA, *Journal of Evolutionary Thought in Action.* Verão de 1981, Vol. 2.

——————. *Journal of Evolutionary Thought in Action.* Inverno de 1983 — Primavera de 1984, Vol. 5.

FRANCK, Adolphe. *The Kabbalah: Religious Philosophy of the Hebrews.* New York: Bell Publishing, 1940.

FRENCH, Peter. *John Dee: The World of an Elizabethan Magus.* New York: Ark Paperbacks, 1972.

FORREST, Adam. Hermetic Fellowship Website: www.hermeticfellowhisp.org.

FORTUNE, Dion. *The Esoteric Orders and Their Work.* York Beach, Maine: Samuel Weiser, Inc., 2000; *The Mystical Qabalah.* New York: Ibis Books, 1981.

————————. *The Training and Work of an Initiate.* York Beach, Maine: Samuel Weiser, Inc., 2000.

GILBERT, R.A. *The Golden Dawn and Esoteric Section.* London: Theosophical History Centre, 1987; *The Golden Dawn Scrapbook.* York Beach, Maine: Samuel Weiser, Inc., 1997.

————————. *The Golden Dawn, Twilight of the Magicians.* Great Britain, the Aquarian Press, 1983.

GINSBURG, Christian D. *The Essenes, Their History and Doctrines: The Kabbalah, Its Development and Literature.* London: Routledge & Kegan Paul Ltd., 1956.

GLEADOW, Rupert. *The Origin of the Zodiac.* New York: Castle Books, 1968.

GODWIN, David. *Light in Extension.* St. Paul, Minn.: Llewellyn Publications, 1992.

GRAF, Susan Johnston. *W.B. Yeats — Twentieh-Century Magus.* York Beach, Maine: Samuel Weiser, Inc., 2000.

GREER, Mary K. *Women of the Golden Dawn.* Rochester, Vt.: Park Street Press, 1995.

GREER, John Michael. *Earth Divination, Earth Magic.* St. Paul, Minn.: Llewellyn Publications, 1999.

HALL, Manly P. *Words to the Wise: A Practical Guide to the Esoteric Sciences.* Los Angeles, Calif.: The Philosophical Research Society, Inc., 1963.

HAMLYN, D.W. *A History of Western Philosophy.* Great Britain, Penguin Books, 1987.

HERODOTUS. *Histories.* Great Britain, Wordsworth Editions Ltd., 1996.

HOLMYARD, E. J. *Alchemy.* New York, N.Y.: Dover Publications, Inc., 1990.

HOWE, Ellic. *The Magicians of the Golden Dawn.* New York, Samuel Weiser, Inc., 1972.

IAMBLICHUS. *On the Mysteries.* Traduzido para o inglês por Thomas Taylor, San Diego, Calif.: Wizard's Bookshelf, 1984.

*Interpreter's Dictionary of the Bible: An Illustrated Encyclopedia in Four Volumes.* Nashville, Tenn.: Abingdon Press, 1962.

JAMES, Geoffrey. *The Enochian Magick of Dr. John Dee.* St. Paul, Minn.: Llewellyn Publications, 1984, 1994.

KAPLAN, Stuart. *The Encyclopedia of Tarot. Vol. I.* Nova York. U.S. Games, Inc., 1980.

KICKHEFER, Richard. *Forbidden Rites: A Necromancer's Manual of the Fifteenth Century.* University Park, Pa.: Pennsylvania State University Press, 1997.

KING, Francis. *Astral Projection, Ritual Magic, and Alchemy By S.L. MacGregor Mather and Others.* Rochester, Vt.: Destiny Books, 1987.

———. *Modern Ritual Magic.* Great Britain: Prism Press, 1989.

KING, Leonard W. *Babylonian Magic and Sorcery.* York Beach, Maine: Samuel Weiser, Inc., 2000.

KNIGHT, Gareth. *Magic and the Western Mind.* St. Paul, Minn.: Llewellyn Publications, 1988.

KÜNTZ, Darcy. *The Complete Golden Dawn Cipher Manuscript.* Edmonds, Wash.: Holmes Publishing Group, 1996.

———. *The Golden Dawn American Source Book.* Edmonds, Wash.: Holmes Publishing, 1996.

———. *The Golden Dawn Source Book.* Edmonds, Wash.: Holmes Publishing Group, 2000.

KURRELS, Jan. *Astrology for the Age of Aquarius.* London: Tiger Books International, 1992.

LAPIDUS. *In Pursuit of Gold.* New York, NY: Samuel Weiser, Inc., 1976.

LAURENCE, Richard. *The Book of Enoch the Prophet.* San Diego, Calif.: Wizards Bookshelf, 1983.

LEWIS, James R. *The Astrology Encyclopedia.* Detroit. Mich.: Visible Ink Press, 1994.

LEVI, Eliphas, *The History of Magic.* York Beach, Maine: Samuel Weiser, Inc., 1999.

———. *The Magical Ritual of the Sanctum Regnum.* Kila, Mont.: Kessinger Publishing Co.

———. *The Transcendental Magic.* York Beach, Maine: Samuel Weiser, Inc., 1995.

MACKEY, Albert G. e Charles T. McClenachan. *Encyclopedia of Freemasonry.* New York: The Masonic History Company, 1924.

MATHERS, S.L. MacGregor. *The Key of Solomon the King.* York Beach, Maine: Samuel Weiser, Inc., 1974.

——————. *The Kabbalah Unveiled.* York Beach, Maine: Samuel Weiser, Inc., 1989.

MEAD. G.R.S. *Thrice-Greatest Hermes.* London: Stuart & J.M. Watkins, republicação de 1964.

MIRANDOLA, Pico della. *Opera Omnia.* Basil, 1557; republicação, Hildesheim; George Olms, 1969.

MONTET, Pierre. *Eternal Egypt.* New York: Mentor Books, 1964.

PAPUS. *The Tarot of the Bohemians.* New York: Arcanum Books, 1958.

PINGREE, David. *Picatrix: The Latin Version of the Ghayat-Al-Hakim.* London: The Warburg Institute, 1986.

PLATT, Rutherford H. *The Forgotten Books of Eden.* New York: Bell Publishing Co., 1980.

RANDOLPH, Paschal Beverly, ed. *Divine Pymander attributed to Hermes Mercurius Trismegistus.* Des Plaines, Illinois: Yogi Publication Society, 1871.

REGARDIE, Israel. *The Complete Golden Dawn System of Magic.* Phoenix, Ariz.: Falcon Press, 1984.

——————. *Foundations of Practical Magic.* Segunda edição Wellingborough, Northamptonshire: The Aquarian Press, 1983.

——————. *A Garden of Pomegranates: Skrying on the Tree of Life.* Terceira edição, St. Paul, Minn.: Llewellyn Publications, 1999.

——————. *The Golden Dawn.* Sexta edição, St. Paul, Minn.: Llewellyn, 1995.

——————. *The Middle Pillar: The Balance Between Mind and Magic.* St. Paul, Minn.: Llewellyn Publications, 1998.

——————. *The Philosopher's Stone.* St. Paul, Minn.: Llewellyn Publications, 1978.

——————. *A Practical Guide to Geomantic Divination.* New York: Samuel Weiser, Inc., 1972.

——————. *The Tree of Life: An Illustrated Study of Magic.* St. Paul, Minn.: Llewellyn Publications, 2001.

——————. *What You Should Know About the Golden Dawn.* Phoenix, Ariz.: Falcon Press, 1987.

RUNES, Dagobert D. *The Wisdom of Kabbalah: Its Essence and Philosophy.* New York: Philosophical Library, 1957.

RUNYON, Carroll. *Secrets of the Golden Dawn Cypher Manuscript.* Silverado, Calif.: C.H.S., Publications, 1997.

——————. *The Seventh Ray: Book I: The Blue Ray.* Silverado, Calif.: C.H.S., Publications, 1999.

SCHAYA, Leo. *The Universal Meaning of the Kabbalah.* Baltimore: Penguim Books, 1973.

SCHOLEM, Gershom. *Kabbalah,* New York: Dorset Press, 1974.

Scott, Walter. *Hermetica: The Ancient Greek and Latin Writings which contain Religious or Philosophic Teachings Ascribed to Hermes Trismegistus.* Melksham, Wiltshire, Great Britain: Solos Press, 1993.

SELIGMAN, Kurt. *The History of Magic.* New York. Pantheon Books, 1948.

SHAW, Gregory. *Theurgy and the Soul: The Neoplatonism of Iamblichus.* University Park, Pa.: Pennsylvania State University Press, 1995.

SILVERMAN, David P. *Ancient Egypt.* New York: Oxford University Press, 1997.

SKINNER, Stephen. *The Oracle of Geomancy.* New York: Warner Destiny Books, 1977.

SPENCE, Lewis. *An Encyclopedia of Occultism.* New York: Citidel Press, 1996.

STANLEY, Thomas. *The Chaldaean Oracles.* Gillette, N.J.: Heptangle Books, 1989.

THOMPSON, C.J.S. *The Lure and Romance of Alchemy.* New York, NY: Bell Publishing Company, 1990.

TURNER, Robert. *Elizabethan Magic.* Great Britain: Element Books, 1989.

——. *The Heptarchia of John Dee.* Wellingborough, Northamptonshire: The Aquarian Press, 1986.

TYSON, Donald. *Enochian Magic for Beginners.* St. Paul, Minn.: Llewellyn Publications, 1997.

———. *Scrying for Beginners.* St. Paul, Minn.: Llewellyn Publications, 1998.

VAN DER BROEK, Roelof e Wouter J. Hanegraaff. *Gnosis and Hermeticism: From Antiquity to Modern Times.* Albany, N.Y.: State University of New York Press, 1998.

VAN DER TOORN, Karel, Bob Becking, e Pieter W. Van der Horst. *Dictionary of Deities and Demons in the Bible.* Grand Rapids, Mich.: Eerdmans/ Brill, 1999.

WAITE, Arthur Edward. *The Mysteries of Magic: A Digest of the Writings of Eliphas Levi.* Kila, Mont.: Kessinger Publishing Co.

———. *Shadows of Life and Thought.* Kila, Mont.: Kessinger Publishing Co.

WESTCOTT, William Wynn. *Coletânea Hermética.* São Paulo: Madras Editora, 2003.

———. *Sepher Yetzirah: The Book of Formation.* New York: Samuel Weiser, Inc., 1998.

———. Sepher Yetzirah: The Book of Formation. Ed. por Darcy Küntz. Edmons, Wash.: Holmes Publishing Group, 1996.

WILLIANS, Brian. A Renaissance Tarot: A Guide to the Renaissance Tarot. Stamford, Conn.: U.S. Games, Inc., 1994.

ZALEWSKI, Pat. Golden Dawn Enochian Magic. St. Paul, Minn.: Llwellyn Publications, 1994.